广西城市轨道交通车辆技术示范特色专业系列教材

城市轨道交通列车电气系统
（含图册）

主　编　谭广忠
副主编　马进火　陈桂平　丁金玲
参　编　路晓鹏　蒋常升　罗莉婷　李　宇
主　审　郑吴富　任旭平

西南交通大学出版社
·成　都·

图书在版编目（CIP）数据

城市轨道交通列车电气系统：含图册，城市轨道交通列车电气系统 / 谭广忠主编. —成都：西南交通大学出版社，2023.1

ISBN 978-7-5643-9156-0

Ⅰ. ①城… Ⅱ. ①谭… Ⅲ. ①城市铁路－轨道交通－列车－运行－电气系统 Ⅳ. ①U284.48

中国版本图书馆 CIP 数据核字（2022）第 256385 号

Chengshi Guidao Jiaotong Lieche Dianqi Xitong

城市轨道交通列车电气系统

（含图册）

主　编 / 谭广忠

责任编辑 / 何明飞

封面设计 / 吴　兵

西南交通大学出版社出版发行

（四川省成都市金牛区二环路北一段 111 号西南交通大学创新大厦 21 楼　610031）

发行部电话：028-87600564　028-87600533

网址：http://www.xnjdcbs.com

印刷：四川森林印务有限责任公司

成品尺寸　185 mm × 260 mm

总印张　18.25　　总字数　444 千

版次　2023 年 1 月第 1 版　　印次　2023 年 1 月第 1 次

书号　ISBN 978-7-5643-9156-0

套价（全 2 册）　45.00 元

课件咨询电话：028-81435775

图书如有印装质量问题　本社负责退换

前　言

我国城市轨道交通建设始于 1965 年开通的北京地铁 1 号线，经过五十多年的历程，我国已经成为世界上城市轨道交通发展最迅速的国家。这背后离不开技术发展的支撑，更离不开人才的支撑。目前，我国城市轨道交通人才缺口依然存在，要促进城市轨道交通的可持续发展，就必须大力加强职业教育和在职培训力度，提供更多更优质的管理人员、技术人员和生产人员，为城市轨道交通的发展奠定坚实的基础。

目前，城市轨道交通均采用电动车组，随着计算机技术和通信技术的迅猛发展，城市轨道交通列车的电气控制系统融合了电力电子、计算机检测及控制、网络通信及控制理论等多学科的先进技术，由传统的继电器逻辑控制发展到全微机的网络控制。自动化、智能化程度越来越高，减少了列车运行故障和提高了车辆运行的可靠性，也大大减少了司机和检修人员的劳动强度，但是人性化服务和智能化技术的需求和提高，对从业者也提出了全新要求。

城市轨道交通列车电气系统知识性、专业性很强，想通过几个项目或部分电路的分析以点带面学习复杂的列车电气系统，学生难以理解。本书编写人员在认真学习领会了教育部相关文件的基础上，结合当前职业教育的特点和城市轨道交通专业实用型人才培养需求以及学生的认知特点，按照城市轨道车辆应用技术专业学生必须掌握的车辆电气系统专业知识，融入城市轨道交通车辆维护和保养“1+X”证书要求以及轨道交通车辆技术赛项相关内容，精心编写了本书。

本书采用传统的章节形式，系统地介绍了列车电气系统及其控制方法，主要内容涵盖列车电气系统概述、列车牵引传动系统、列车辅助供电系统、列车牵引/制动控制系统，列车照明系统、列车车门控制系统、列车网络控制系统等 7 个部分。

本书由柳州铁道职业技术学院谭广忠担任主编；南宁轨道交通股份有限公司马进火，柳州铁道职业技术学院陈桂平、丁金玲担任副主编；柳州铁道职业技术学院路晓鹏、蒋常升、罗莉婷、李宇参编；南宁轨道交通股份有限公司郑吴富、任旭平担任主审。具体编写分工为：第一章由南宁轨道交通股份有限公司马进火编写，第二章、第三章、第四章由柳州铁道职业技术学院谭广忠编写，第五章由柳州铁道职业技术学院路晓鹏、蒋常升、罗莉婷编写，第六章由柳州铁道职业技术学院丁金玲、李宇编写，第七章由柳州铁道职业技术学院陈桂平编写。

本书在编写过程中，参考了多位专家发表的文章和企业的一些培训资料及技术资料，并得到了南宁轨道交通股份有限公司多位专家的大力支持，编者在此对他们表示诚挚的感谢。

本书以中车株洲电力机车有限公司自主研发生产的地铁车辆电气系统及其控制电路为主线，系统地介绍城轨车辆电气系统及其控制，旨在让读者掌握城市轨道交通列车电气系统组成及其控制技术的相关知识，对城市轨道交通列车电气系统及控制有一个全面的认知。目前，我国地铁列车的种类繁多，各个公司生产的地铁列车的电气系统虽然大致相同，但是电路上也存在差异，书中一些具体电路不具备通用性，在实际的学习中要根据当地的车辆而定，敬请谅解。

由于我国城市轨道交通车型众多，时间、资料、加上编者水平有限，书中不足之处在所难免，敬请读者批评指正，以便再版时修订、补充，不断完善。

编　者

2022 年 8 月

目　录

第一章

城市轨道交通列车电气系统概述

【学习目标】

1. 熟悉城市轨道交通列车电气系统的总体构成。
2. 熟悉列车电气系统的基本布置。
3. 了解国内外轨道交通车辆电气系统的发展。
4. 掌握电气系统电路图的编制规则及读图方法。

城市轨道交通列车作为城市中便捷的交通工具，有其他交通工具所无法比拟的运量大、速度快、污染低、避免地面拥挤、充分利用空间等方面的优势。其最根本的工作是将旅客从甲地运送到乙地（客运运输），如何对列车进行牵引及速度控制是完成运输任务的关键。目前，全世界的城市轨道交通车辆都是采用电力来进行牵引。采用这种牵引方式的列车是由机械装置和电气系统高度集成的机电一体化产品。其中，电气系统是列车中最关键、最复杂的系统，它涉及机械、电气、控制、微机、网络、材料等多个领域。它为列车提供牵引动力及电制动力，控制和监控列车完成正常运行；同时，还对其他辅助的电气设备提供电能及控制；并且记录大量的运行数据，为列车的检修及保养提供重要依据。为了保证行车及运营安全，顺利完成运输任务，要求列车驾驶人员和检修人员等专业技术人员，必须具备扎实的城市轨道交通列车的操作、运用、电气系统故障排除及电气设备的检测检修与保养等的知识和技能，能够熟练地对列车进行操纵、检修、保养及维护。本章主要介绍城市轨道交通列车电气系统的基础知识，为城市轨道交通车辆运维人员及相关人员进一步学习电气系统知识打下基础。

第一节　电气系统的总体认知

一、城市轨道交通列车电气系统构成

城市轨道交通列车电气系统主要由列车牵引传动系统、列车辅助供电系统和列车控制系统（列车牵引/制动控制系统、列车照明系统、列车空调控制系统 HVAC、列车车门控制系统、列车乘客信息系统 PIS、列车网络控制系统 TCMS 及列车自动控制系统 ATC 等）三

大部分组成，如图 1-1-1 所示。

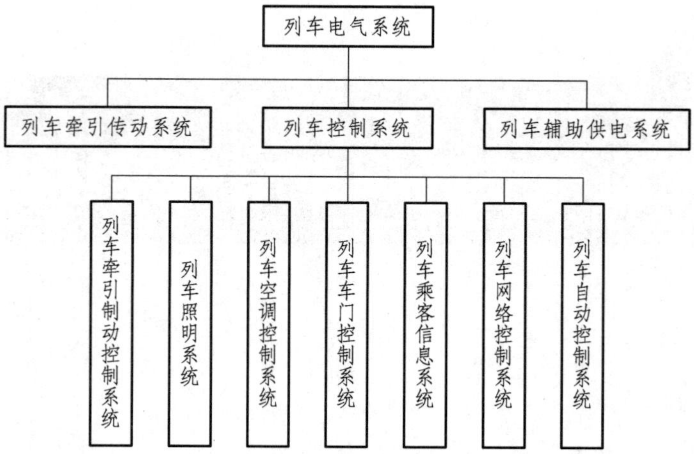

图 1-1-1 城市轨道交通列车电气系统的构成框图

（一）列车牵引传动系统

采用电力牵引的城市轨道交通列车牵引传动系统的作用是将接触网或接触轨提供的电能，通过牵引变流装置的控制和转换，供给牵引电机产生驱动力，或者通过牵引电机产生电气制动力，实现对列车牵引和制动。

我国的城市轨道交通车辆的牵引技术走过了从直流牵引到交流牵引技术的历程，我国从 20 世纪 90 年代初引入了变频调速系统（Variable Voltage and Variable Frequency，VVVF）交流牵引技术，经过不断地研究，逐步掌握并开发出具有完全自主知识产权的交流牵引传动系统投入使用。进入 21 世纪，我国生产的城市轨道交通列车已经全部采用了交流牵引传动方式。本书着重介绍交流牵引传动系统。

牵引传动系统主要由受流器等牵引主电路电气设备（受流器、避雷器、隔离开关、熔断器、高速断路器、制动电阻、接地装置、VVVF 牵引变流器、三相交流牵引电机）组成，牵引主电路框图如图 1-1-2 所示。

列车受流器经接触网受流，通过高速断路器将 1 500 V 直流电送入 VVVF 牵引逆变器。VVVF 牵引逆变器采用 PWM 脉宽调制模式，将 1 500 V 直流电逆变成频率、电压可调的三相交流电，供给车辆的交流鼠笼式异步牵引电机，对电机进行转矩和转速调节，实现列车的牵引功能。当列车进行电气制动时，牵引逆变器将牵引电机产生的交流电整流成直流电能，回馈回电网实现再生制动，或将电能消耗在制动电阻上实现电阻制动。

（二）列车辅助供电系统 APS

列车辅助供电系统的作用是给列车牵引系统之外的所有用电设备供电，其主要设备包括辅助逆变器、蓄电池充电机、蓄电池组成。辅助逆变器将接触网送来的 DC 1 500 V 输入逆变成三相 AC 380 V（相压 AC 220 V）供给车辆的空气压缩机、空调系统、通风系统风机、设备风机、方便插座等交流交流负载；另外还转换成 DC 110 V、DC 24 V 等低压直流给列车控制系统供电。

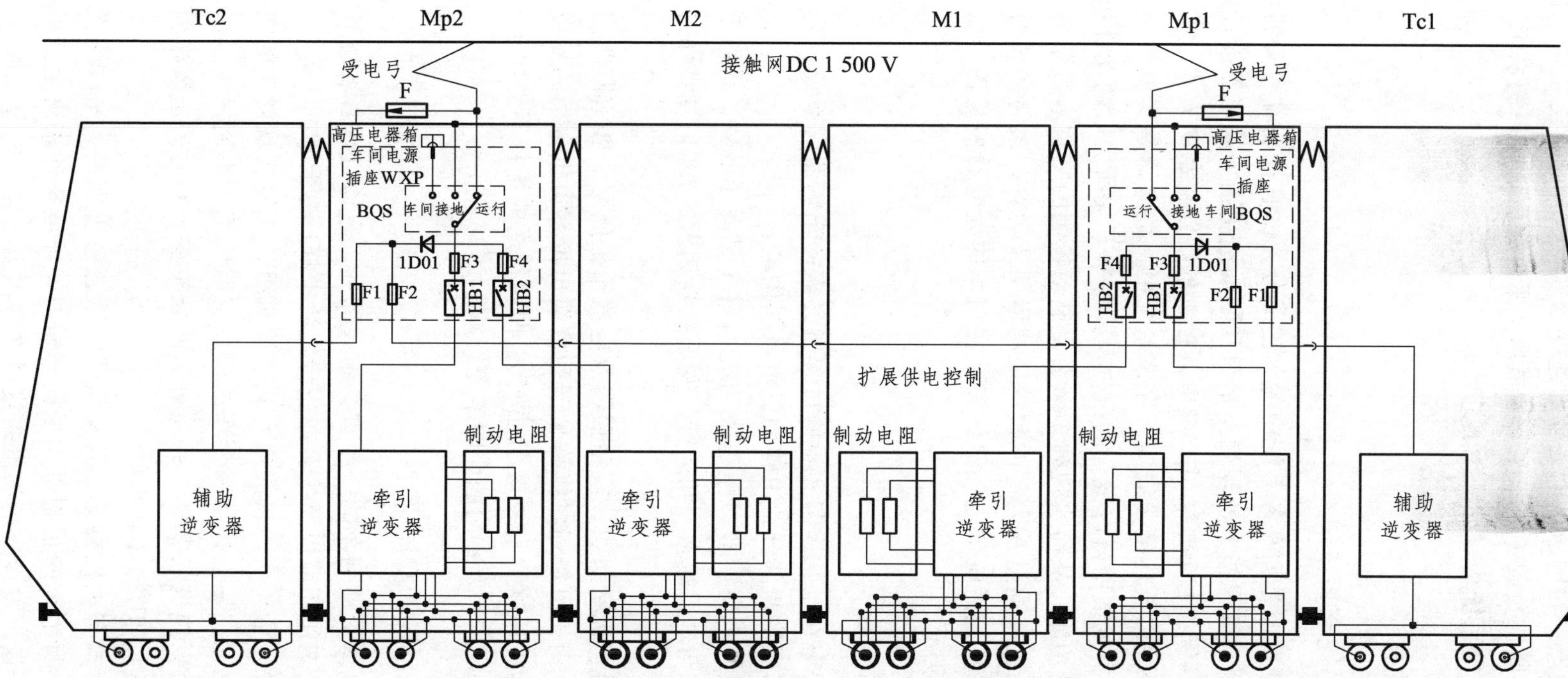

图 1-1-2　列车主电路框图及主电路主要设备

蓄电池是车辆辅助供电系统的低压直流备用电源，在辅助逆变器正常工作时通过蓄电池充电机处于浮充电状态；在网压供电或辅助逆变器发生故障、不能正常工作时，作为紧急电源向车辆辅助系统紧急负载（如车厢紧急通风、紧急照明、各控制系统、通信系统等）进行供电。列车辅助供电系统构成如图 1-1-3 所示。

（三）列车控制系统

1. 列车牵引/制动控制系统

列车牵引/制动控制系统是列车各系统中的关键部分，由它控制着列车的启动和停止。

列车牵引/制动控制系统是指为实现列车牵引和制动控制相关功能而设计的控制电路系统。它采用继电器控制+网络控制的方式，继电器控制的硬线控制的方式，主要部件为继电器、行程开关、按钮开关以及连接导线等；在该系统中，继电器是实现各项逻辑功能的主要部件，通过设定继电器的线圈得电吸合的条件及其触头开关所关联的功能电路工作状态，以实现电路一定的逻辑功能，从而实现列车牵引、制动控制的完整运行条件，并将该信息反馈到列车网络控制系统，通过其内部的预设控制程序及运算，最终实现对列车的有效控制。继电器控制的硬线控制系统的电气器件安装在列车的继电器柜及各个电器柜中。列车的继电器柜如图 1-1-4 所示。

2. 列车照明系统

列车照明系统是列车在正常运营和检修过程所必需的车辆照明系统。列车照明系统分为外部照明和车辆内部照明两部分，由辅助供电系统供电。

外部照明包括前照灯（亮、暗）、标志灯和运行灯（见图 1-1-5），是列车安全运行必须的警示及标志灯光。前照灯、标志灯和运行灯受司控器钥匙、方向手柄等的控制，并由 DC 110 V 母线供电。

车辆内部照明包括司机室照明、客室照明及电器箱柜照明。客室照明能够提供给乘客舒适的视觉照明环境，司机可以通过操作位于受控端司机室司机台上的复位旋转开关来控制客室的全部照明灯具的开/关（包括紧急照明），照明接通的维持不受控于主控制器钥匙，当操作主控钥匙时（开/关），客室内的照明不受影响。

3. 列车空调系统（HVAC）

空调系统是城市轨道交通列车的一个重要组成部分，它通过改善客室和司机室中的温度和湿度，以满足司机工作环境以及旅客在旅行生活中舒适性要求。

每节车均配备两台完全相同的顶置单元式空调机组，用以实现列车的空气调节。每节车设有一个空调控制单元，用以控制一辆车的两台空调机组。空调机组送出的空调风通过列车天花板上方的风道系统送入客室，并通过纵向分布在车厢内的送风格栅将风均匀的送到车厢内。空调控制单元如图 1-1-6 所示。

空调系统的控制模式有关机模式、自动模式、紧急通风模式、测试模式、维护模式等几种。在自动模式下，每节车的控制单元根据车辆内外环境条件来决定机组的工作方式，并自动调节机组的制冷量，按设定的温度来维持客室内温度在一定范围内。

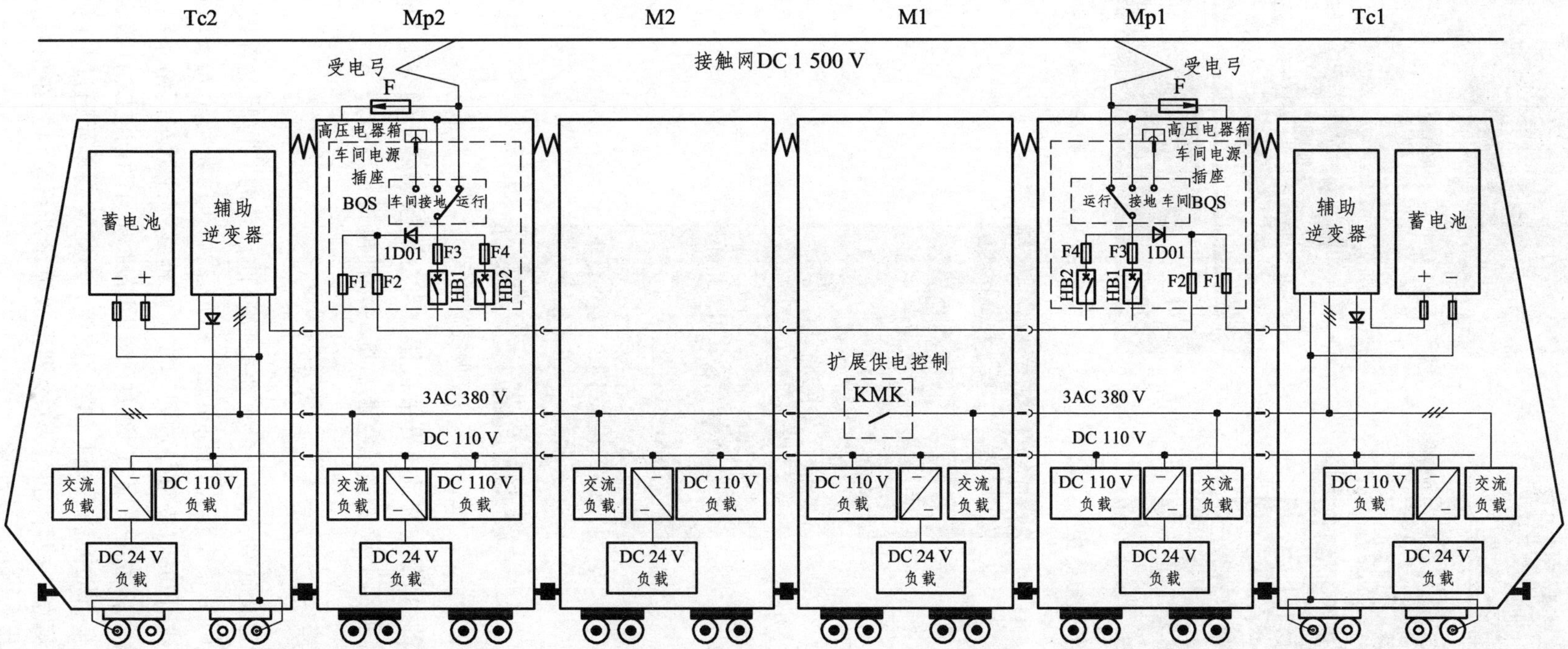

图 1-1-3　列车辅助供电系统构成框图

图 1-1-4　列车继电器柜

图 1-1-5　列车外部照明

图 1-1-6　空调控制单元

司机通过司机台上的 3 个空调系统开关按钮，可分别控制列车的空调的开启、关闭；还能够在司机台 HMI 屏画面上设置整车空调系统的各种模式及参数。

4. 列车车门控制系统

客室车门是城市轨道交通列车的一个重要组成部件，它的工作状况直接影响列车的行车安全。列车的客室车门主要由车门门控单元（EDCU）、车门驱动单元、门页等组成。车门的开关由列车司机通过开/关门按钮经过列车线（硬连线）或列车网络系统向所有的车门门控单元发出开/关门指令，也可由 ATC 通过列车网络系统自动向 EDCU 发开/关门指令。车门的工作状态则由列车自动控制系统（ATC）监控，车门控制单元通过车门子系统冗余网络直接将单个车门状态信息、故障信息传送至列车故障诊断系统，并在 HMI 上显示。列车车门控制单元及驱动机构如图 1-1-7 所示。

图 1-1-7　列车车门控制单元及驱动机构

5. 乘客信息系统

乘客信息系统（Passenger Information System，PIS）以车站和车载显示终端为媒介向乘客提供信息服务的系统，为乘客提供到站广播、信息广播、乘客紧急对讲以及到站信息显示等功能。它包括车载广播系统（PA）、乘客信息显示系统（PIDS）和车载视频监控系统（CCTV）等部分。

车载广播系统（PA）能够与列车管理系统互相通信协调管理下实现自动行车时播报到站信息；在广播的时候也能够进行司机与司机之间的对讲或司机与乘客之间的对讲。

乘客信息显示系统（PIDS）通过列车运行线路电子显示图、LED 显示器向乘客提供列车运行信息、安全信息和其他公共信息，如列车的终点站、停车车站、换乘信息等；信息娱乐系统可通过遍及整个列车客车厢的 LCD 屏向乘客提供可视信息，如即时新闻、股市数据和天气预报等。

车载视频监控系统（CCTV）是集实时图像、文字、声音、控制、报警于一体，充分利用丰富的网络资源，通过网络平台将各车厢现场画面进行统一管理、统一运用的综合监控系统。

PIS 系统自身的操作单元为安装在司机台上的语音控制单元 DACU（DACU 的面板布置见图 1-1-8），司机对 PIS 系统的控制通过 DACU 和 HMI 共同完成。

图 1-1-8　DACU 语音控制器

6. 列车网络控制系统

列车网络控制与监控系统 TCMS 是基于计算机技术的控制和传输的技术。它主要由列车中央控制单元即车辆控制单元 VCU（DTECS 系统称 VCM）、人机接口 HMI 显示器、多功能车辆总线 MVB 网络以及中继器 REP、输入输出模块等各种功能模块组成，通过网络拓扑的连接主要完成列车的控制功能、故障检测功能、监视功能和诊断功能。TCMS 系统网络拓扑如图 1-1-9 所示。

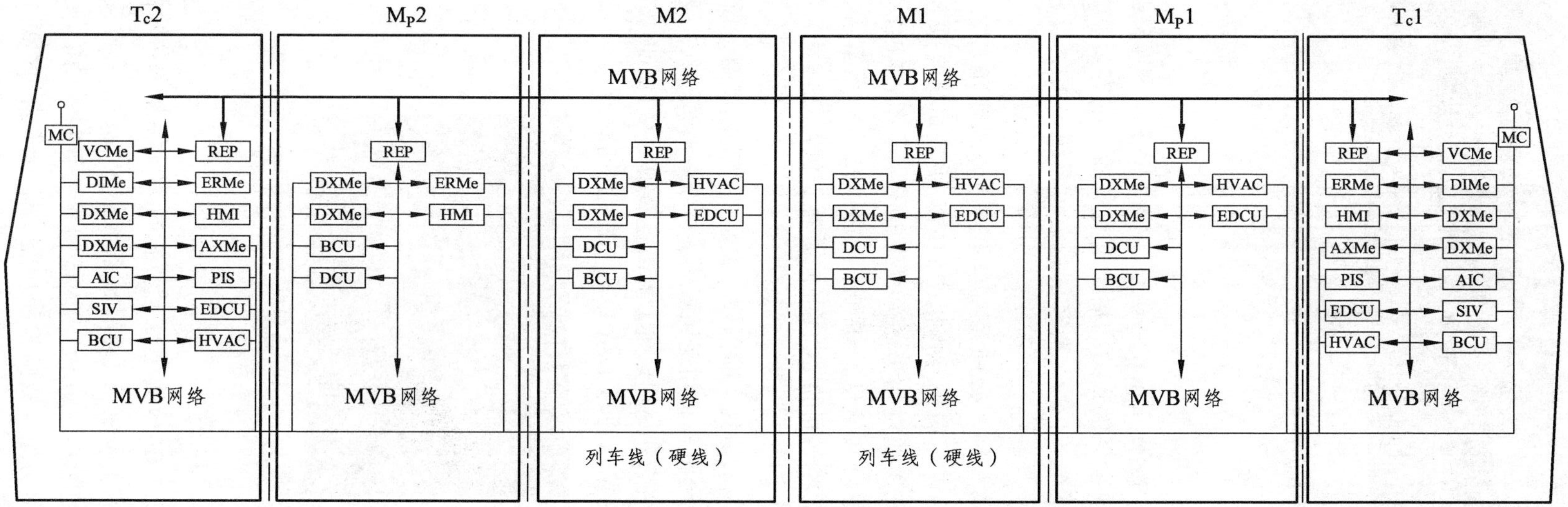

图 1-1-9　TCMS 系统网络拓扑

列车牵引/制动控制采用网络优先的控制方式，硬线紧急牵引控制作为备用。在列车控制网络正常时，牵引和制动的控制通过列车控制网络来实现；当列车控制网络故障时，采用备用模式，由继电器逻辑电路和列车硬线来实现列车的基本牵引和制动控制。

7. 列车自动控制系统

列车的自动运行是通过列车自动控制系统（ATC）提供的，ATC 系统包括列车自动监控系统（ATS），列车自动保护系统（ATP，用于列车保护的信号设备）及列车自动运行系统（ATO，用于自动驾驶）三个子系统。其设备有车载 ATC 设备和地面 ATC 设备（控制中心、车站、轨旁等），车上和地下通过轨道电路或者无线通信系统完成信号传递。图 1-1-10 所示为车载 ATC 系统 DMI 屏主界面。

图 1-1-10 DMI 屏主界面

ATS 是 ATC 系统的上层管理部分，负责控制协调列车运行，自动或人工调整停站或区间运行时间等。ATP 是整个 ATC 系统的安全核心，负责列车间的安全距离、间隔、超速防护及车门控制。ATO 系统执行由驾驶员所执行的典型功能，自动控制列车车速、调整列车运行、在一定精度范围内对位停车等。此外，ATO 系统与 PA/PI 的 CACU 之间是间接相连的，可以自动播报及显示车站名。

ATC 各子系统之间相互支持，以实现对列车的控制，保障列车行驶安全和提高运输效率。

二、城市轨道交通列车电气系统主要电气设备及其布置

（一）城市轨道交通列车电气系统主要电气设备

城市轨道交通列车的电气系统设备种类繁多，功能多种多样，工作原理各不相同，在城市轨道交通列车的各个方面都发挥着重要的作用。为了便于理解和记忆，根据它们所接入的电路，可以简单地分为主电路电气设备和控制电路电气设备两大类。

1. 主电路电气设备

列车主电路电气设备又可以分为牵引主电路电气设备和辅助主电路电气设备两种类型。

（1）牵引主电路电气设备：列车牵引传动主回路中的电气设备，主要有受流器、避雷器、隔离开关、熔断器、高速断路器、平波电抗器、VVVF 逆变器、制动电阻器、牵引电

机、接地装置等。

（2）辅助主电路电气设备：辅助供电回路中和辅助电气系统主电路中的电气设备，主要有辅助逆变器、输出变压器、蓄电池、空气压缩机、空调装置、通风系统风机、设备风机等。

2. 控制电路电气设备

它是用于操作和控制主电路电气设备，主要有司机控制器、触控显示屏（HMI 屏、ATC 屏、CCTV 屏）、各种继电器及相应的自动开关、按钮开关、检测电器及各种微机控制单元等。

（二）城市轨道交通列车电气系统电气设备的布置

城市轨道交通列车电气设备在列车上的分布及布置，不同公司的车辆的布置虽然略有差异，但大体相同，可分为车顶电气设备，车内电气设备和车底电气设备。

1. 车顶电气设备

车顶电气设备主要有受电弓、避雷器和空调装置。

2. 车内电气设备

（1）司机室电气设备：包括司机台台面和台下所有电气设备、司机室空调照明设备，司机室继电器柜和设备柜中的所有电气设备。

（2）客室电气设备主要有照明装置、客室车门电气控制装置、动态地图、LED 和 LCD 显示屏、扬声器、摄像头、紧急对讲装置、客室继电器柜和空调控制柜等。

3. 车底电气设备

车底电气设备主要有牵引传动系统相关设备（如高速断路器、制动电阻、电抗器、预充电和短接接触器，牵引逆变器、牵引电机等），辅助供电系统相关电气设备（辅助逆变器、蓄电池充电设备、蓄电池等），制动系统相关电气设备（空气压缩机、网关阀、智能阀等），隔离开关，接地装置，控制系统相关设备（速度传感器、ATC 系统接近传感器、应答查询天线）等。

三、列车电气系统的发展

1863 年 1 月 10 日，世界上第一条地铁在英国伦敦建成，列车由蒸汽机车牵引，尽管非常简陋，而且烟气污染严重，但是由于它载客量大，还是充分显示了其作为城市大容量交通工具发展的前景。

1890 年 12 月 18 日，伦敦开通了世界上第一条电力牵引地铁，车辆采用电力机车进行牵引，由于采用了电作为能源，在城市发展中大大减少了由城市交通引起的环境污染，受到人们的青睐。城市轨道交通从此进入连续发展的时期，随着人口大量增加并逐步聚集到城市，它已经成为城市发展的必然趋势。

我国城市轨道交通的起步、发展较晚，建设速度较慢。1965 年，北京率先建设第一条地铁线路。改革开放后，我国的经济高速发展，综合国力进一步增强，人们的精神和物质生活得到极大改善，城市化的进程在快速推进，我们的城市轨道交通得以迅速发展。特别是 20 世纪 90 年代后，城市轨道交通进入了高速发展期，到 2020 年底，我国有 45 个城市（不含港澳台地区）开通了轨道交通，线路运营总里程达 8 000 km。

（一）牵引系统的发展

从 1890 年采用电力机车牵引，1896 年开始采用电动车辆由安装在转向架的直流电机实现牵引，开始了直流电气牵引的时代。直流电气牵引系统的控制方式从凸轮变速发展到斩波调阻变速方式，直至微机控制的斩波调压变速方式，它具有调速容易的优点，曾得到广泛的应用，但是它存在牵引电机重量重、体积大、维修量大、黏着不容易保证、传动控制系统调速功率利用率低、调速范围小的缺点。随着电力电子技术和微电子技术的高速发展，1977 年柏林地铁开始采用交流电机传动并发展了变压变频调速（VVVF）技术，由采用交流调频调压技术的交流异步牵引电机进行牵引，电气牵引系统小型轻量化、黏着性能好、效率高、性能好且维修量大大减少。目前，几乎所有车辆都采用交流牵引电机和 VVVF 控制的交流电气牵引系统。

我国车辆的牵引技术也走过了从直流牵引到交流牵引技术的发展历程，也经历了从直流牵引控制技术的凸轮变阻控制、斩波调阻控制和斩波调压控制阶段。从 20 世纪 90 年代初引入了 VVVF 交流牵引技术开始，到逐步掌握并开发出具有完全自主知识产权的交流牵引传动系统投入使用。进入 21 世纪，我国生产的轨道交通列车已经全部采用了交流牵引传动的方式，并向着更先进的采用直线电机驱动、永磁同步电机驱动的传动控制方式迈进。

（二）辅助供电系统的发展

城市轨道交通车辆上的辅助设施如客室通风、空调及牵引等系统设备的通风和空气压缩机电机、照明（采用交流电源）等交流负载，以及乘客信息系统、列车控制系统、车辆及其子系统控制系统、电动车门驱动装置、蓄电池充电器、照明（采用直流电源）等直流负载，都是由车辆辅助供电系统供给电源。

辅助供电系统主要由辅助逆变器、蓄电池充电机、蓄电池三大部分组成。辅助逆变器将 DC 1 500 V 输入逆变成 AC 380 V 供给车辆辅助交流负载，另一路将交流输出再转换成 DC 110 V 低压直流输出供给车辆辅助直流负载。

蓄电池是车辆辅助供电系统的低压直流备用电源，在辅助逆变器正常工作时处于浮充电状态；在网压供电或辅助逆变器发生故障、不能正常工作时，作为紧急电源向车辆部分辅助系统紧急负载（如车厢紧急通风、紧急照明、各控制系统）进行供电。

辅助供电系统的供电形式主要有分散供电（每节车配备一套辅助电源）和集中供电（每单元配备一套辅助电源）两种形式。早期车辆受变流技术及辅助逆变器变流器件的功率及频率上限限制，主要采用分散供电的形式。随着大功率开关器件制造技术及变流技术的发展，如今的车辆普遍采用集中供电（每单元车辆配备一套辅助电源）的形式。

（三）列车控制系统的发展

早期的列车控制系统采用的是继电器控制的硬线控制方式。继电器控制系统主要由继电器、接触器、按钮、行程开关等组成，由于其控制方式是断续的，故称为断续控制系统。它具有控制简单、方便实用、价格低廉、易于维护、抗干扰能力强，技术成熟等等优点；但由于其接线方式固定，灵活性差，难以适应复杂和程序可变的控制对象的需要，且工作频率低，触点易损坏，可靠性较差。

自动化控制是20世纪末随着计算机技术发展起来的新型控制技术，它利用通信网络把众多的带有通信接口的控制设备、检测元件、执行器件通过数据总线与主计算机连接起来，由计算机进行智能化管理，实现集中数据处理、集中监控、集中分析和集中调度的新型生产过程控制系统，有着非常优越的控制性能，在现代的工控行业中被广泛应用，但其网络传输的抗干扰性较差，传输过程可能出现遗漏和缺失。因此，现代化的城市轨道交通车辆，主要采用继电器控制+微机自动控制的控制方式。随着计算机技术的发展和应用，计算机网络自动化控制将越来越广泛地应用到列车及车辆各个系统当中，并实现故障自我诊断，信息采集、记录和显示，特别是自动驾驶的功能，使列车实现了完全的自动控制和自动驾驶运营。

第二节　列车电气系统电路图识读

一、列车电路图概述

城市轨道交通列车电路图标注出了列车所有的电机、电器、测量器件、电子设备、计算机控制设备及其他负载等之间的相互电气连接，作为列车驾驶员、检修人员、技术及管理人员，首先应当掌握列车电路图的读图方法，学会分析电路原理，进而能够分析、判断列车电气系统故障，从而能够正确的运用和维护列车，保证列车的运用能力及运用安全。

（一）电路图基本知识

用规定的图形符号表示电路中的元件及设备，并用线段连接起来，表示电路连接的图就叫电路图。通过电路图可以知道实际电路的情况。常用的电路图有原理图、方框图、安装接线图等几种。

（1）原理图又叫作原理电路图，原理图采用图形符号和文字符号按电路的工作原理和工作顺序（自上而下，自左而右）排列，表示电路设备或者装置的全部基本组成和连接关系的一种简图，它并不表明电气设备和电气元件的实际安装位置和接线方式。由于它直接体现了电路的结构和工作原理，是用来分析电路工作原理和工作状况的一种工具。

（2）方框图是一种用方框和连线来表示电路工作原理和构成概况的电路图。方框图不反映电路的具体结构，主要反映电路的功能、信号的变换过程、各级电路或各系统电路之间的联系以及各种信号的来龙去脉。从根本上说，它也是一种原理图，方框图只是简单地将电路按照功能划分为几个部分，将每一个部分描绘成一个方框，在方框中加上简单的文字说明，在方框间用连线（有时用带箭头的连线）说明各个方框之间的关系，所以方框图只能用来体现电路的大致工作原理，通常用来辅助原理图的分析使用。当原理图内容过多无法在一张图纸中全部表示出来时，其部分功能内容有时也使用方框图代替，以表示该部分与图中其他部分的关系。

（3）安装接线图是为了进行电路装配而采用的一种图纸，包含设备布置图、设备接线图、接线表等多种形式。

（二）电路图的组成及特点

1. 电路图的组成

电路图主要由元件符号、连线、联结点、注释四大部分组成。元件符号表示实际电路中的元件，引脚的数目和实际元件保持一致。连线表示的是实际电路中的导线，联结点表示几个元件引脚或几条导线之间相互的连接关系，电路图中所有的文字都可以归入注释一类，它们被用来说明元件的型号、名称、安装位置等。

2. 电路图的特点

电路图与其他工程图有着本质的区别，它表示系统或装置中的电气关系，主要特点有：

（1）电路图详细表示了电路、设备或成套装置及其组成的工作原理，为测试和寻找故障提供了信息。

（2）电路图为分析和计算电路特性及编制安装接线图提供依据。

（3）电路图看起来比较直观，读图时容易对整个电路的构成形成一个清晰的整体印象。

（三）列车电路图的组成

城市轨道交通列车的电气系统是一个复杂的综合电气系统，电气设备种类繁多，电路功能多种多样，相互之间联系紧密。为了方便电路系统的识别、查找和分析，列车的电气电路图均按照列车电路功能分别进行绘制。

城市轨道交通列车电气系统电路按功能分为主电路、列车牵引/制动控制电路、辅助电路、信息和网络电路、照明电路、空调电路、附属设备电路、车门控制电路、特殊设备电路等 9 大类，每类功能电路按照规定的顺序进行编号。城市轨道交通列车各功能电路编号见表 1-2-1。

表 1-2-1　城市轨道交通列车电路功能组及编号

编号	电路类型	编号	电路类型
01	主电路	06	空调电路
02	牵引/制动控制电路	07	附属设备电路
03	辅助电路	08	车门控制电路
04	网络和信息电路	09	特殊设备电路
05	照明电路		

二、列车电路图的编制规则

我国及世界各轨道车辆制造公司的轨道交通列车电路图编制规则大致相同，但是也存在细节上的区别，本书主要以中车株洲电力机车有限公司（以下简称“株机”）生产的地铁车辆电路图为例阐述电路图的编制规则。

（一）图　号

城市轨道交通列车的电气系统非常复杂，无法用单张图纸绘制出来，一般都按照电路功能分类用多张图纸绘制并合并成册。图号类似一本书的页码，便于对电路系统进行查阅和分析。图册中每一张图纸都有一个专属图号，图号位于图纸标题栏的右侧，用于说明电路图的识别信息，图号的命名以电路的功能分组（功能组）进行编号，用两位数字表示（列车详细的电路功能组编号见电路图册图 0101）。如图 1-2-1 中“21”为图号，即该类功能电路的功能组代号，其中 2 表示第二类功能电路“牵引/制动控制电路”，1 表示第二类功能电路中第一功能小组电路（主断/高断控制电路）。标题栏中的“GXTSGXJC-ZJJCTC-NNDT”为电气项目的名称；“202003T001”为项目编号，“01”为该功能组图纸的页码，“05”为该功能组所有图纸页码总数。

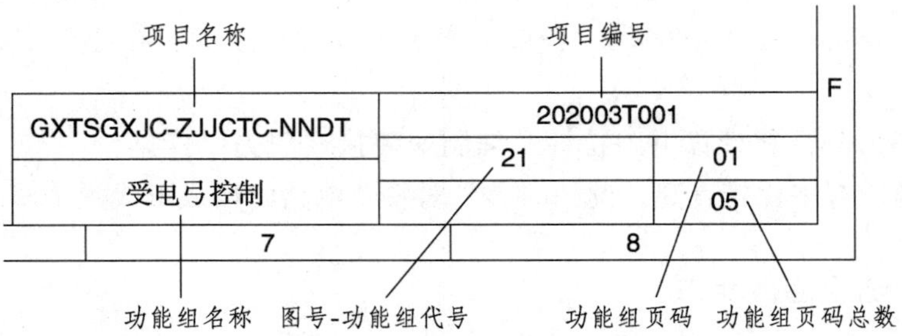

图 1-2-1　图纸标题栏说明

（二）元件及设备的编号

城市轨道交通列车电气系统中的每一个元件及设备均有独立的编号，它包括功能组、元件电气文字符号、元件序号、安装位置代号等信息。如图 1-2-2 所示的“21-K210-V1”：第 1 ~ 2 位是元件的功能组代号，用 11 ~ 99 表示，“21”表示该元件属于主断/高断控制电路；第 3 位是元件的电气文字符号，用英文字母表示（列车部分常用的电气元件的字母符号见表 1-2-2），“K”表示该元件为接触器或者继电器；第 4 位是车辆型式序号，用 1 ~ 3 表示，“1”为 Tc 车，“2”为 Mp 车，“3”为 M 车；“2”表示该元件是 Mp 车上的元件；第 5 ~ 6 位是元件的流水序号，用 01 ~ 99 表示；第 7 ~ 8 位是元件的分项附属元件，即子元件（如果有）的代号及流水序号，“V”表示该附属元件为二极管，流水序号为“1”。元件编号上的“+202.1”是位置编号，表示该元件的安装位置。如元件 21-K210 表示这是主断/高断控制电路中的一个接触器或继电器，流水序号为“10”，安装在 Mp 车，安装区域“+202.1”即 Mp 车继电器柜。查阅电路图可知，21-K210 为“降弓”继电器。

（三）元件及设备的位置编号

为了方便查找列车上的元件及设备，电路图中每个元件及设备都标注有安装位置代号信息，这些位置编号一一对应列车上的位置和区域。元件的位置编号方法如图 1-2-3 所示。

"+" 表示后面的字符为位置编号。第 1 位是车辆型式序号，用 1 ~ 3 表示，"1" 为 Tc 车，"2" 为 Mp 车，"3" 为 M 车；第 2 ~ 3 位是流水序号，用 01 ~ 99 表示；第 4 位是子位置（如果有）的流水序号，用 1 ~ 9 表示；图示的位置号+173.1 表示的是 Tc 车一位端端部区域底架下的电控箱。株机生产的地铁列车设备位置编号示意图如图 1-2-4 所示，详细编号信息示意见表 1-2-3。

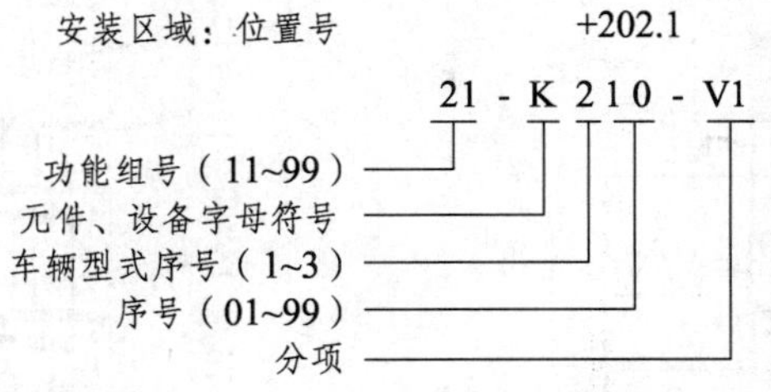

图 1-2-2　元件、设备编号说明

表 1-2-2　列车常用电气元件的字母符号

字母	表示的元件	字母	表示的元件
A	模块（单元）、手柄	K	接触器、继电器
B	扬声器、传感器	S	开关、按钮
E	照明灯	Y	电磁阀、车钩
F	微型断路器（MCB）、熔断器	V	二极管
G	充电器、蓄电池	P	气表、电表
H	指示灯	X	接插件、插座

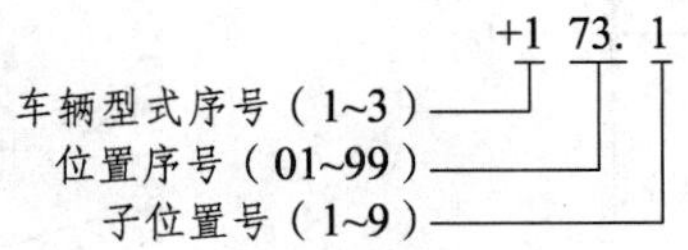

图 1-2-3　位置编号说明

（四）导线编号

导线的编号与电路图的图号、页码、车辆型式有关，分为两个部分：主线号（用 6 位数字表示）和子线号（用 3 位数字表示），如图 1-2-5 所示，前 6 位为主线号，小数点后 3 位为子线号。第 1 ~ 2 位是导线的功能组代号（图号），用 11 ~ 99 表示；第 3 ~ 4 位是功能组页码，用 01 ~ 99 表示；第 5 ~ 6 位是导线的流水序号，用 01 ~ 99 表示；小数点后数字表示导线不同分段附属编号，其中第 7 位是车辆型式序号，用 1 ~ 3 表示，"1" 为 Tc 车，"2" 为 Mp 车，"3" 为 M 车；第 2 ~ 3 位是不同段的流水序号，用 01 ~ 99 表示。图 1-2-6 中的导线 220144，表示该导线是列车控制功能小组电路图第 1 页中的导线，导线的流水序号是 44，该导线有很多段，如 Tc 车上有 3 段，分别用线号 220144.101、220144.102……区分；Mp 车上有 3 段，分别用线号 20144.201、220144.202……区分，M 车上有 2 段，分别用线号 20144.301、220144.302 区分。

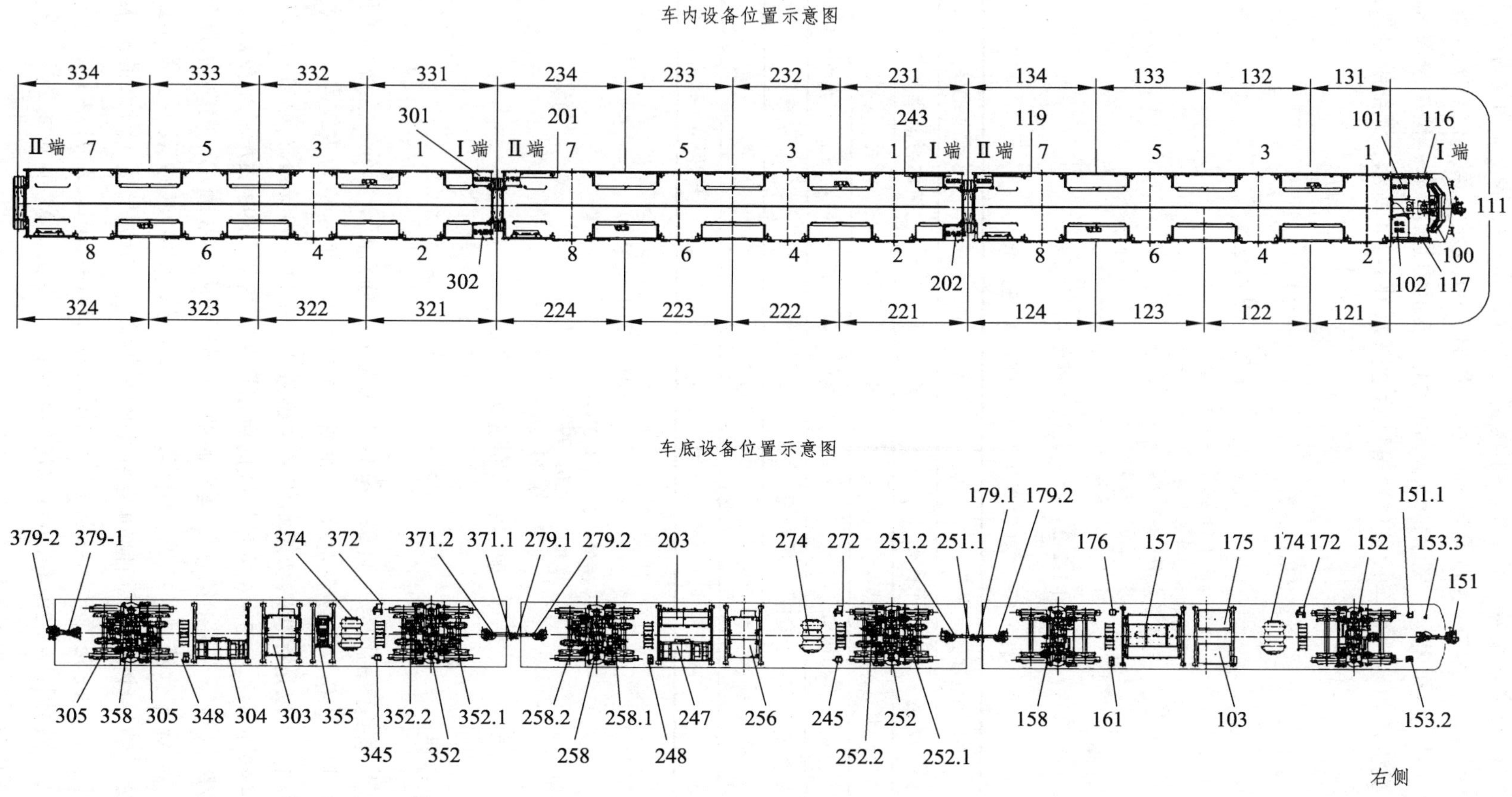

图 1-2-4　列车设备位置编号示意图

表 1-2-3　列车设备位置详细编号信息

编号	名称	编号	名称	编号	名称
100	Tc 车	200	Mp 车	300	M 车
104	司机室车顶	204、205、206	车顶	306、307、308、309	车顶
105、106、107、108	车顶	207	空调单元 1	310	空调单元 1
109	空调单元 1	208	空调单元 2	311	空调单元 2
110	空调单元 2	209	受电弓	321 ~ 324	右侧墙
111	司机室	221 ~ 224	右侧墙	331 ~ 334	左侧墙
100	司机操作台	231 ~ 234	左侧墙		
101	司机室设备柜	243	低压柜	301	低压柜
102	继电器柜	201	升弓柜	302	继电器柜
116	司机室左侧墙	202	继电器柜		
117	司机室右侧墙			345	紧急逆变器

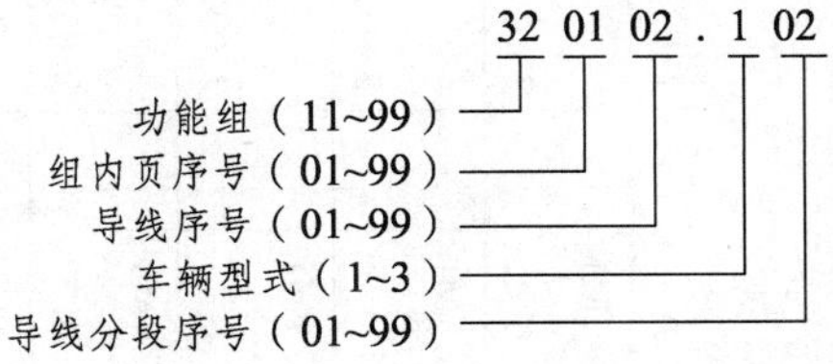

图 1-2-5　导线线号编号说明

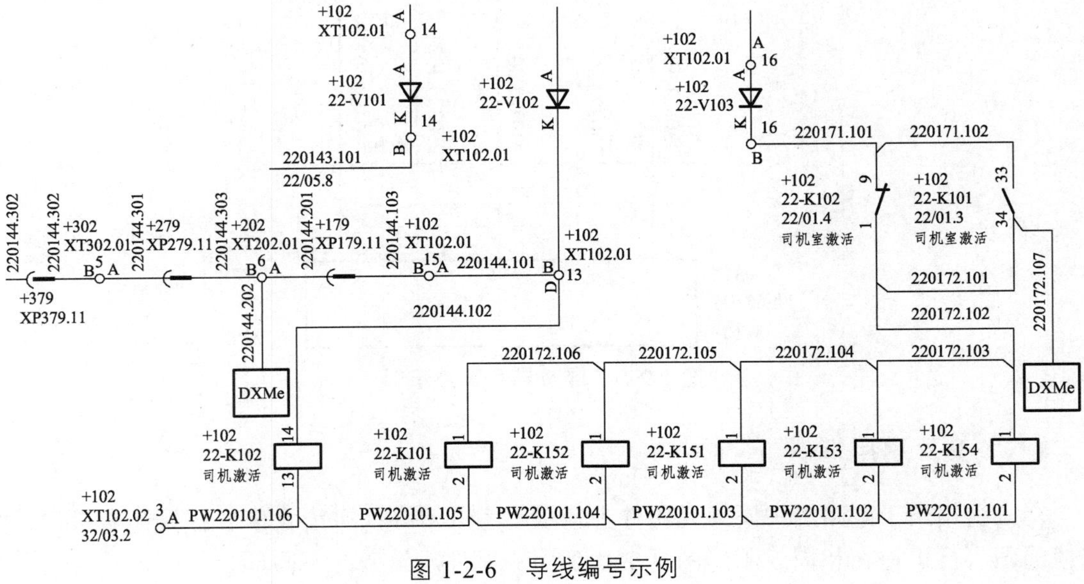

图 1-2-6　导线编号示例

（五）屏蔽线编号

屏蔽导线线号的编号规则如图 1-2-7 所示，第 1 ~ 2 位是功能组代号，第 3 ~ 4 位是功能组页码，第 5 位“S”表示该导线是屏蔽导线，第 6 位是屏蔽导线的流水序号，用 1 ~ 9 表示；小数点后数字表示屏蔽导线不同段附属编号（假如有分段），其规则和导线的分段编号规则相同。屏蔽导线如果有多根线芯，则内部的不同线芯也分别按照普通导线线号编号方法分别编号，如图 1-2-8 中的 4 芯屏蔽导线 2303S2.301，其内部的四根线芯分别编号为 230321.301、230322.301、230323.301、230324.301。

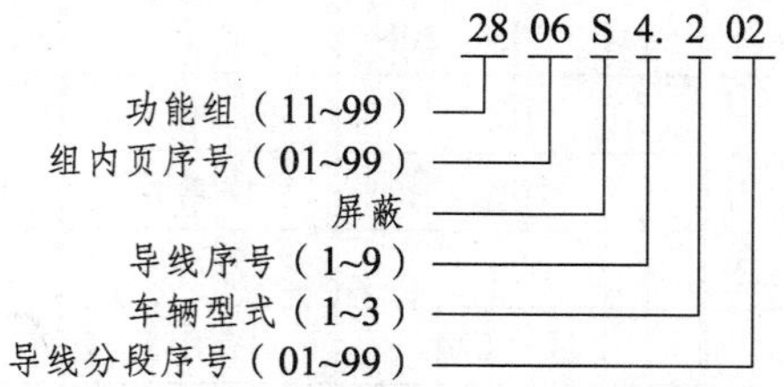

图 1-2-7　屏蔽线线号编号说明

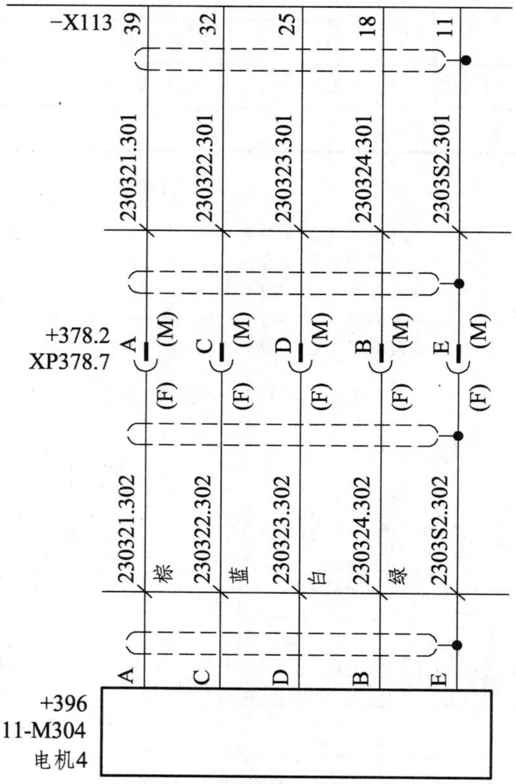

图 1-2-8　屏蔽导线编号示例

（六）交叉引用标识

交叉引用用于电路图中同一元器件主辅项参考或者导线电缆及信号源目标参考。它能够使阅图人员迅速在相同或不同图页中找到同一元件或设备的不同部分，以及跳转的电线电缆之间的连接关系。编号规则如图 1-2-9 所示。第 1 ~ 2 位是功能组（图号）代号，第 3 ~ 4 位是功能组页码，第 5 位表示参照项或跳转位置在图幅 X 轴方向的区域编号。例如，图册图 2201 中的 22-K101 继电器，其主项是继电器线圈，辅项是触点，在主项线圈处标明了辅项的位置（4 对触点：13-14 为 22/01.2，33-34 为 22/01.6，43-44 和 53-54 为 22/04.1），在辅项如 33-34 处，标明了主项线圈的位置（22/01.3）。

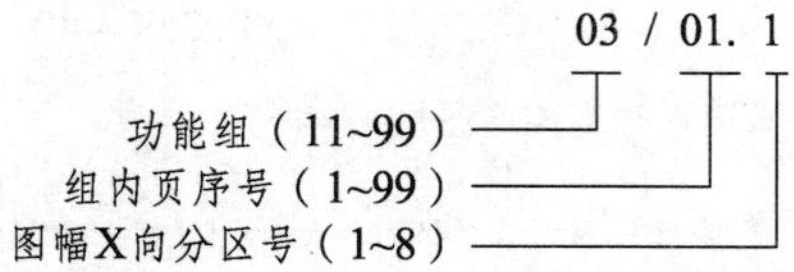

图 1-2-9 交叉引用标识的编号说明

（七）继电器、接触器联锁（触点）的标注

继电器、接触器等的电气联锁（触点）用两位数字标注。第一位表示联锁序号，第二位则成对出现，“3、4”表示常开联锁的两个节点；“1、2”表示常闭联锁的两个节点。例如，图 1-2-10（a）中继电器“22-K108”线圈下部有所有联锁的标注，共有 8 对联锁，6 对常开 2 对常闭。“13-14”表示继电器第 1 对常开联锁，“61-62”表示继电器第 6 对常闭联锁。图 1-2-10（b）所示为接触器的触点标注，“1-2”“3-4”“5-6”表示 3 对常开主触头，“13-14”和继电器的标注一样，表示接触器的第 1 对常开联锁。

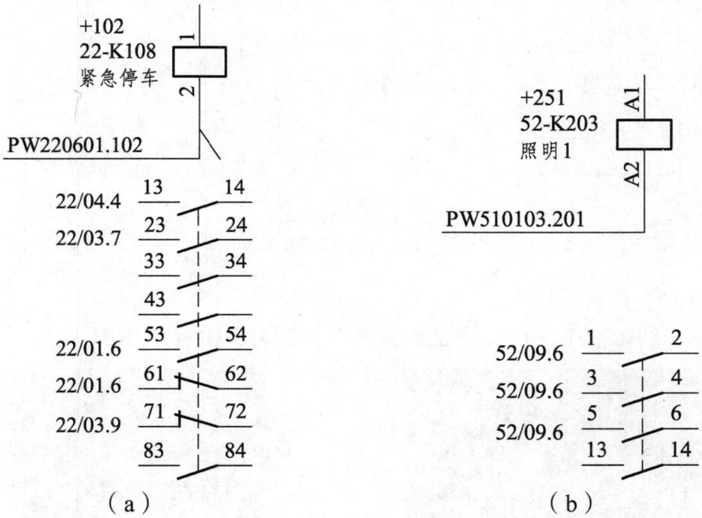

图 1-2-10 触点标注说明

（八）车钩电气接线盒和车端电气连接装置的触点标注

自动车钩电气接线盒和车端电气连接装置是地铁车辆上常用的可拆式连接的接插件，车钩电气接线盒标注方法如图 1-2-11 所示，车端电气连接装置标注方法如图 1-2-12 所示。图 1-2-13（a）中的 72-Y01 为永久车钩电气接线盒，自动车钩为了保证列车在过曲线时每对触点都能够可靠连接，其连接采用两对触点并联连接形式；XP181.1 为车端电气连接装置，采用单对触点连接形式。图 1-2-14 所示为车端电气连接装置实物图，图 1-2-15 所示为车钩电气接线盒实物图。

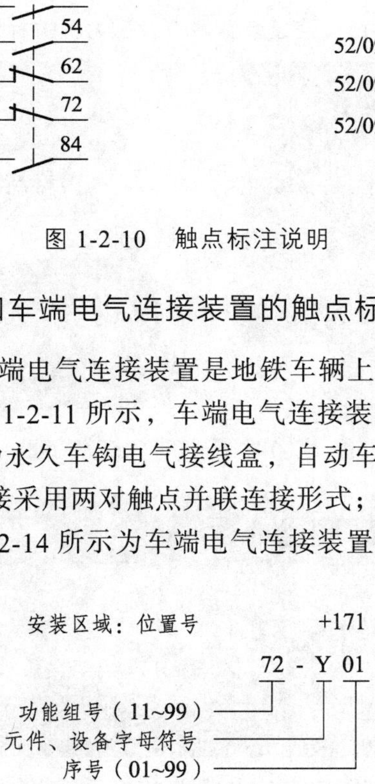

图 1-2-11 车钩电气接线盒编号说明

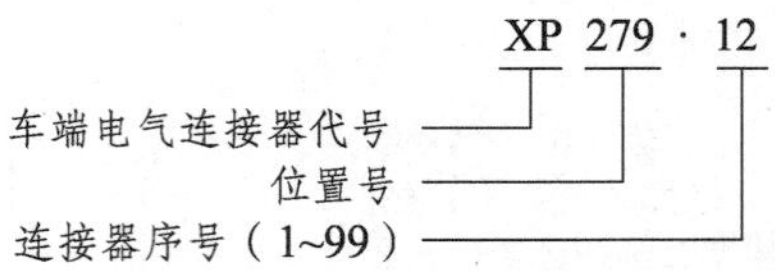

图 1-2-12　车端电气连接装置编号说明

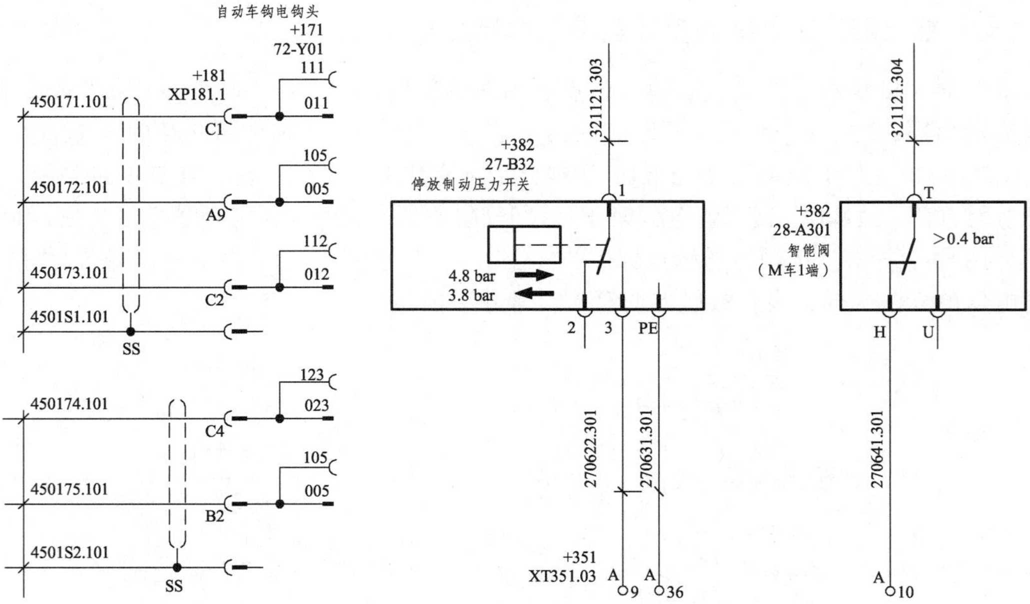

（a）　　（b）　　（c）

图 1-2-13　连接装置触点及压力开关标注示例

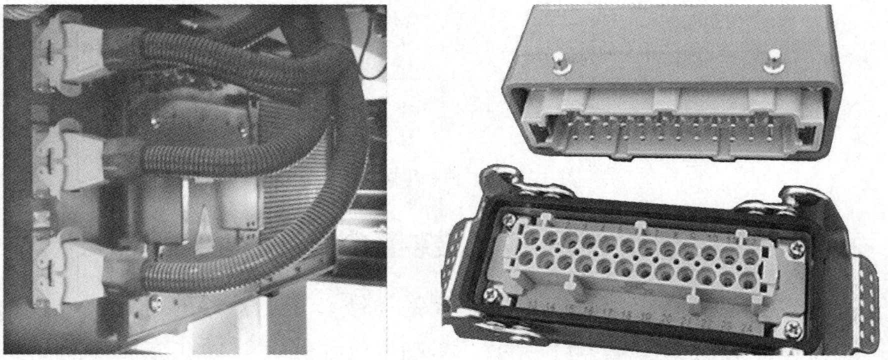

图 1-2-14　车端电气连接装置

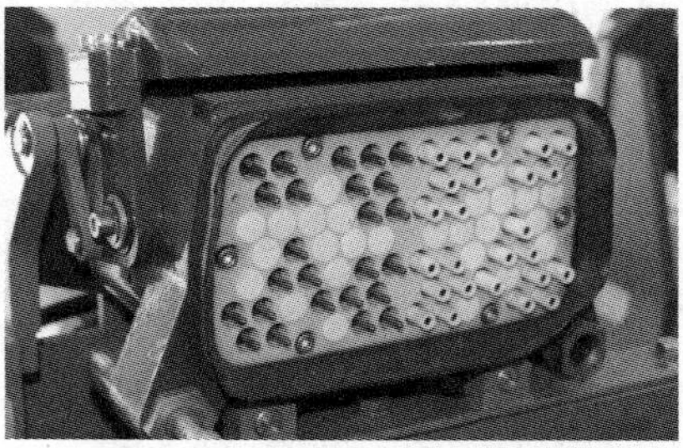

图 1-2-15　自动车钩电气接线盒

（九）压力开关标注

压力开关用于制动系统中风缸压力的监测，一般在压力开关符号旁标注压力开关的动作整定值。如图 1-2-13（b）所示，当气压小于 3.8 bar[①]时，开关节点“1-2”闭合；当气压大于 4.8 bar 时，开关节点“1-3”闭合；当气压处于 3.8 ~ 4.8 bar 时，节点保持先前状态，图中箭头方向即为点分合方向。如图 1-2-13（c）所示，当气压小于 0.4 bar 时，开关节点“T-H”闭合；当气压大于 0.4 bar 时，开关节点“T-U”闭合。

（十）接线端子的标注

在城市轨道交通列车电气电路中，使用了大量用于线路导线连接的接线端子，常用的是栅栏式接线端子（如 TB 系列接线端子）和弹簧式接线端子，如图 1-2-16 所示。栅栏式接线端子一般在制造中均将多片接线端子汇集成端子排进行生产；而弹簧式端子则是分片单独制造，在实际使用中可根据需要组合成端子排，其使用方便灵活。目前，弹簧式接线端子在轨道交通控制电路中应用最为广泛。应用于地铁列车中的弹簧式接线端子排如图 1-2-17 所示。

（a）栅栏式接线端子

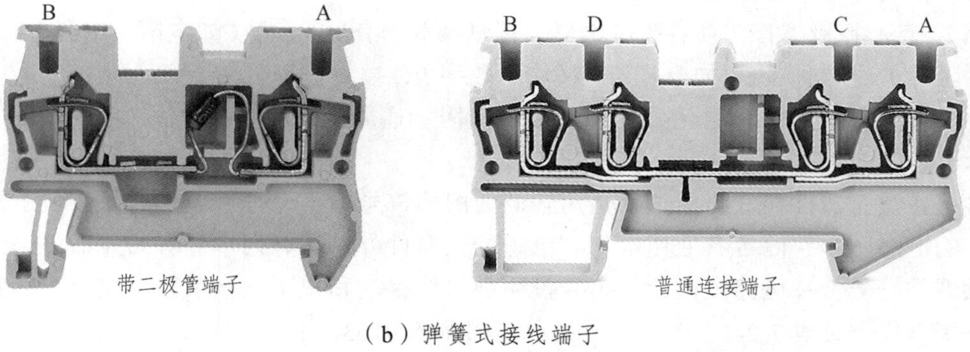

（b）弹簧式接线端子

图 1-2-16　栅栏式接线端子和弹簧式接线端子

① 1 bar=100 kPa。

图 1-2-17　列车电气柜中的接线端子排

接线端子的编号及标注方法如图 1-2-18 所示。接线端子在任何一张电路图中都非常常见，如电路图册图 2101 中的 XT202.01 端子排的第 11、17、18 位（片）均为普通的连接端子，第 19、20、21 位则是带二极管端子。

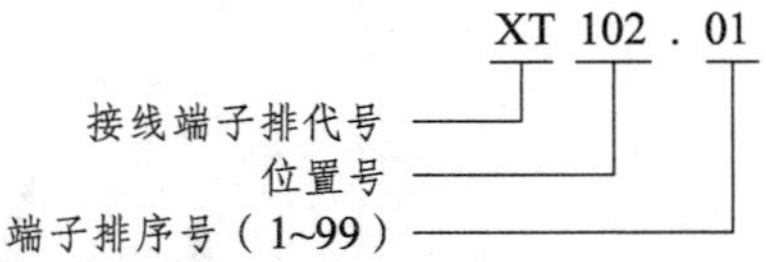

图 1-2-18　接线端子排编号说明

三、电路图的识读方法

（一）电气元器件的图形及符号

电路图中最基本的电气元器件主要有电源、控制器件和用电器（负载）三类。

（1）电源：主要有接触网输入的电源、辅助逆变器各个输出电源、蓄电池等。

（2）控制器件：有手动控制器件（如各种开关、按钮、司机控制器、列车信息触摸显示屏等）、自动控制器件（如各类继电器、接触器等）、电子元件（如电阻、电容、二极管、压敏电阻等）、控制模块（如模拟 I/O 模块、数字 I/O 模块）等。

（3）用电器（负载）：指各类电机、制动电阻、通风设备、空调设备、照明设备、信息及显示设备等。

以上各类元器件在电路图中都是用它们的图形符号和字母符号表示的。在城市轨道交通列车的电路图中，除了有通用电工、电子的元器件外，还有列车专有的元器件，这些特有的元器件符号会在电路图的元件符号说明中给予标注和说明。城市轨道交通车辆具体的元器件字母代号见表 1-2-2，图形符号见电路图册图 0103。

（二）电气元器件在电路图中的表示方法

一个元器件在电路图中采用图形符号的表示方法有集中表示法、半集中表示法和分开表示法。

1. 集中表示法

把元器件、设备或成套装置中的各组成部分的图形符号绘制在一张电路图上的方法，称为集中表示法。在集中表示法中，各组成部分用虚线互相连接起来，这种表示法只能用在同一张电路图中，多用来表示同一张图中的多联开关触点。如电路图册图 2101 中，按钮 21-S205 的 11-12、21-22、31-32 三对触点分别用虚线连接起来构成一体。

2. 半集中表示法

把元器件、设备或成套装置中的部分图形符号绘制在一张电路图上的方法，称为半集中表示法。在半集中表示法中，各组成部分用虚线互相连接起来，这种表示法也只够用在同一张电路图中，多用来表示同一张图中的同一元器件的部分联动触点。如电路图册图 2101 中，继电器 21-K205 的 3-11、4-12 两对触点，分别用虚线连接起来构成一体，但是这里只表明了该继电器的部分触点，而不是全部部件。

3. 分开表示法

把元器件、设备或成套装置中的各组成部分或其中一部分的图形符号在一张电路图上或多张电路图上分开绘制，并使用文字符号（字母代号）表示它们之间关系的方法，称为分开表示法，也称为展开法。如电路图册图 2101 中，继电器 21-K205 有线圈和应用的 4 对触点，图中线圈和触点是分开绘制的，不管是线圈还是触点，它们的文字符号是相同的，表示同一设备。其中，7-11、8-12 两对触点和线圈在同一张图纸中，而另外两对触点 6-10 则在图纸 2104 中，5-9 则在图纸 4201 中，可见分开表示法只要把半集中表示法中的连接虚线去掉，在同一个元器件图形符号上标注同样的文字代号就行了。这样图中的点和线较少，图面更简洁，但是在看图时，要寻找各组成部分比较困难，因此在文字代号下再标注交叉引用标识，这样就能方便地查找同一器件不同部分在图纸中的位置。

（三）电路图的识读方法

1. 结合电工基础理论识图

在实际生产和生活各个电领域中，全部都建立在电工、电子技术理论基础之上的，要想搞清电路的电气原理，必须具备电工和电子技术的基础知识。如三相异步电动机的旋转方向是由通入电动机的三相电源的相序决定的，改变电源的相序就可改变电动机的转向。在电路图册图 1103 中，4 台牵引电机 1M01 ~ 1M04，有 2 台正转，2 台反转，它们的接线是不相同的。

2. 结合电器工作原理识图

看电路图时应搞清楚电器元件及设备的工作原理，及其在电路中的作用，相互逻辑控制关系等，才能搞清电路的工作原理。

3. 结合典型电路识图

一张复杂的电路图，细分起来是由若干典型电路组成的，因此熟悉各种典型电路，能很快分清主次环节。

4. 结合电路图的绘图和编制规则识图

列车电气原理图是按照电路的分类来绘制的。通常按器件的动作顺序或电源到用电设备的连接顺序，水平方向从左到右，垂直方向从上到下绘制；同一器件可能被分解成几部分绘制在不同的回路中，要通过文字符号的标注加以判定，只有了解电路图的绘图和编制规则，就容易看懂电路的构成情况，掌握电路的基本原理。

5. 结合有关图纸说明识图

结合所学知识分析图纸说明，这样有助于了解电路的大体情况，抓住看图重点，从而达到顺利看图的目的

6. 结合电路的安装信息识图

城市轨道交通车辆电气系统电路图包含了大量的安装信息，如安装位置连接方式等，为了更好地利用图纸指导施工，读这些电气图时，应与相关的其他专业技术图一并识读。

课后练习题

1. 电气系统主要由哪几部分组成？各部分的作用是什么？
2. 牵引系统的发展经历了哪几个阶段？
3. 辅助供电系统的发展经历了哪几个阶段？
4. 现阶段使用较多的是哪一种辅助供电系统？此类辅助供电系统由哪几部分组成？
5. 列车控制系统主要由哪两种控制方式组成？简述各自的特点。
6. 简述电路图各个符号及标注的意义。

第二章 列车牵引传动系统

【学习目标】

1. 熟悉城市轨道交通列车牵引传动系统的总体构成。
2. 掌握牵引主电路的构成及工作原理。
3. 掌握牵引系统设备的用途、结构及工作原理。
4. 了解异步电动机的转速特性及调速控制的基本原理。

列车牵引传动系统主要由受流器等牵引主电路电气设备、牵引变流器（VVVF 牵引逆变器）、三相交流牵引电机组成。列车利用受流器从接触网取流，通过高速断路器将 1 500 V 直流电送入 VVVF 牵引逆变器。VVVF 牵引逆变器采用 PWM 脉宽调制模式，将 1 500 V 直流电逆变成频率、电压可调的三相交流电，平行供给车辆四台交流牵引电机，对电机进行转速和转矩调节，实现列车的牵引、电制动功能。

第一节 牵引传动系统概述

一、牵引传动系统的组成

如图 2-1-1 所示（电路图册图 1101），牵引传动系统由受电弓、避雷器、高压电器箱内电器（三位置隔离开关、主母线熔断器、高速断路器）、牵引逆变器（牵引逆变系统）、制动电阻、牵引电机、接地装置等电气设备组成。

（一）受电弓

受电弓分别安装在 Mp 车Ⅱ端车顶（见图 2-1-2），用于从接触网将电能引入列车，每台受电弓负责给列车一个单元的两台牵引逆变器供电。

（二）避雷器 F

避雷器安装在车顶受电弓的旁边（见图 2-1-2），主要用于防止来自车辆外部的过电压

（如操作过电压和雷击等）对车辆电气设备绝缘的破坏以及对电子信息系统的电磁干扰。

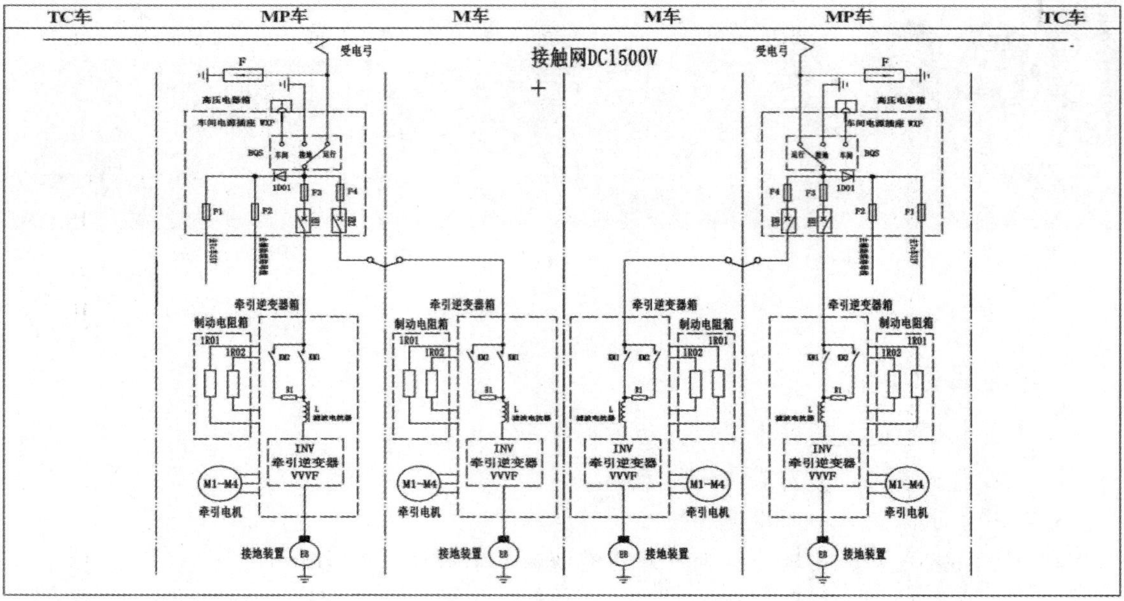

图 2-1-1　牵引主电路系统

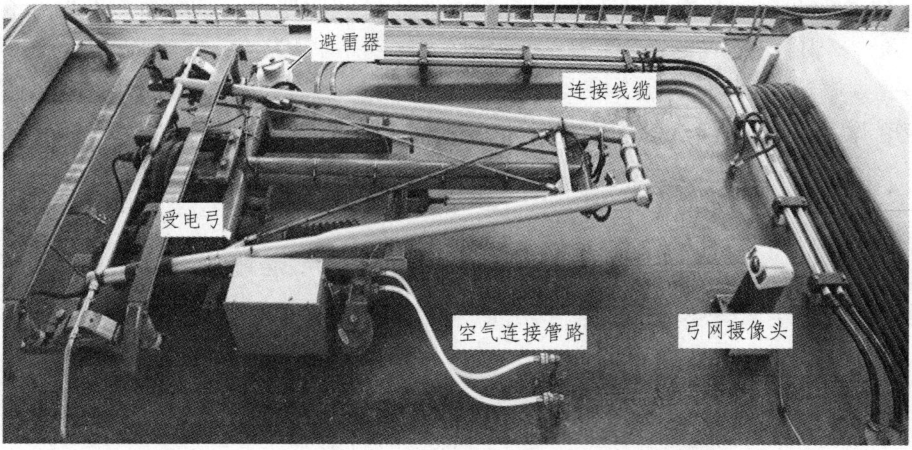

图 2-1-2　受电弓和避雷器在列车顶部的布置

（三）高压电器箱

高压电器箱安装在 Mp 车的车底架下，用于将受电弓从接触网接受来的 1 500 V 直流电进行分配和保护。它由三位置隔离开关、主母线熔断器、高速断路器、隔离二极管组成。高压电器箱内电气电路如图 2-1-3 所示，内部布置如图 2-1-4 所示。

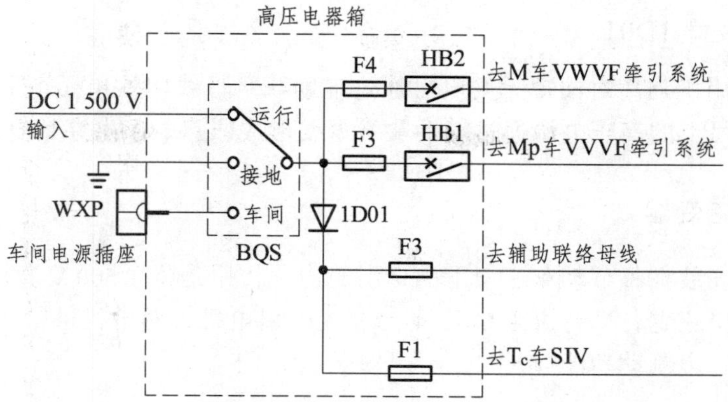

图 2-1-3　高压电器箱电气电路

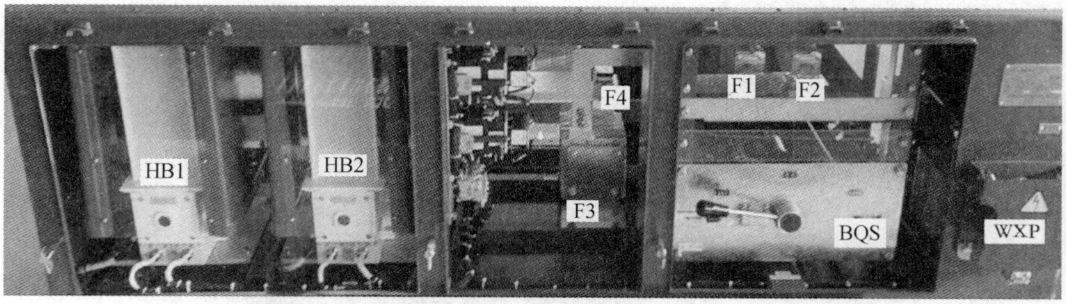

图 2-1-4　高压电器箱内部布置

1. 三位置高压隔离开关 BQS

三位置高压隔离开关 BQS 的作用是切换主电路的工作状态。它有 3 个作用位置，即运行位、车间位和接地位。当开关处于运行位时主电路切换至受电弓受流的接触网供电，给列车正常运行供电；当开关处于车间位时将主电路切换至车间电源供电，用于在车间内检修维护车辆时使用；当开关处于接地位时则将主电路接地，用于对列车进行无电检查和检修。

2. 主母线熔断器 F3、F4

每一个主母线熔断器的额定电流为 450 A，两个熔断器分别为 Mp 车和 M 车牵引逆变器提供电流保护。

3. 高速断路器 HB1、HB2

高速断路器是牵引逆变器的总开关和电流保护设备，一台给 Mp 车牵引逆变器供电并提供保护，另一台给 M 车牵引逆变器供电并提供保护。

4. 辅助高压母线和联络母线熔断器 F1、F2

辅助高压母线和联络母线熔断器每一个的额定电流为 315 A，分别为辅助系统和联络母线提供电流保护。

5. 隔离二极管 1D01

隔离二极管用于隔离对向单元受电弓通过辅助联络母线向本单元牵引逆变器供电，同时也防止两受电弓上的高压电源通过辅助联络母线形成回路，产生穿越电流。

（四）牵引逆变器

牵引逆变器安装在每节动车底架下的牵引箱内，作用是将 1 500 V 直流电逆变成频率、电压可调的三相交流电，平行供给车辆 4 台交流牵引电机，对电机进行转速及转矩调节，实现列车的牵引、电制动功能。

（五）制动电阻 1R01、1R02

制动电阻安装在动车底架下的制动电阻箱内，外观如图 2-1-5 所示。制动电阻有两个作用：一是列车电制动时线网无再生条件下吸收制动能量，即将制动电能转化为电阻单元的热能，通过强迫通风冷却使列车形成制动力；二是作为逆变器中间直流环节的过压保护。

图 2-1-5 制动电阻箱

（六）牵引电机 M1 ~ M4

目前，大多数车辆采用的都是异步鼠笼式牵引电机。牵引电机经齿轮箱与动车的驱动轮对机械连接，并按照运行要求提供牵引力和制动力。在列车牵引过程中，牵引电机工作于电动机工况，将电能转换为机械能。在列车制动过程中，牵引电机工作于发电机工况，将列车的动能转换为电能。

（七）接地装置

接地装置安装在列车的轴箱上。目前，我国地铁车辆的接地装置有轴内置接地装置和轴端接地装置两种类型，绝大多数车辆采用轴端接地装置。两种接地装置在列车上的布置如图 2-1-6 所示。接地装置的作用是使主电路回流电流避开轮对轴承直接经轮对到达钢轨，构成完整的供电回路，并能够防止电流通过轴承造成电腐蚀，提高轴承的使用寿命。另外，在事故或者雷击的情况下，作为泄流的通路，保证电气设备的正常运行和人身安全。

（a）轴端接地装置

（b）轴内置接地装置

图 2-1-6　两种接地装置在列车上的布置

二、牵引系统工作原理

（一）牵引原理

在牵引工况下，主电路系统通过安装在 Mp 车车顶的受电弓将接触网的 DC 1 500 V 引入 Mp 车底架下部的高压箱（HVB）箱中，在高压箱进行电能分配及电流保护和控制后，经牵引逆变器逆变为变压变频的三相交流电送入牵引电机，并最终通过接地装置经轮对到轨道形成电流回路，如图 2-1-7 所示。

（二）电制动原理

制动工况下，通过牵引电机将列车的动能转化为电能，并经牵引逆变器、高速断路器、受电弓等将电能反馈给电网实现再生制动，当再生条件弱化时再经制动电阻以热量形式消耗掉，如图 2-1-8 所示。

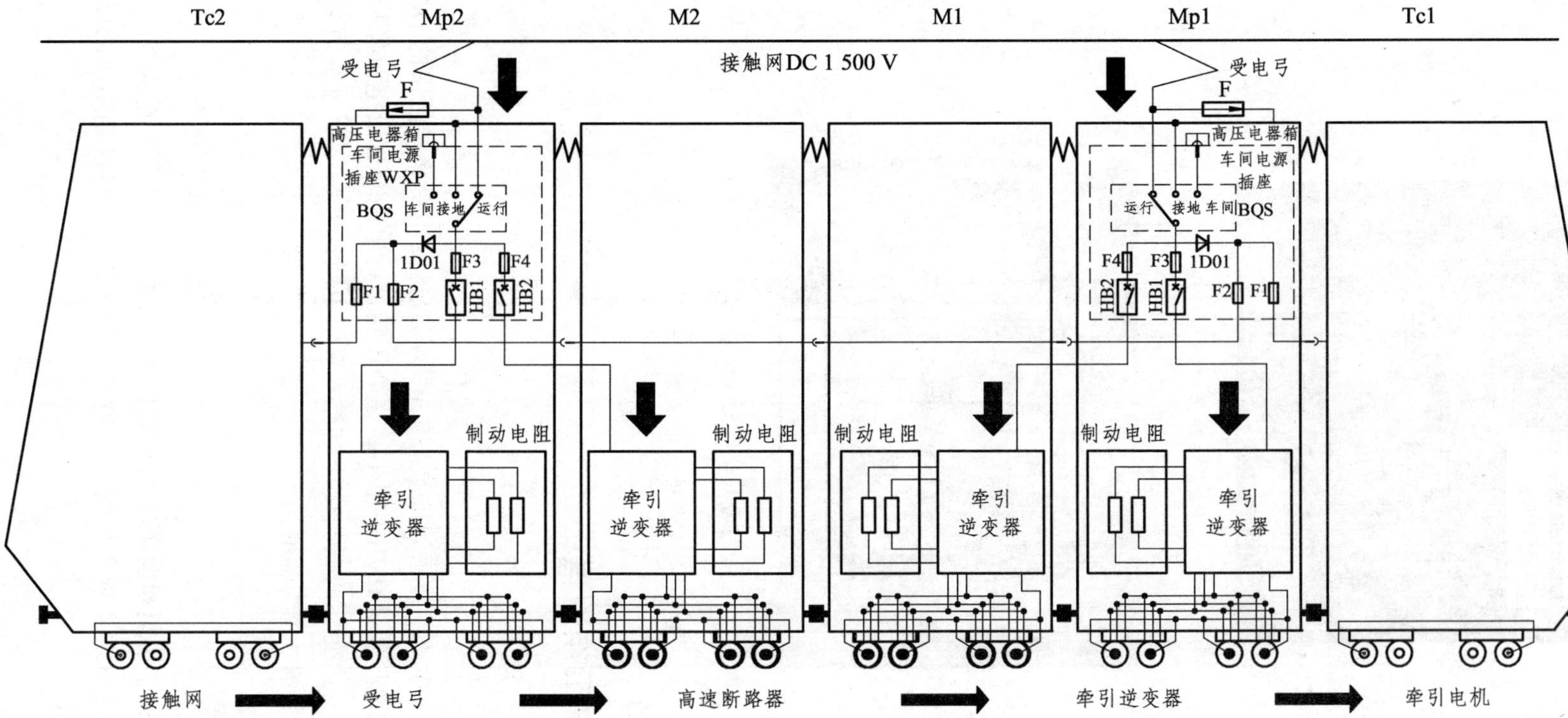
Tc2
Mp2
M2
M1
Mp1
Tc1
接触网DC 1 500 V
受电弓
F
高压电器箱
车间电源
插座WXP
BQS
车间接地
运行
1D01
F1
F2
F3
F4
HB1
HB2
受电弓
F
高压电器箱
车间电源
插座
BQS
运行
接地
车间
1D01
F1
F2
F3
F4
HB1
HB2
制动电阻
牵引
逆变器
制动电阻
牵引
逆变器
制动电阻
牵引
逆变器
制动电阻
牵引
逆变器
接触网
受电弓
高速断路器
牵引逆变器
牵引电机

图 2-1-7　牵引工况

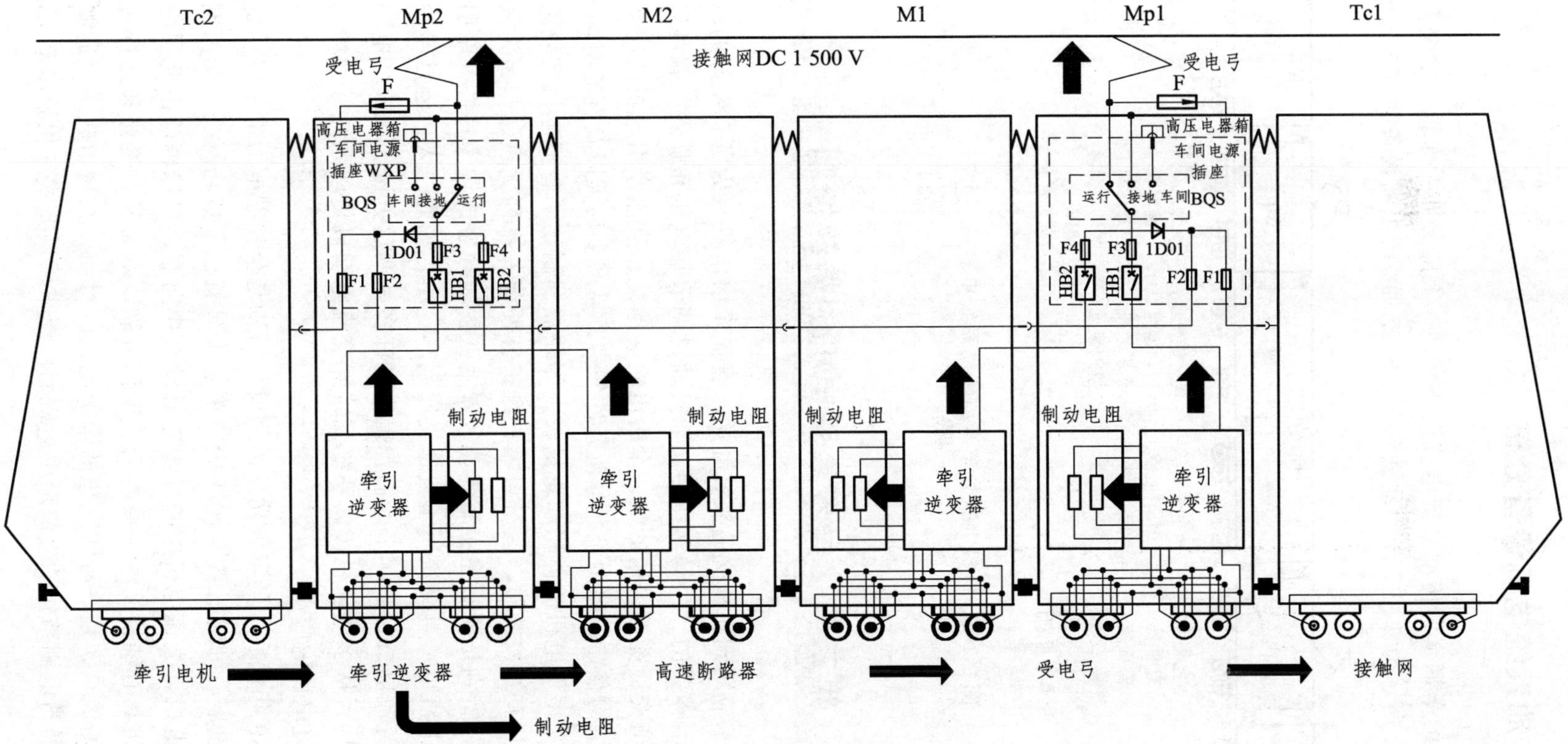
Tc2
Mp2
M2
M1
Mp1
Tc1
接触网DC 1 500 V
受电弓
F
高压电器箱
车间电源
插座WXP
BQS
车间
接地
运行
1D01
F1
F2
F3
F4
HB1
HB2
制动电阻
牵引
逆变器
牵引电机
牵引逆变器
高速断路器
受电弓
接触网
制动电阻

图 2-1-8　制动工况

三、牵引传动系统电气设备分布

不同地铁公司的车辆牵引传动系统电气设备在列车上的分布及布置虽然略有差异，但大体相同。图 2-1-9 所示为株机生产的地铁列车牵引传动系统电器设备在各车上的分布。

图 2-1-9　株机地铁列车牵引传动系统电器设备分布

第二节　异步牵引电机的转速控制

从电力牵引技术应用到轨道交通领域开始，直流牵引电机因为具有良好的牵引和启动性能，适合列车牵引需要的“牛马”特性，而且通过调节端电压和励磁，就可以方便地调速，所以一直是轨道交通能够采用的唯一牵引电机。但是，直流牵引电机的防空转性能较差，换向器与电刷结构存在换向困难、电位条件恶劣，易产生环火以及直流电动机价格高，维护检修复杂，等功率下电机的体积和重量较大等缺点，制约了直流电机在轨道交通领域的发展。交流电机具有结构简单、运行可靠、维护方便等一系列优点，却因为其调速比直流电机要困难得多，特别是要想在交流传动装置上获得较理想的调速特性和牵引特性就更加困难，因而交流电机也一直无法用于轨道交通列车。尽管如此，人们还是希望尽可能采用交流电机来取代直流电机；多年来人们曾提出过许多种调速方法，从改变电动机的参数到改变电动机的结构，从多电动机传动系统到特殊交流电动机传动系统等，均无法取得突破，因而限制了交流电机的应用。

进入 20 世纪 80 年代后，随着大功率晶闸管，特别是全控型电力电子器件制造技术及计算机技术的迅速发展，可调压调频（VVVF）的逆变装置已经成功解决了交流电机的调速问题。相比于直流电机，交流电机中的异步电机没有换向器，可以消除由此引起的一系列问题，而且异步电机具有结构简单、成本低、工作可靠、寿命长、维修和运行费用低、防空转性能好等一系列优点，是一种较理想的牵引电机。目前，在城市轨道交通领域中已经完全淘汰具有换向器与电刷结构的直流牵引电机而广泛采用鼠笼式三相异步牵引电机。

一、城市轨道交通列车牵引特性

当列车在某一定值的功率下运行时，随着运行速度的变化，其轮周牵引力也做相应变化，即 $F=f(v)$。这种牵引力随列车速度变化而变化的规律，称为列车的牵引特性。

（一）理想牵引特性

无论是哪一种列车，它的最大功率是一定的，称为额定功率 P_N，即 $P_N=F\times v$。由公式可见，当列车功率 P_N 为定值时牵引力 F 与速度 v 成反比，把 F 与 v 的这种关系表示在坐标上是一条双曲线，称列车的理想牵引特性曲线，如图 2-2-1 所示。

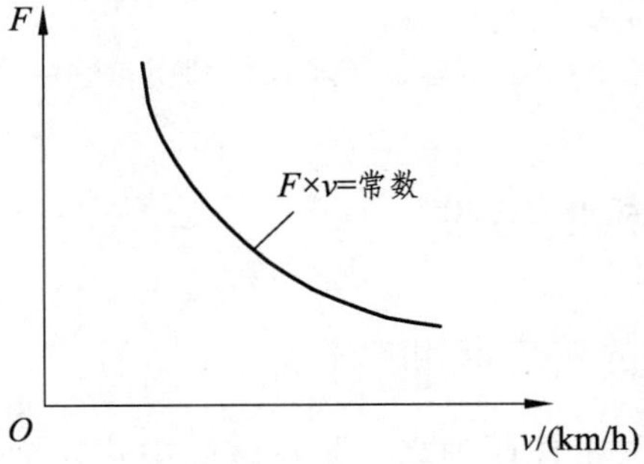

图 2-2-1　列车理想牵引特性曲线

牵引动力最高负荷时的理想牵引特性曲线主体是一条恒功率线，也就是轮周牵引力 F 与列车运行速度 v 呈等轴双曲线关系。根据特性曲线可知，列车低速时，牵引力大，随着速度的增加，牵引力逐渐降低。设置列车牵引传动装置就是为使其轮周牵引力与速度的关系接近理想牵引特性从而使列车的功率得到充分发挥。

（二）列车牵引特性的有效范围

在实际的应用中，受各种特定因素的影响，如低速段受黏着条件限制（称为黏着牵引力）、牵引电机最大电流限制或者传动装置的转矩限制，高速时受最高速度（即构造速度）的限制等，如图 2-2-2（a）中的阴影线。因此实际的列车理想牵引特性则如图 2-2-2（b）所示，在恒牵引力控制区，列车以恒牵引力启动并平稳加速，在恒功率控制区，列车以恒功率的方式运行，在该区段内列车的牵引力随其运行速度的提高而成比例地降低，此时牵引电动机能发挥最大效能，列车的功率容量得到充分利用。

（三）列车牵引特性与牵引电机特性之间的关系

电力牵引的轨道交通列车，以牵引电机为动力源，经齿轮传动装置驱动机车运行，实现电能到机械能的转换。无论采用何种类型的牵引电机，都必须满足列车的牵引的要求——牵引力和速度关系的特性，即基本牵引特性。它们既可以代表列车的性能，也可以通过车辆的动轮轮径和传动比的关系转换成牵引电动机的转矩和转速的关系，因此列车的牵引特性 $F=f(v)$可以用牵引电机的机械特性 $T=f(n)$相互表示和“替代”。

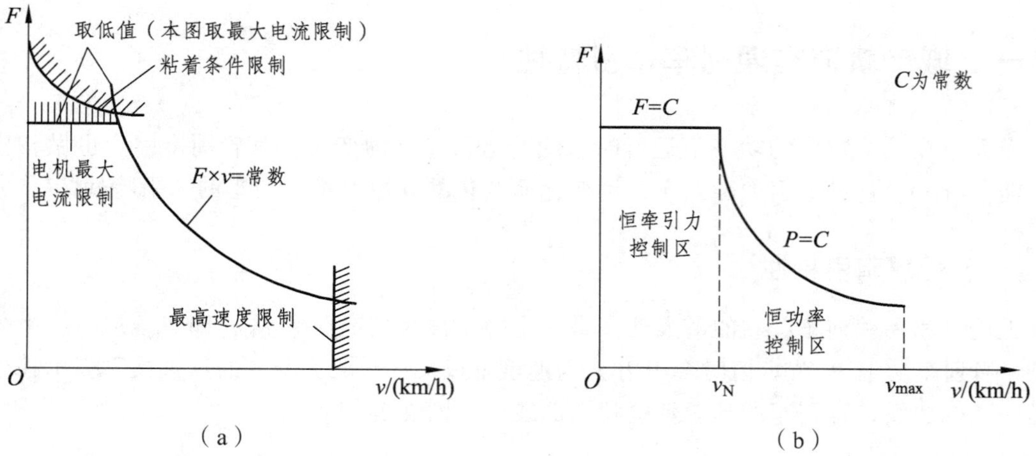

图 2-2-2　实际的列车理想牵引特性曲线

二、三相异步电动机的特性

（一）三相异步电动机的转差率和转速

三相异步电动机最基本的工作原理之一是在气隙中建立旋转和正弦分布的磁场。若忽略槽的影响，则三相绕组分布对称。正弦三相对称电源加到三相定子绕组上会建立一个同步旋转磁场。若初始时转子处于静止状态，磁场将从转子导条上扫过，在短路的转子电路中感应出相同频率的电流，气隙磁链和转子磁势相互作用产生转矩。

显然，三相异步电动机的转子转速最终不会加速到等于旋转磁场的转速（同步转速）。因为如果同步，转子绕组与旋转磁场之间没有相对运动，就不会感应出电动势并产生电流，也不会产生电磁转矩使转子继续转动。所以转子的转速 n 总要略低于旋转磁场的转速，这就是异步电动机的“异步”由来。旋转磁场的同步转速 n_1 与电动机转子实际转速 n 之差与旋转磁场的同步转速之比称为转差率 s。

$$s=\frac{n_1-n}{n_1} \tag{2-2-1}$$

转差率是异步电动机的一个基本参数，它对电动机的运行有着很大的影响。它的大小同样也能反映转子转速，异步电动机的转速为

$$n=(1-s)n_1=(1-s)\left[\frac{60f_1}{p}\right] \tag{2-2-2}$$

式中　f_1——定子电源频率，Hz；

p——电动机极对数；

s——转差率。

由于异步电动机工作在电动状态时，其转速与同步转速方向一致但低于同步速，所以电动机状态的转差率 s 的范围是 0～1。其中，s=0 是理想空载状态，s=1，是起动瞬间。

对普通的三相异步电动机，为了使额定运行时的效率较高，通常设计成使它的额定转

速略低于但很接近于对应的同步转速，所以额定转差率 s 一般为 0.02 ~ 0.06。

（二）异步电动机的等效电路

三相笼型异步电动机的转子是一个笼型结构，两端具有两个短路环。其定子和转子之间只有磁的耦合，没有电的直接联系，它是靠电磁感应作用，将能量从定子传递到转子的，这一点和变压器完全相似。因此异步电动机本质上可被看成一个具有旋转和短路的二次绕组的三相变压器，定子铁心和转子铁心都是由铁磁钢薄片叠成的，电动机中的气隙实际上是均匀的。所以异步电动机也可以用类似于变压器电路的异步电动机每相等效电路（见图 2-2-3）来表示。图中定子绕组的内阻、漏抗分别为 r_1、x_1，转子绕组的内阻、漏抗分别为 r_2、x_2，定子绕组的电压、电动势、电流相量分别为 U_1、E_1、I_1，转子绕组电动势、电流相量分别为 sE_2、I_2。

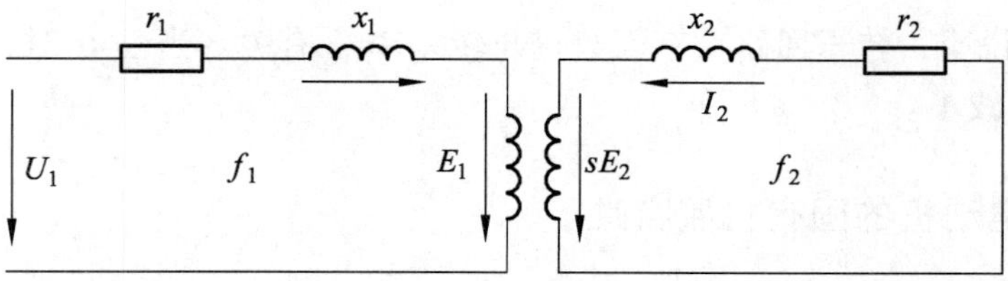

图 2-2-3 交流异步电动机等效电路

当旋转磁场以同步转速 n_1 旋转时。如果转子静止不动（s=1），转子与旋转磁场的相对转速就是 n_1，在转子中产生的感应电动势 sE_2 的频率等于旋转磁场的频率 f_1。

如果转子旋转，转差率为 s，则转子与旋转磁场的相对转速为 sn_1，在转子中产生的感应电动势为 sE_2，频率为 sf_2，二次漏抗为 sX_2。

1. 主磁通的感应电动势

当三相异步电动机定子绕组通入三相对称交流电时，将产生旋转磁通势，该磁通势产生的磁通绝大部分穿过气隙，并同时交链定子、转子绕组，这部分磁通称为主磁通，用 Φ_m 表示。

由于主磁通同时交链定、转子绕组而在其中分别产生感应电动势 E_1 和 E_2。又由于异步电动机的转子绕组为三相或多相短路绕组，在转子电动势的作用下，转子绕组中有电流通过。转子电流与定子磁场相互作用产生电磁转矩，实现异步电动机电能量转换，因此，主磁通起了转换能量的媒介作用。主磁通在定子绕组中感应的电动势为

$$E_1 = 4.44 f_1 N_1 \Phi_m \tag{2-2-3}$$

式中，N_1 为定子每相绕组串联的匝数。由于 r_1、x_1 较小，其电压降与电动势 E_1 比较，当电动势 E_1 较高时，其电压降可以忽略，有

$$U_1 \approx E_1$$

则式（2-2-3）可改为

$$U_1 \approx E_1 = 4.44 f_1 N_1 \Phi_m$$

2. 转子绕组的电流

由于转子绕组感应电动势和转子绕组漏电抗都随 s 的变化而变化，并考虑转子绕组电阻 r_2，故转子绕组电流也与转差率 s 有关，即

$$I_2=\frac{sE_2}{\sqrt{r_2^2+(sX_2)^2}} \tag{2-2-4}$$

式（2-2-4）说明，转子电流随 s 的增大而增大。当电动机起动瞬间，s=1 为最大，转子电流也为最大；当转子旋转时，s 减小，转子电流也随之减小。

3. 转子绕组功率因数

$$\cos\phi_2=\frac{r_2}{\sqrt{r_2^2+(sX_2)^2}} \tag{2-2-5}$$

式（2-2-5）说明，转子回路功率因数也与转差率 s 有关。当 s=0 时，$\cos\phi_2=1$；当 s 增加时，$\cos\phi_2$ 则减小。

（三）异步电动机的固有机械特性

三相异步电动机的固有机械特性指在电源电压 U_1、电源频率 f_1 及电动机参数固定并按照规定的方式接线的条件下，其电磁转矩 T 与转子转速 n 之间的关系，可用函数关系式表示为 T=$f(s)$或 T=$f(n)$；用曲线可以表示为 T-s 曲线或 T-n 曲线。

电磁转矩 T：转子中各载流导体在旋转磁场的作用下，受到电磁力所形成的转矩之总和，如式（2-2-6）所示。

$$T=C_{\mathrm{T}}\Phi_{\mathrm{m}}I_2\cos\phi_2 \tag{2-2-6}$$

式中，C_{T} 为电机的转矩常数。将式（2-2-3）、（2-2-4）、（2-2-5）代入电磁转矩公式，得

$$T=C_{\mathrm{T}}\frac{sr_2}{r_2^2+(sX_2)^2}U_1^2 \tag{2-2-7}$$

式（2-2-7）就是异步电动机转矩特性的参数方程（实际上也是机械特性方程）。当电源电压、电源频率一定，并且没有人为地改变异步电动机的极数及各参数时得到的转矩特性曲线 T=$f(s)$，如图 2-2-4 所示。

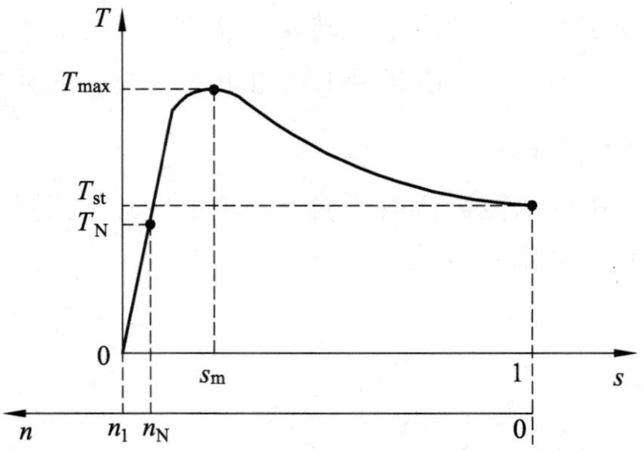

图 2-2-4　一定频率和电压下异步电动机的转矩特性

当同步转速 n_1 不变（f_1 不变）时，由公式 $n=(1-s)n_1$ 很容易将图 2-2-4 所示的转矩特性曲线 $T=f(s)$转换为常用的机械特性曲线 $T=f(n)$，如图 2-2-5 所示。

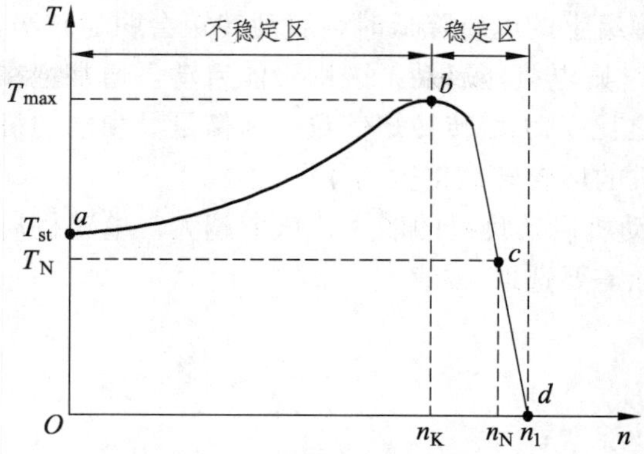

图 2-2-5　异步电动机的固有机械特性曲线

从特性曲线上可以看出，有三个重要转矩，此外还有四个特殊点可以决定特性曲线的基本形状和异步电动机的运行性能。

1. 三个重要转矩

1）额定转矩 T_N

异步电动机带额定负载时的输出转矩，用 T_N 表示，此时的转差率为额定转差率 s_N。T_N 可由电机铭牌上的额定功率 P_N（kW）和额定转速来确定。

$$T = 9550\frac{P_N}{n_N} \tag{2-2-8}$$

2）最大转矩 T_{max}

当 s 达到临界转差率 s_m 时，电磁转矩达到最大值 T_{max}，称为最大电磁转矩。它也是异步电机带动最大负载的能力。最大电磁转矩与额定转矩之比称为电动机的过载能力 k_λ，即 $k_\lambda=T_{max}/T_N$，它是衡量电动机过载能力的一个重要指标。不同应用场合的异步电动机，其 k_λ 的值不一样。一般三相异步电动机 $k_\lambda=1.0\sim2.8$。三相异步电动机选择足够大的 k_λ 是为了保证在电压突然降低或负载转矩突然增大时，不会引起电动机转速的大幅变化，且在干扰消失后能够恢复正常运行。但是，绝对不允许电动机长期工作在最大转矩处，因电动机会因过载、电流太大、温升超出允许值而烧毁。同时，在最大转矩处电动机运行不稳定。

三相异步电动机的 T_{max} 和电压的平方成正比，所以三相异步电动机对电压的波动很敏感，使用时要注意电压的变化。三相异步电动机转子轴上机械负载转矩 T_2 不能大于 T_{max}，否则将造成堵转（停车）。异步电动机堵转时转子转速 n 为零，转子电流 I_2 增大，使定子电流 I_1 也急剧增大，会导致电机严重过热而烧损。

3）启动转矩 T_{st}

在额定电压下，三相异步电动机刚启动时所输出的电磁转矩称为启动转矩。电机在启动的瞬间，即 $s=1$ 时的电磁转矩为启动转矩 T_{st}（又称堵转转矩）。把 $s=1$ 代入异步电动机电磁转矩公式，可得启动转矩 T_{st} 为

$$T_{st}=\frac{U_1^2 r_2}{2\pi f_1[(r_1+r_2)^2+(x_1+x_2)^2]} \tag{2-2-9}$$

当施加在定子每相绕组上的电压降低时，启动转矩会明显减小。T_{st} 体现了电动机带载启动的能力，若 $T_{st} \geqslant T_N$，则电机能启动，否则不能启动。通常把在固有机械特性上的启动转矩 T_{st} 与额定转矩 T_N 之比 λ_{st}（堵转转矩倍数）为衡量异步电动机启动能力的一个重要数据。常用三相异步电动机的堵转转矩倍数为 1.0 ~ 2.2。

λ_{st} 的大小反映了电动机启动负载的能力，该值越大，电动机启动越快，电动机成本也越高。因此，要根据实际需要选取 λ_{st} 值。

2. 四个特殊点

1）起动点

当异步电动机接入电网时，n=0，s=1，电磁转矩 $T=T_{st}$，如图 2-2-5 中的 a 点所示，起动点的启动电流（堵转电流）很大，但由于转子绕组的功率因素 $\cos\phi_2$ 很小，故启动转矩 T_{st} 并不很大。

2）临界点

如果启动转矩大于轴上的阻转矩，则电机将加速。随着转速的上升，转差率 s 减小。在 $s>s_m$ 范围内，随着 s 减小，转矩 T 逐渐增大。当 $s=s_m$ 时，转矩达到 T_{max}，出现了图 2-2-5 中 b 点所示的最大值。我们把这一点称为机械特性曲线的临界点，s_m 称为临界转差率，转矩 T 称为临界转矩（又称为最大转矩）。

3）额定点

转速继续上升，转差率 s 减小。在 $s<s_m$ 范围内，随着 s 减小，转矩 T 逐渐减小。当 $s=s_N$ 时，如图 2-2-5 中 c 点所示，转矩 $T=T_N$，这一点称为额定工作点。不改变电机的参数，当电源电压、电网频率和轴上输出功率都为额定值时，电机运行在这一点上。

4）同步转速点

如果轴上的外加转矩与电磁转矩的方向相同，帮助异步电动机克服空载转矩，则电磁转矩 T=0，$n=n_1$，s=0。我们称这点（s=0，T=0）为同步转速点。显然当轴上没有外转矩时，靠电机本身的力矩不可能在这一点上运行。这一点是电动工作状态与发电（制动）状态的分界点。

一般地，电动机具有转速增加时转矩减小，转速减小时转矩增大的特性才能稳定运行。

当电动机在额定转矩 T_N 下运行时，则对应的转速为额定转速 n_N（转差率 s_N），假若负载转矩突然增加，如图 2-2-5 所示，则电动机转速将减小（s 将增大）；随着 s 的增加，电动机产生的转矩也将增加；当增加到与新的负载转矩相等时，电动机即在稍大的转差率 s（稍低的转速下）稳定运行。这也是电动机的空载转速稍高于额定转速的原因。

分析图 2-2-5 可知，异步电动机不能稳定地运行在 1 ~ s_m 区间，当负载转矩小于电机转矩时，电机很快加速进入稳定运行区；当负载转矩大于电机转矩时，电机很快减速而堵转。而在 0 ~ s_m（0 ~ n_1）区间，电动机的电磁转矩可以随负载的变化而自动调整（这种能力称为自适应负载能力），即异步电动机可以稳定运行的区域是在最大转矩点到同步转速之间，只限于转差率为 0%～10%的狭小区域。正是这种硬的机械特性，才使它的自动调速困难；也正是由于这种硬特性，它作为牵引电机使用时具有良好的防空转性能，从而可以充分利用电动车组的黏着重量。

三、异步电动机的转速控制

转速控制即调速，就是人为地改变机械特性的参数，使电动机的稳定工作点偏离固有特性，工作在人为机械特性上，以达到调速的目的。根据式（2-2）的异步电动机转速公式，改变异步电动机转速的方法有三种：变频调速——改变异步电动机定子所加电源的频率 f_1 调速；变极调速——改变异步电动机定子绕组的磁极对数 p 的调速；变转差率调速——改变异步电动机的转差率 s 进行调速。

（一）变极调速（有级调速）

变极调速是指改变异步电动机定子绕组的磁极对数 p 的调速，这种方法在定子铁心中装一套绕组，通过改变定子绕组的连接方式，使部分绕组中电流的方向改变，来实现电动机的磁极对数和转速的改变。这种调速方法具有较硬的机械特性，稳定性良好、无转差损耗、效率高、接线简单、控制方便、价格低；但是这种方法的极对数是成倍变化的，同步转速也成倍改变。因此，电动机运行的转速也接近成倍变化，是有级调速，级差较大不能获得平滑调速，不适合用于列车牵引调速。

（二）变转差率调速（无级调速）

变转差率调速可以通过调节定子电压、转子电阻（适用于绕线式异步电动机）、转差电压（适用于绕线式异步电动机）等方法来实现。鼠笼式异步电动机的调速适合使用改变定子电源电压来改变转差率 s。此种方法是保持电源频率 f_1 为不变只改变定子电压 U_1。由于受电动机绝缘和磁路饱和的限制，定子电压 U_1 只能降低，不能升高，故又称作降压调速。图 2-2-6 所示为变转差率调速（降压调速）时异步电动机的机械特性变化状况。

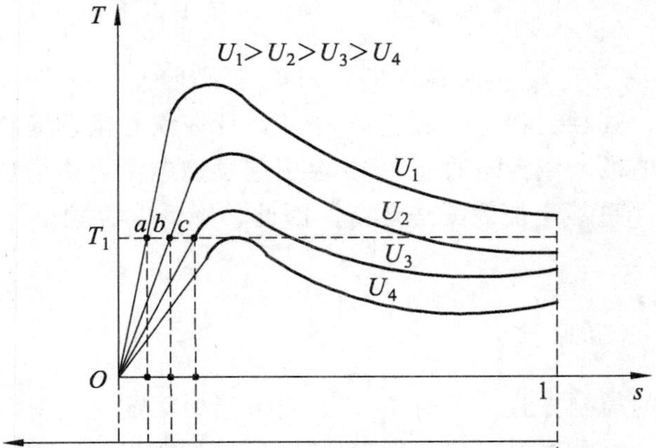

图 2-2-6　异步电动机变转差率（改变定子电压）调速时的机械特性

由图可见，由负载转矩线 T_1 与不同电压下电动机的机械特性曲线的交点 a、b、c 点所决定的速度，其调速范围很小。这种调速方法能够无级调速，但根据式（2-2-7）机械特性方程可知，当降低定子电压时，转矩也按电压的平方成比例减小。如果额定负载转矩保持不变，这时，电动机不能长期运行，以避免铜损增加太多，造成电动机发热烧坏。因为，定子电压 U_1 降低后，气隙磁通 Φ_m 减小，但转子功率因数 $\cos\phi_2$ 变化不大，根据电磁转矩公式 $T = C_T\Phi_m I_2\cos\phi_2$，要维持电磁转矩与负载转矩的平衡关系，势必要增大 I_2，I_2 增大 I_1 也会相应增大，I_1 会超过额定值，电动机不能长时间连续运行。当电压小于 U_4 时，电机的最大转矩都已经小于负载转矩，电机将停转。因此降压调速只能够在一定电压范围内进行，所以调速范围不大，也不适合用于列车牵引调速，只能用于一些调速要求不高的场合，如风机、泵类等负载的拖动。

（三）变频调速（无级调速）

变频调速通过改变电机定子的供电频率，以改变电机的同步转速，从而达到调速的目的，其调速性能优越，调速范围宽，能实现无级调速。进行变频调速时，为使电机得到满意的性能，通常应保持气隙磁通 Φ_m 不变，以保持铁心磁路的饱和程度（即铁心的利用率）。使励磁电流和电动机的功率因数基本不变。此种调速方法不仅调速范围大、效果好，而且效率较高，是交流电机应用于列车牵引最理想的调速方式。

由异步电机的转速公式（2-2-2）可知，$n \propto f_1$。如果连续地调节电源频率 f_1，则可连续地改变电动机的转速（即变频调速）。但是改变电源频率 f_1 时，根据公式 $U_1 \approx E_1 = 4.44 f_1 N_1 \Phi_m$，$\Phi_m \propto \dfrac{U_1}{f_1}$，$\Phi_m$ 和 U_1 成正比关系，与 f_1 成反比关系。又根据电磁转矩公式 $T = C_T\Phi_m I_2\cos\phi_2$，$T \propto \Phi_m$。综上，可以将 $\Phi_m \propto \dfrac{U_1}{f_1}$ 变换为 $T \propto \dfrac{U_1}{f_1}$，即电源压 U_1 及频率 f_1（n）变化时均会引起电磁转矩 T 的变化。因此在进行变频调速时只要控制好 U_1 和 f_1 的比值，便可同时达到控制磁通 $\Phi_m(T)$ 的目的，对此，需要考虑基频（额定频率）以下调速和基频以上调速两种情况。

1. 基频以下调速

异步电动机在 $f_1 < f_{1N}$ 即低于额定频率（额定转速）以下调速时，由于 $\Phi_m \propto \dfrac{U_1}{f_1}$，如果 U_1 不变，当频率 f_1 从额定值 f_{1N} 向下调节时，则 Φ_m 势必增大，Φ_m 增大将引起电动机磁路过于饱和（电机设计时，其额定状态的磁通 Φ_m 一般设计在铁心接近饱和的状态，以保持电机铁心的利用率，发挥电机产生转矩的能力），会引起励磁电流急剧增加，电机的铁耗和铜耗加剧，致使电机发热严重甚至烧毁无法运行。因此，降低电源频率 f_1，需要同时降低电源电压 U_1，使

$$\frac{U_1}{f_1} = C\text{（常数）} \tag{2-2-10}$$

这就是恒压频比的控制方式，此时 Φ_m、T 均恒定为额定值，所以近似是恒磁通控制方式或恒转矩调速方式。这种调速方式在频率（速度）较高时，U_1 较高，定子阻抗压降可以忽略，对于恒转矩负载，则变频调节过程中不管 f_1 如何变化，最大转矩 T_{max} 不变，即机械

特性的形状基本不变，只是随着频率（速度）变化平移的。但是，在频率很低时，U_1 和 E_1 都较小，定子阻抗压降所占的比例较大，T_m 会下降较多，不再能忽略。这时，需要人为地把电压 U_1 抬高一些，以便近似地补偿定子压降，此时最大转矩和额定转矩基本上是一条直线。图 2-2-7 所示为采用定子压降补偿后的恒压频比控制时变频调速的异步电机机械特性。

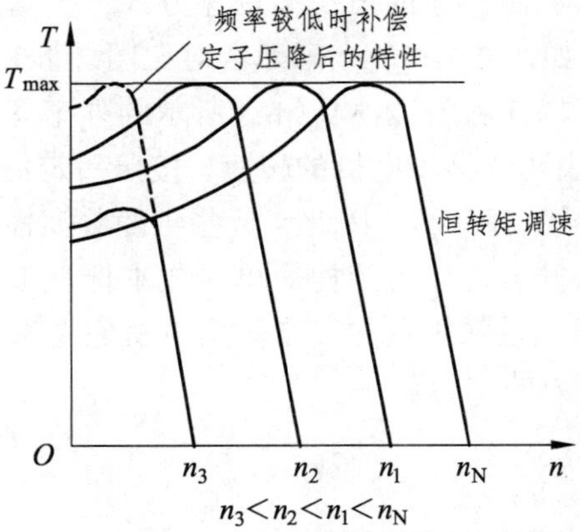

图 2-2-7　定子压降补偿恒压频比控制时变频调速的机械特性

2. 基频以上调速

异步电动机在 $f_1>f_{1N}$ 即高于额定频率（额定转速）以上调速时，当频率 f_1 从额定值 f_{1N} 向上调节时，如果继续保持 $\frac{U_1}{f_1}=C$（常数）不变，在 f_1 增加的同时 U_1 也要增加，即 $U_1>U_{1N}$。受电机绝缘和磁路饱和的限制，U_1 超过额定电压是不允许的。因此，在高于额定转速调速时，应保持 $U_1\approx U_{1N}$，由于频率提高而电压不变，气隙磁通 Φ_m 必然减弱，导致转矩 T 减小。转速增大，转矩减小，可以认为输出功率基本不变，所以基频以上变频调速属于弱磁恒功率调速。其机械特性虽然仍然形状不变平行移动，但是转矩却随着转速增大而下降，最大转矩和额定转矩线向下倾斜，如图 2-2-8 所示。

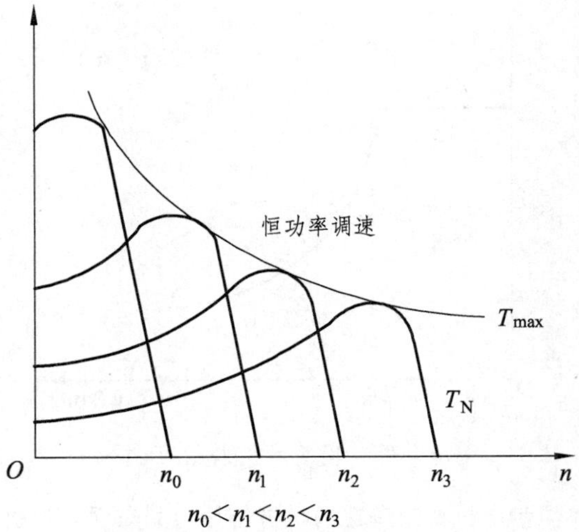

图 2-2-8　基频以上恒压变频调速的机械特性

通过以上对变频调速方式的分析可知，变频调速的调速性能优越，平滑性好，调速范围宽，运行效率高，能实现无级调速。为了使电机在整个调速的范围内均能够发挥最大的效能，在基频以下调速时，采用恒压频比的控制方式，此时 Φ_m、T 均恒定为额定值，即恒磁通或恒转矩调速方式。而在基频以上调速时，则采用恒压变频的控制方式，此时 Φ_m、T 均随着频率增加而减小，即弱磁升速的恒功率调速方式，把基频以下和基频以上两种控制情况的机械特性画在一起，如图 2-2-9（a）所示。对比图 2-2-9（a）所示的异步电机恒转矩和恒功率变频调速时的机械特性和图 2-2-9（b）所示的列车理想牵引特性不难发现，采用变压变频（VVVF）调速方法调节异步电机的转速，按照一定的控制规律，很容易的将其特性调节得和列车的牵引特性相“匹配”。因此，近些年随着高性能的变压变频控制技术如矢量控制、直接转矩控制等的发展，使得结构简单、成本低、工作可靠、寿命长、维修和运行费用低、防空转性能好等一系列优点的异步牵引电机完全取代了直流牵引电动机，成为城市轨道交通领域中牵引动力的主力。

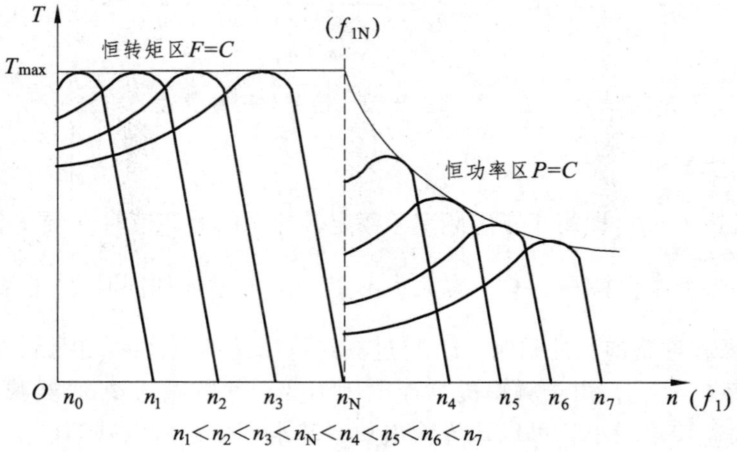

（a）异步电机恒转矩和恒功率调速的机械特性曲线

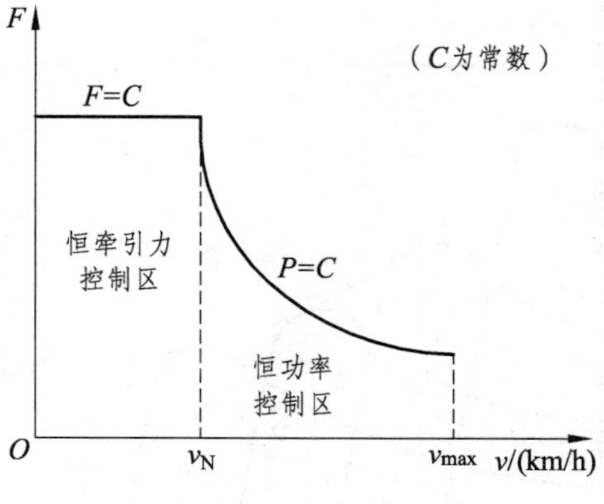

（b）列车理想牵引特性曲线

图 2-2-9　异步电机变频调速的机械特性与列车理想牵引特性对比

四、异步电动机矢量控制调速

上述分析的变频调速方式是采用 *U/f* 控制，这种控制方式结构简单，但由于它是基于电动机的稳态方程实现的，系统的动态响应指标较差。然而，当生产机械对调速系统的动静态性能提出更高要求时，上述系统还是比直流调速系统略差一些。为了改善异步电动机的动态性能，产生了矢量控制理论。1971 年，德国学者 F.Blaschke 提出了交流电动机的磁场定向矢量控制理论，标志着交流调速理论的重大突破。矢量控制，就是将交流电动机模拟成直流电动机来控制，通过坐标变换来实现电动机定子电流的励磁分量和转矩分量的解耦，然后分别独立调节，从而获得高性能的转矩和转速响应特性。

对于直流电动机，由于它的励磁绕组和电枢绕组是相互独立的，因而可以分别调节励磁电流和电枢电流，从而控制其磁通、转矩和转速。因此，直流电动机容易控制。矢量控制理论认为，异步电机与直流电机有相同的转矩产生机理。直流电机的电磁转矩为 $T=C_T\Phi I_a$，若不考虑磁路饱和，则主磁通 Φ 正比于励磁电流 I_f，当 I_f 保持恒定时，电磁转矩与电枢电流成正比。影响电磁转矩的控制量 I_f 和 I_a 是互相独立的，即自然解耦。由于 I_a 的变化不影响磁场，因此可通过控制 I_a 去控制电磁转矩，其动态响应很快，可以实现转矩的快速调节，获得理想的动态性能。

在交流异步电动机中，定子通以三相交流电产生旋转磁场，转子绕组是一个本身不供电的短路绕组，而异步电动机的气隙磁通是由定子电流和转子电流共同作用产生，并以电流频率的同步速度在空间旋转的。根据异步电动机的电磁转矩表达式（2-2-6）$T=C_T\Phi_m I_2\cos\phi_2$ 和转子功率因数表达式（2-5）$\cos\phi_2=\dfrac{r_2}{\sqrt{r_2^2+(sx_2)^2}}$ 可知：异步电动机电磁转矩不仅与气隙磁通 Φ_m、转子电流 I_2 有关，还与转速（即转差率 s）有关，且 Φ_m 和转子电流不是两个独立变量。这种复杂关系正是异步电动机难以控制的根本原因。

矢量变换控制的基本思路，是以产生同样的旋转磁场为准则，从理论上将异步电动机的一次电流分离成建立磁场的励磁分量和与磁场正交的产生转矩的转矩分量，然后分别进行控制，即建立三相交流绕组电流、二相交流绕组电流和在旋转坐标上的正交绕组直流电流之间的等效关系。如果将式（2-2-6）中的 Φ_m 与 $\cos\phi_2$ 的乘积当作一个新变量，称为转子磁通 Φ_2，则异步电动机的电磁转矩可表示为

$$T=C_T\Phi_2 I_2 \tag{2-2-11}$$

此时，转矩表达式与直流电动机相似。

综上所述，矢量控制主要以产生同样的旋转磁势为准则，把三相定子电流变换为等效的二相定子电流，也就是把三相异步电动机等效为二相异步电动机。若将互相垂直的两绕组分别通以直流电流，产生合成磁势 *F*，并让包含两绕组在内的整个铁心旋转，这样合成磁势 *F* 也旋转，若此旋转磁势大小和转速与二相固定交流绕组产生的磁势相同，则两相交流异步电动机等效为直流电动机。矢量控制就是要建立一个新的三相异步电动机模型，这个模型等效于原来的直流电动机，这样就可以仿照直流电动机的控制理论和方法，对异步电机进行控制，并能取得优良的静、动态性能。这个等效变换为旋转变换。

矢量控制的缺点是等效变换比较复杂，还要求对转子磁链进行观测，实现起来较困难。

（一）新的异步电机等效模型

1. 直流电动机模型

如图 2-2-10 所示，主磁通中和电枢磁势 F_a 有着固定的方向。

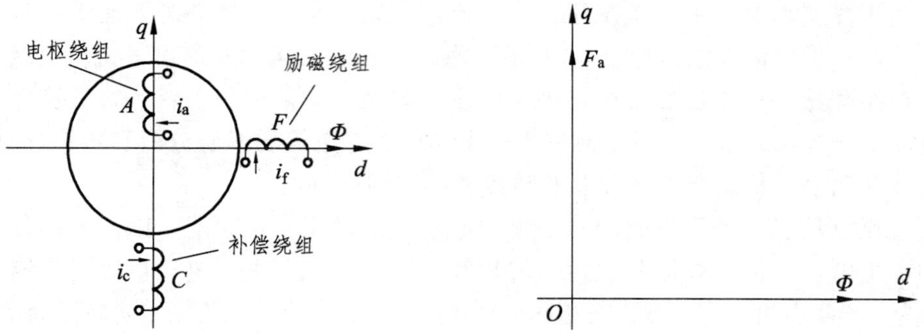

（a）物理模型图　　　　（b）相量图

F—他励绕组；A—电枢绕组；C—补偿绕组；F 绕组的轴线—直轴（d 轴）；
A 和 C 的轴线—交轴（q 轴）。

图 2-2-10　直流电机物理模型

根据直流电机的理论，可列出以下 3 个方程。

1）磁通方程

$$\Phi = kI_f \qquad (2\text{-}2\text{-}12)$$

2）电压方程

$$U = E + I_a R + L\frac{dI_a}{dt} \qquad (2\text{-}2\text{-}13)$$

3）转矩方程

$$T = C_T \Phi I_a \qquad (2\text{-}2\text{-}14)$$

上述方程中，影响电磁转矩的控制量 I_f 和 I_a 是互相独立的，称为自然解耦。

2. 三相异步电机模型

三相异步电动机的等效模型如图 2-2-11 所示。A、B、C 为定子三相绕组，其轴线分别为 A、B、C（120°对称）。

a、b、c 为转子三相绕组，并已折算到定子侧，绕组轴线随转子转动。α 轴与 A 轴间的夹角 θ 是用电角度表示的空间角位移变量，角速度 $\omega = d\theta/dt$。三相定子绕组产生的旋转磁场为 F，其角速度为同步角速度 ω_1。

3. 新的等效电机模型

为了仿照直流电机的控制方法去控制交流电机的机械特性，矢量控制理论提出了如图 2-2-12 所示的矢量控制系统等效电机模型，图中有两个坐标轴系。

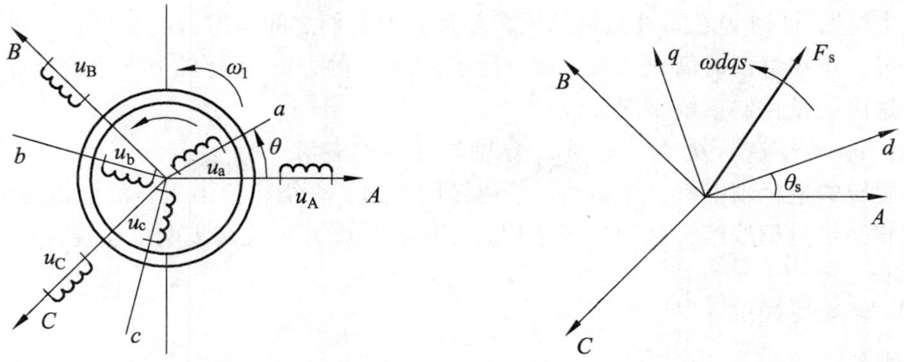

（a）物理模型图　　　　（b）相量图

图 2-2-11　交流电机物理模型

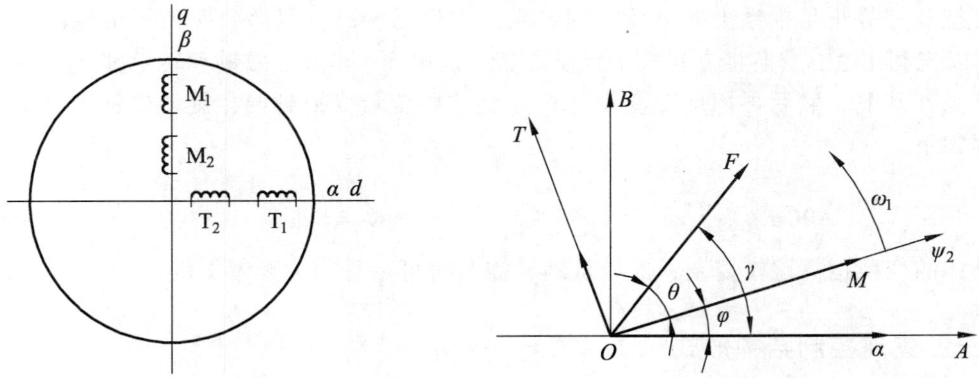

（a）物理模型　　　　（b）相量图

图 2-2-12　矢量控制交流电机等效模型

1）静止二相坐标系（α-β 坐标系）

给二相、四相等任意多相对称绕组通以多相对称交流电流，都可以像三相绕组那样，产生需要的旋转磁场。因此，我们可以用两相静止、空间互差一定角度的绕组来等效三相绕组。这个等效的两相绕组的轴线分别为 α 和 β，且 α 轴与 A 轴重合，即 α 轴与 A 轴夹角 $\theta=0$。为了方便，使两绕组互差 90°，则 α 和 β 分别用 d 轴和 q 轴代替，称为 d-q 坐标系。

2）旋转坐标系（M-T 坐标系）

可通过下面的方法将交流电机模型等效变换为直流电机模型。

系统中，定子绕组 M_1 和 T_1 互成 90°，转子绕组 M_2 和 T_2 也互成 90°。为了方便，我们将 M_1 轴与 M_2 轴画在一起，称为 M 轴（表征磁通）。将 T_1 轴与 T_2 轴画在一起，称为 T 轴（表征转矩，即定子电流）。

在 M_1、M_2 和 T_1、T_2 绕组分别通以直流电流 i_{M1}、i_{M2} 和 i_{T1}、i_{T2}，将产生合成直流磁势 F，其大小是恒定的。F 与 M 轴的夹角为 θ，相对于水平轴的夹角为 γ。

由于 M、T 绕组中通的是直流电，磁势是静止的，为了与三相异步电动机等效，让 M、T 绕组以同步角速度 ω_1 旋转，产生旋转磁势，达到和三相异步电动机相同的效果。由于系

统中的两个绕组 M 和 T 之间没互感的耦合关系，即它们之间是解耦的，比较简单。

为了进一步在解耦时简化系统，可令转子磁链 Ψ_2 的方向与 M 轴方向重合，称为转子磁场定向，这由矢量控制系统来保证。

此时，$\theta=\omega_1 t+\theta_0$，$\theta_0$ 为 $t=0$ 时刻 M 轴与 A 轴的夹角。

站在旋转的坐标轴上看，M 轴和转子磁链同方向，M 绕组相当于直流电机的励磁绕组，而 T 绕组相当于电枢绕组，从而实现了用直流电机模型来等效交流电机模型。

（二）坐标变换

异步电机的数学模型比较复杂，坐标变换的目的就是要简化数学模型。异步电机数学模型是建立在三相静止的 ABC 坐标系上的，如果把它变换到两相坐标系上，由于两相坐标轴互相垂直，两相绕组之间没有磁的耦合，仅此一点，就会使数学模型简单了许多。

要把三相静止坐标系上的电压方程、磁链方程和转矩方程都变换到两相旋转坐标系上来，可以先利用 3/2 变换将方程式中定子和转子的电压、电流、磁链和转矩都变换到两相静止坐标系 α-β 上，然后再用旋转变换阵 $\boldsymbol{C}_{2s/2r}$ 将这些变量变换到两相旋转坐标系 d-q 上。变换过程如下：

$$\text{ABC坐标系}\xrightarrow{\text{3/2变换}}\alpha\beta\text{坐标系}\xrightarrow{C_{2s/2r}}\text{dq坐标系}$$

具体的变换运算比较复杂，此处从略，需要时可参看相关参考文献。

（三）矢量控制结构形式

既然异步电机经过坐标变换可以等效成直流电机，那么模仿直流电机的控制策略，得到直流电机的控制量，经过相应的坐标反变换，就能够控制异步电机了。

由于进行坐标变换的是电流（代表磁动势）的空间矢量，所以这样通过坐标变换实现的控制系统就叫作矢量控制系统（Vector Control System，VC），控制系统的原理结构如图 2-2-13 所示。

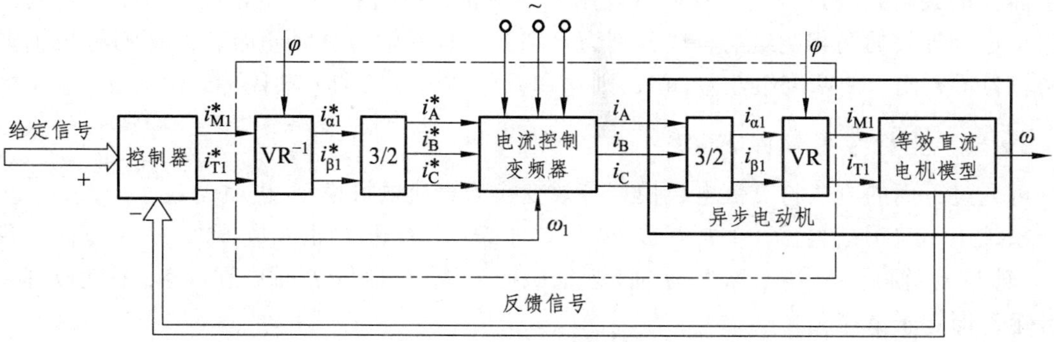

图 2-2-13　矢量控制系统原理结构

三相坐标系下的电流 i_A、i_B、i_C 通过 3/2 相变换器可以得到二相静止坐标系下的电流 $i_{\alpha1}$、$i_{\beta1}$，再经过旋转变换器 VR，可以得到同步旋转坐标系下的电流 i_{M1}、i_{T1}。如果站在 M、T 坐标系上，观察到的便是一台直流电动机。从整体看，A、B、C 三相交流输入，转速 ω 输出，是一台三相交流异步电动机。从内部看，经过 3/2 相变换和同步旋转变换，则是一台由 i_{M1}、i_{T1}、ω输出的直流电动机。

图 2-2-13 中的给定信号和反馈信号经过类似于直流调速系统所用的控制器，产生励磁电流给定值 i_{M1}^* 和电枢电流给定值 i_{T1}^*，经过反旋转变换器 VR^{-1}，得到 $i_{\alpha1}^*$ 和 $i_{\beta1}^*$，再经过 2/3 相变换，得到该 i_A^*、i_B^* 和 i_C^*，把这 3 个信号和由控制器直接得到的 ω_1 加到变频器上，就可以输出异步电动机所需要的三相变频电流。

反旋转变换器 VR^{-1} 和电机内部的旋转变换环节 VR 以及 2/3 相变换跟电机内部的 3/2 相变换环节可以互相抵消，则图 2-2-13 中虚线所示的框内可以删去，虚线框外则成了一个直流调速系统。因此，矢量控制交流变频调速系统的静、动态特性完全能够与直流调速系统相媲美。

五、直接转矩控制调速

为了解决矢量控制系统（VC）中复杂的坐标变换和控制性能易受参数变化影响的问题，1985 年，德国鲁尔大学的 Depen-brock 教授首次提出了直接转矩控制理论。这种方法结构简单，在很大程度上克服了矢量控制中由于坐标变换引起的计算量大、控制结构复杂、系统性能受电动机参数影响较大等缺点，系统的动静态性能指标都十分优越，是一种很有发展前途的交流调速方案。直接转矩控制系统（Direct Torque Control，DTC），是继矢量控制系统之后发展起来的另一种高动态性能的交流电动机变压变频调速系统，在它的转速环里面，利用转矩反馈直接控制电机的电磁转矩，因而得名。

直接转矩控制通过快速改变电机磁场对转子的瞬时转差速度，直接控制异步电机的转矩和转矩增长率。它直接在电机定子侧计算磁链Ψ和转矩 T，并用二点式调节器直接控制逆变器的开关状态，对电机磁通和转矩进行直接自调整控制。整个系统不仅能获得快速的动态响应，而且有最佳的开关频率和最小的开关损耗。

（一）特　点

与 VC 系统一样，DTC 系统也是分别控制异步电动机的转速和磁链。但在具体控制方法上，DTC 系统与 VC 系统有以下不同的特点。

（1）转矩和磁链的控制采用双位式砰-砰（Band-Band）控制器，并在 PWM 逆变器中直接用这两个控制信号产生电压的 SVPWM 波形，从而避开了将定子电流分解成转矩和磁链分量，省去了旋转坐标变换和电流控制，简化了控制器的结构。

（2）选择定子磁链作为被控量，而不像 VC 系统中那样选择转子磁链。这样一来，计算磁链的模型可以不受转子参数变化的影响，提高了控制系统的健壮性。如果从数学模型推导按定子磁链控制的规律，显然要比按转子磁链定向时复杂，但由于采用了砰-砰控制，这种复杂性对控制器并没有影响。

（3）由于采用了直接转矩控制，在加减速或负载变化的动态过程中，可以获得快速的转矩响应，但必须注意限制过大的冲击电流，以免损坏功率开关器件，因此实际的转矩响应的快速性也是有限的。

（二）DTC 控制的优点

与矢量控制相比，DTC 控制具有以下主要优点。

（1）矢量控制定向在转子磁链上，观测转子磁链需要知道电机的转子电阻和电感。而 DTC 直接着眼于转矩控制以得到快速转矩响应，选择在定子坐标下进行磁链、转矩的控制，转子参数变化对系统表现为非参数干扰，能够通过闭环控制克服。因此直接转矩控制的控制性能受参数变化影响较小。

（2）DTC 直接在定子坐标系下分析电机的数学模型，控制电机的磁链和转矩，省掉了矢量旋转变换等复杂的变换与计算，所需要的信号处理工作较为简单。

（3）DTC 可对磁链进行直接调节，易实现弱磁控制，调速范围宽。

（4）DTC 由逆变器开关状态直接控制转矩，易于优化系统工作状态，降低开关频率。

（5）结构简单易实现，便于全数字化。

表 2-2-1 列出了两种系统的特点与性能的比较。

表 2-2-1　直接转矩控制系统和矢量控制系统的特点与性能比较

性能与特点	直接转矩控制系统（DTC）	矢量控制系统（VC）
磁链控制	定子磁链	转子磁链
转矩控制	砰-砰控制，有转矩脉动	连续控制，比较平滑
坐标变换	静止坐标变换，较简单	旋转坐标变换，较复杂
转子参数变化影响	无	有
调速范围	不够宽	比较宽

DTC 变频调速技术一诞生，就以其新颖的控制思想、简洁明了的系统结构、优良的静态与动态性能，引起了极大关注。

（三）DTC 的磁链跟踪控制方法

直接转矩控制是将逆变器的控制模式和电机运行性能作为一个整体来考虑的，它具有两层含义：① 保持定子总磁链基本恒定；② 对电机转矩进行直接控制。即通过逆变器的开关控制，既能实现磁链的幅值控制，又能实现电机转矩的控制，两者均通过闭环控制实现。

就磁链运动轨迹而言，DTC 分为两种不同控制方案：1985 年德国的 Depen-brock 教授提出的磁链六边形运动轨迹跟踪控制方案（1987 年还将其推广到弱磁调速范围）和日本的 Takahashi 的磁链圆形运动轨迹跟踪控制方案。目前，这两种方案均得到了发展和应用，但采用的场合不同。由于异步电机由三相对称正弦波供电时，电机气隙磁势为圆形，此时电机损耗、转矩脉动及噪声最小，因此中小功率应用场合人们趋于采用圆形磁链轨迹方案，而六边形方案仅在某些大功率领域（开关频率、开关损耗都有较大限制）予以考虑。

异步电机定子磁链的控制是通过控制电机的输入电压来实现的，当对称三相正弦波电压加于对称三相绕组时，电机的气隙中将产生具有恒定幅值和恒定旋转速度的磁通。当电机由一个三相逆变器供电时，电机的输入电压完全取决于逆变器的开关切换模式，而电机的磁通（幅值与旋转速度）又取决于电压模式。直接转矩控制中的目标之一就是建立磁链和逆变器开关模式之间的关系，通过逆变器开关的控制，使电机获得一个准圆形的气隙磁场。

（四）DTC 控制系统组成

DTC 控制系统的组成如图 2-2-14 所示。

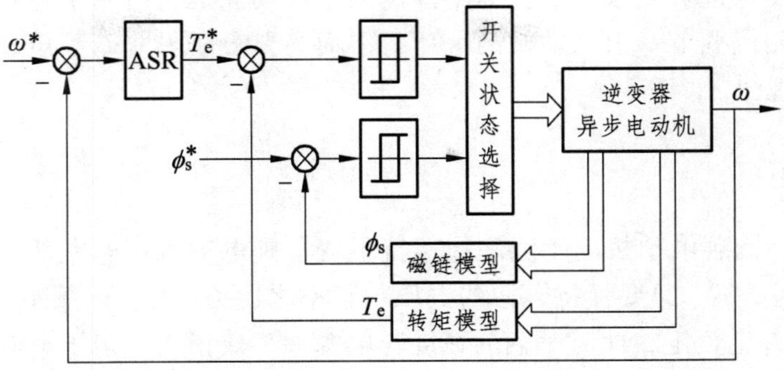

图 2-2-14　DTC 控制系统框图

结构特点：

（1）采用转速双闭环：转速调节器 ASR 的输出作为电磁转矩的给定信号；设置转矩控制内环，它可以抑制磁链变化对转速子系统的影响，从而使转速和磁链子系统实现了近似的解耦。

（2）转矩和磁链的控制器：用滞环控制器取代通常的 PI 调节器。

六、列车异步牵引电机的变频调速特性

对于轨道交通列车牵引来说，牵引电机要求具有起动牵引力大、起动平稳、调速范围宽，过载能力强的牵引性能。通过前面的分析，只要对异步电动机的电压、频率采取不同的调节方式，三相异步电动机完全能够适应牵引的要求。一般地，用于列车牵引运行的异步电动机可分为三个运行调节区：起动加速区（恒转矩区）、恒功率输出区、高速区（一般为自然特性区）。这三个运行区在调节过程中各个参数变化如图 2-2-15 所示。

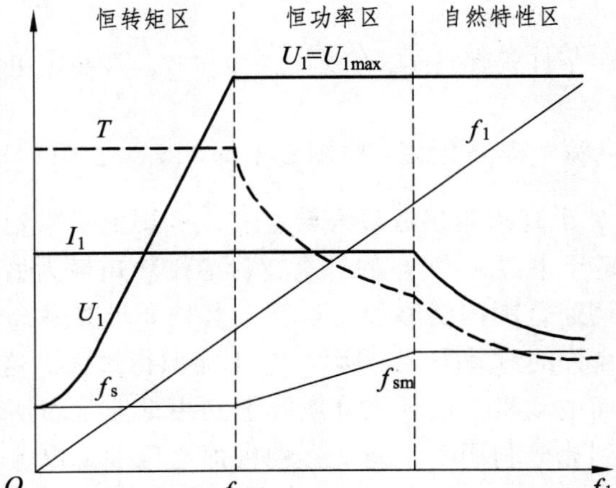

图 2-2-15　电源电压 U_1、转差频率 f_s、电磁转矩 T、定子电流 I_1 与定子频率的变化关系

在动车起动加速阶段，一般要求牵引力尽可能接近黏着牵引力，以获得大而稳定的起动牵引力，这时异步电动机应按恒转矩要求进行变频调节。起动后，随着速度的提高，牵引电动机输出功率也不断增大。起动过程结束，则希望牵引电动机按在各种运行速度下保持恒功率输出的要求进行变频调节。为了满足列车起动和运行时牵引特性的要求，需要在调节频率的同时相应调节牵引电动机的电压。下面简要分析异步牵引电动机工作在不同运行区的变频调节规律。

（一）恒转矩区

由前述可知，倘若电动机的气隙磁通保持不变，则电动机可以在任何转速下产生很大的转矩。在恒转矩区域，只要保持电源的电压与频率之比 U/f 及转差频率 f_s 恒定；则电磁转矩 T 与定子电流 I_1 也恒定，此时车辆的速度与电源频率成正比。定子电流 I_1 维持不变，这时变频器在恒电流下运行，可充分利用变频装置的容量，使变频装置的设计更为经济。

在 U/f 保持恒定时，如果忽略定子的漏阻抗，则气隙磁通和转矩也不变。但是，当定子频率 f_1 降低至一定数值以下时，虽然定子漏抗数值也相应减小，但定子电阻却与频率无关，此时定子电阻压降影响大大增加，因而造成气隙磁通迅速减小，转矩随之减小，所以用恒 U/f 运行时，低频特性不够理想。为此，在低频时要适当加大电压，即增大 U/f 值以保持气隙磁通不变。利用这一性能，即可满足列车以不变的牵引力启动的要求。

（二）恒功率区

电机的输出功率可以近似地认为是转矩和频率的乘积，即

$$P = f_1 T = U_1^2 \frac{f_s}{f_1}$$

要使功率恒定，则使 P=常数，即 $U_1^2 \frac{f_s}{f_1}$=常数。这就是恒功率调速的条件，根据这个条件可知有以下两种调节方案。

1. 恒电压变频调节

此种控制状态的工作条件是保持 U_1 不变，f_s/f_1=常数。其额定电磁转矩 $T_N \propto \frac{1}{f_1}$，最大电磁转矩 $T_{max} \propto \frac{1}{f_1^2}$，输入电流 I_1 基本恒定。由图 2-2-16 可知，在恒功率恒电压的调节方式下，电机运行时实际的转矩 T 也越来越接近最大转矩 T_{max}，即电机额定工作点越来越接近电动机的最大转矩点。随着定子电源频率 f_1 的升高，对应于转矩最大值的转差频率变小，为了保证电动机在全部恒功调速范围内能够稳定运行，必须要求在最高转速（即对应最大频率 f_{1m}）时，电动机有最小允许的过载力矩，所以 f_{sm} 不能取得过大。这样，在较低转速时，电机的转矩的裕度较大，而电动机的设计尺寸实际上是由低速状态所决定的，因而较大，实际应用中电机功率得不到充分利用。而逆变器则在恒电压和恒电流下运行，逆变器功率能够得到充分利用。所以这种方案也称为“最大电机最小逆变器”方案。

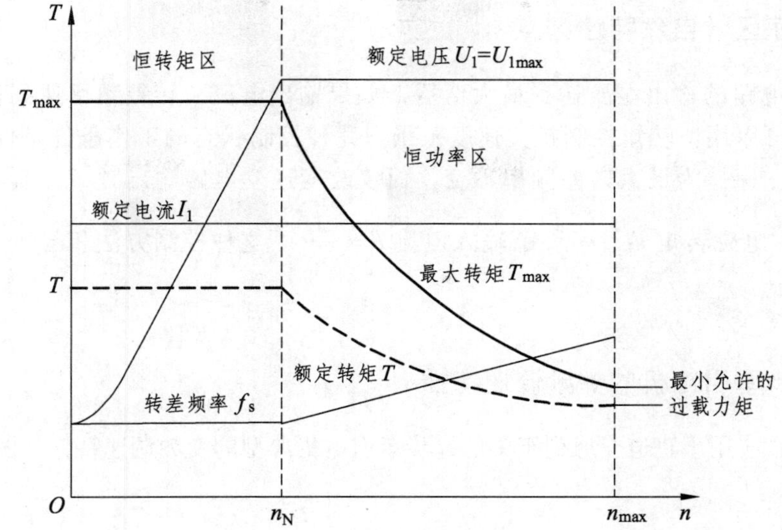

图 2-2-16 恒功率恒压调节

2. 恒转差频率变频调节

此种控制状态的工作条件是保持 f_s 不变，$\frac{U_1^2}{f_1}$=常数。其额定电磁转矩 $T_N \propto \frac{1}{f_1}$，最大电磁转矩 $T_{max} \propto \frac{1}{f_1}$，输入电流 $I_1 \propto \sqrt{\frac{1}{f_1}}$ 基本恒定。由图 2-2-17 可知，在恒功率恒转差频率的调节方式下，电动机在较低速度与较高速度有近似相等的转矩裕度，此时电动机有较小的设计尺寸，功率能够充分利用。而逆变器由于需满足最高电压和最大电流的变化要求，故必须设计得有较大的功率裕度，逆变器功率不能够得到充分利用。所以这种方案也称为“最小电动机和最大逆变器”方案。

根据图 2-2-15 列车运行调节特性的要求，列车恒功率区采用的是恒电压变频调节的方案，此时电源电压 U_1 保持在恒定的额定电压值，转差频率 f_s 随定子频率 f_1 线性增加。

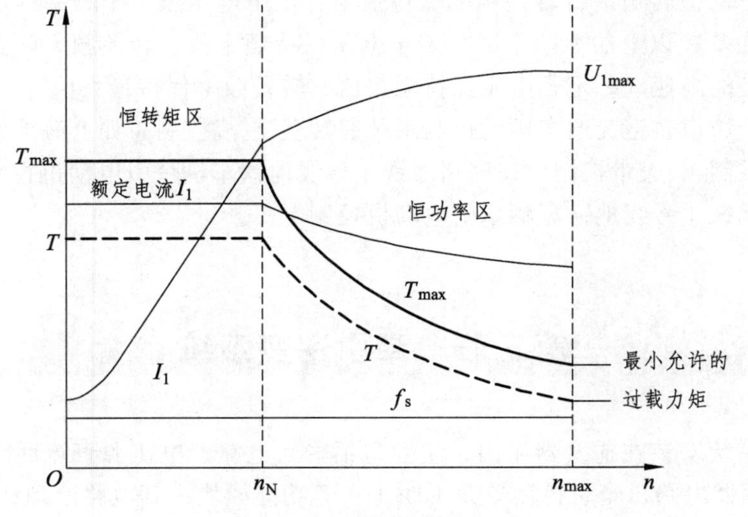

图 2-2-17 恒转差率调节

（三）高速区（自然特性区）

这是逆变电路的输出电压达到最大值后，如果输出电流，转差频率达到最大转矩对应点还有裕量，可以用恒转矩控制扩大速度范围。此种控制状态的工作条件是保持 U_1 为额定值不变，$f_S=f_{Sm}$ 保持为最大转差频率不变，而仅改变逆变电路输出频率。其额定电磁转矩 $T_N \propto \frac{1}{f_1^2}$，最大电磁转矩 $T_{max} \propto \frac{1}{f_1^2}$，输入电流 $T_1 \propto \frac{1}{f_1}$。这种控制方法相当于串励直流电动机的自然特性。

（四）异步牵引电机的变频调速特性

综上所述，应用于轨道交通列车中的异步牵引电机典型的变频调速特性如图 2-2-18 所示。

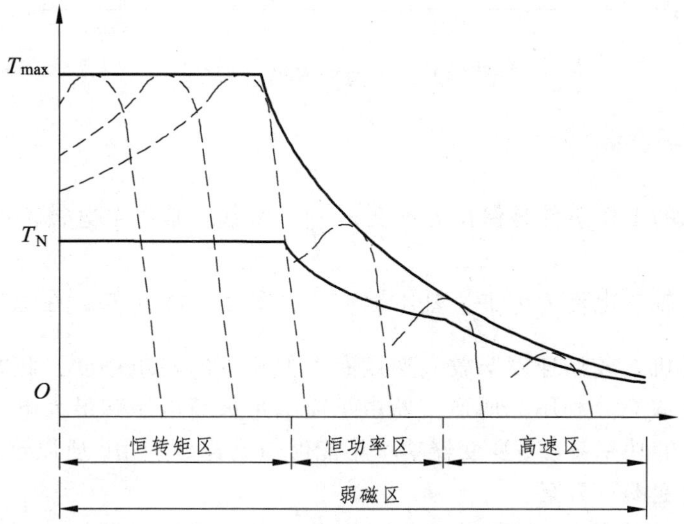

图 2-2-18　异步电机牵引运行典型的转矩-速度特性

在基频以下的恒转矩区，转差频率保持恒定，定子电压随定子频率的增加而增加，维持磁通恒定；在基频以上的恒功率区，定子电压保持额定值，转差频率随定子频率线性增加；在基频以上的高速区，定子电压保持额定值，转差频率保持最大值。

目前，用于城市轨道交通车辆的控制系统有转差-电流控制（如上海地铁 2 号线地铁车辆牵引电动机控制）、矢量控制（如广州地铁 1 号线地铁车辆牵引电动机控制）及直接转矩控制（如南宁地铁 1 号线地铁车辆牵引电动机控制）等。

第三节　牵引逆变系统

牵引逆变系统安装在逆变器箱内，主要包括输入电路、电压源直流回路、制动斩波电路、VVVF 逆变器电路、牵引控制单元（DCU）等功能模块。其电路原理如图 2-3-1（电路图册图 1103）所示，牵引逆变器箱内部布置如图 2-3-2 所示。

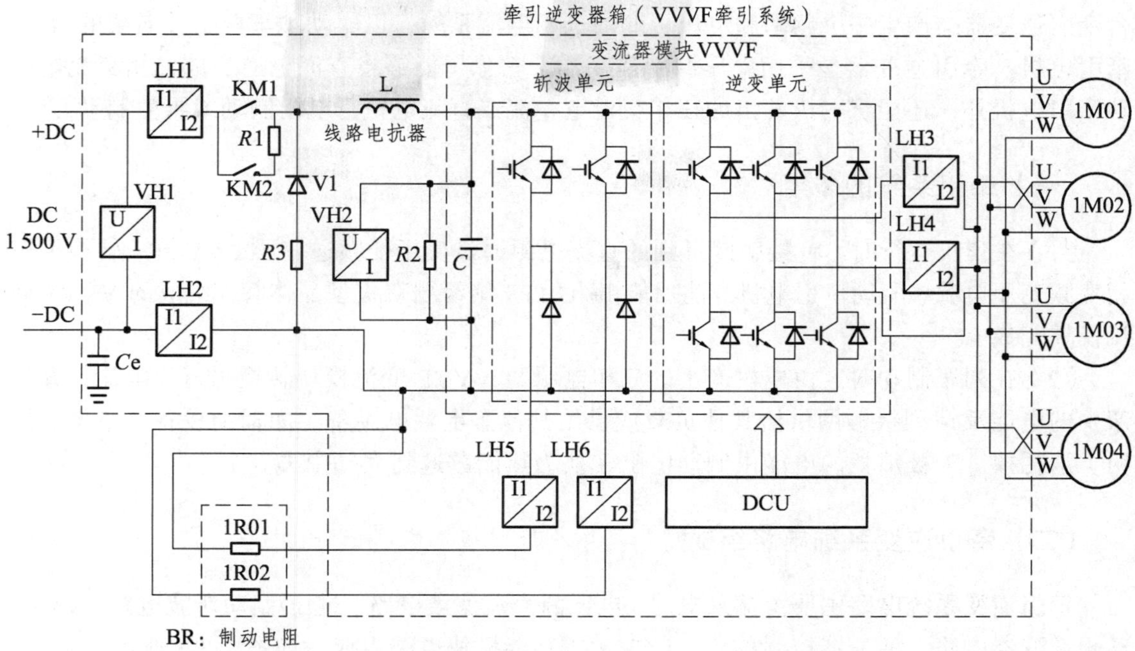

VH1—线路电压传感器；VH2—中间电压传感器；LH1，LH2—差动电流传感器；LH3，LH4—逆变器输出电流传感器；LH5，LH6—中间电流传感器；KM1—线路接触器；KM2—预充电接触器；*R*1—预充电电阻；L—线路滤波电抗器；*C*—线路滤波电容器；*R*2—持续放电电阻；VH2—中间电压传感器；V1—续流二极管；*R*3—续流电阻；*C*e—接地电容；1R01，1R02—制动电阻；1M01～1M04—牵引电机；DCU—牵引控制单元。

图 2-3-1　牵引逆变系统电路图

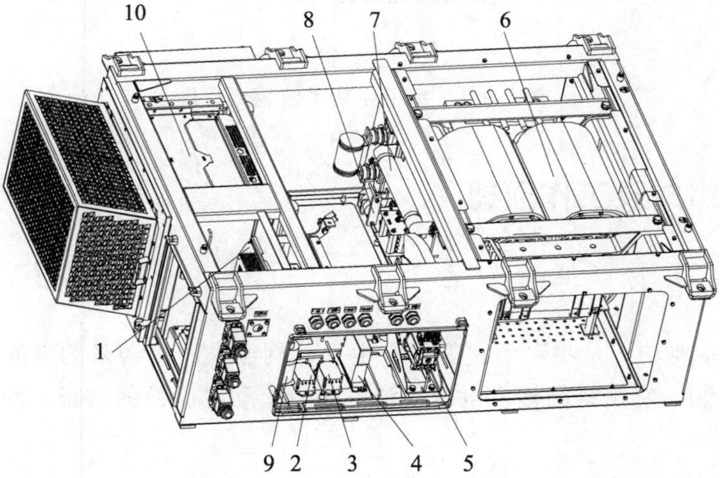

1—牵引控制单元 DCU；2—线路电压传感器 VH1；3—中间电压传感器 VH2；4—预充电接触器 KM2；5—线路接触器 KM1；6—线路滤波电抗器 L；7—预充电电阻 *R*1；8—续流组件 *R*3+V1；9—接地电容 *C*e；10—逆变器及制动斩波器（含滤波电容器）。

图 2-3-2　牵引逆变器箱内部布置

一、概　述

株机 4M2T 编组车辆的每节动车（Mp 车和 M 车）均配有 1 个牵引箱。牵引箱中的每台牵引逆变器会产生一个频率和电压可变的三相电流系统，以驱动动车两个转向架的 4 台牵引电机。牵引逆变器是采用电压源型逆变器，它除了能够将直流电逆变成三相交流电驱动牵引电机外，还能将电机发出的三相交流电整流成直流电执行电阻制动或再生制动。

（一）牵引系统的作用

（1）在列车运行时，将接触网得到的直流电源通过变压变频逆变器（VVVF）转换为三相变频变压电源，驱动牵引电机。此功能由 IGBT（绝缘栅双极型晶体管）组成的 VVVF 变流模块完成。

（2）在列车制动时，由电机产生的三相电源经 VVVF 变流模块转换为直流电能，并将产生的电能反馈到接触网供给其他负载或供给其他车上耗电设备（如辅助设备、空调、照明）消耗掉。未被消耗的电能由制动电阻转换为热能散逸到大气中去。

（二）牵引逆变系统电路组成

牵引逆变系统电路主要由输入电路、电压源直流滤波电路、过压/制动斩波电路、VVVF 三相逆变器电路、逆变器控制单元（DCU）等功能模块电路组成，如图 2-3-3 所示。

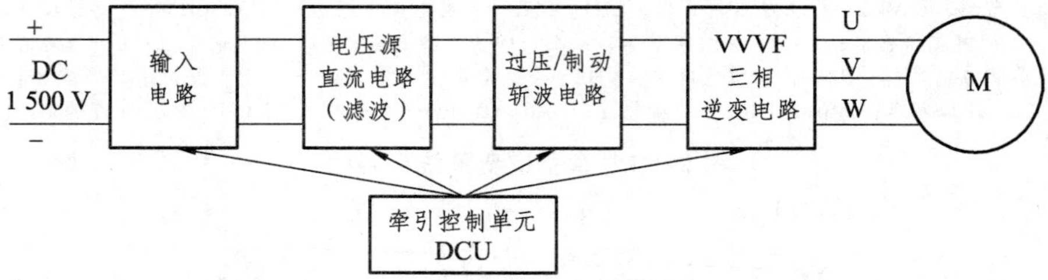

图 2-3-3　牵引逆变系统组成框图

二、电路组成及工作原理

（一）输入电路

输入电路的主要功能是将牵引逆变器与由接触网经高压箱送来的直流输入电源进行检测和接通/切断控制。它由线路输入电压检测电路、差动电流检测电路、预充电电路组成，如图 2-3-4 所示。

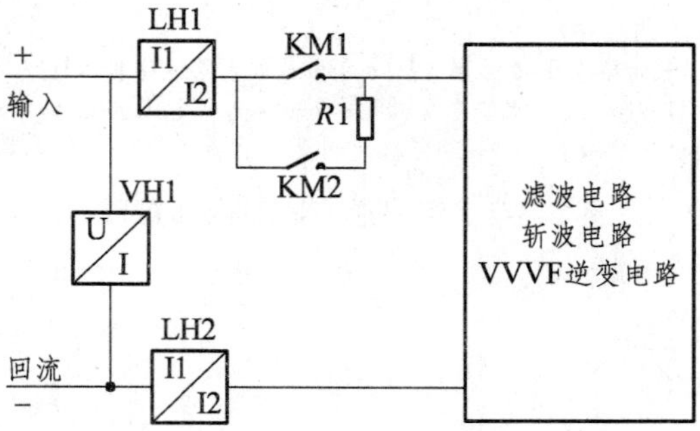

图 2-3-4　输入电路

1. DC 1 500 V 高压连接

其作用是将 DC 1 500 V 电源引入逆变器，形成输入及回流通路。

2. 线路输入电压检测电路

线路输入电压检测电路用于检测输入电压，为 DCU 提供输入电压信息，由线路电压传感器 VH1 组成（目前列车上使用的电压传感器和电流传感器均采用霍尔式传感器），其外形如图 2-3-5 所示。当超出 900 ~ 1 800 V 的正常工作电压范围时，DCU 将发指令切断高速断路器和线路接触器，以保护牵引逆变器。

图 2-3-5　列车上的电压传感器

3. 差动电流检测电路

差动电流检测电路用于检测输入电流及接地回流的差值，并将该数值传递给 DCU。其由差动电流传感器 LH1、LH2 组成，外形如图 2-3-6 所示。检测该差值的目的是探测从检测电路后的供电电路到牵引电机定子线圈之间电路的任何漏电和接地故障。理论上两个传感器测得的电流值应该相等，否则则表明系统出现了漏电和接地状况，当输入电流和回流的差值大于 50 A 时该回路高速断路器跳闸，以保护主电路。

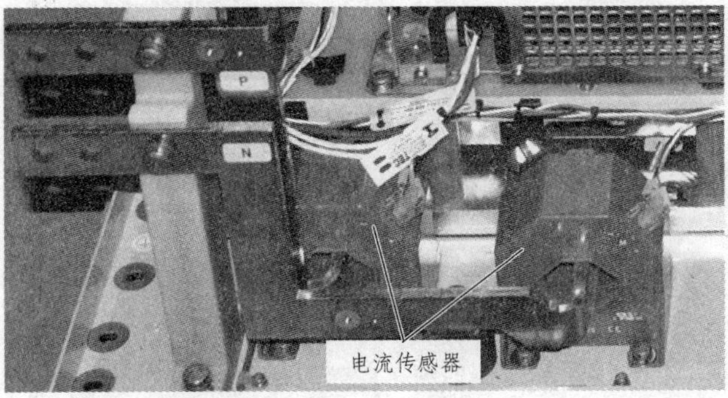

图 2-3-6　列车上的电流传感器

4. 预充电电路

在牵引逆变器的电压源直流滤波电路部分，装有大容量的滤波电容器，在逆变器初次上电时，其充电电流很大。预充电电路的作用是给逆变器滤波电容逐步预充电，当电容器电压上升到一定值后再接通逆变器，给逆变器上电，目的是限制初次上电时逆变器滤波电容器的充电电流，防止过大的充电电流损坏电路设备。

1）电路组成

预充电电路由线路接触器（短接接触器）KM1、预充电接触器 KM2、预充电电阻 R1 组成。

在地铁车辆上，目前有两种形式的预充电电路，电路组成如图 2-3-7 所示。图 2-3-7（a）电路的工作原理是初次通电时，先闭合预充电接触器 KM2，待电容器充电达到一定值闭合线路接触器 KM1，电流经 KM1、KM2 向逆变器供电。图 2-3-7（b）电路的工作原理是初次通电时，先闭合预充电接触器 KM2，待电容器充电达到一定值闭合线路接触器 KM1，电流经 KM1 向逆变器稳定供电后即可断开稳定 KM2。从两种电路的原理对比可知。图 2-3-7（a）所示电路在逆变器工作的整个过程当中，KM1、KM2 始终闭合，因此两个接触器的容量要相同。而图 2-3-7（b）所示电路在逆变器工作的整个过程当中，只需要保持 KM1 闭合，由于 KM2 仅用于预充电，其容量可以比 KM1 小许多。前者多见于早期生产的轨道车辆中，后期生产的车辆基本采用后者。

图 2-3-7　预充电电路的两种结构形式

2）株机地铁列车预充电电路控制原理

株机生产的地铁列车采用图 2-3-7（b）所示电路，电路器件在列车牵引箱中的布置如图 2-3-8 所示。电路的预充电接触器 KM2 和主接触器 KM1 的工作由 DCU 判断和控制，工作原理如下。

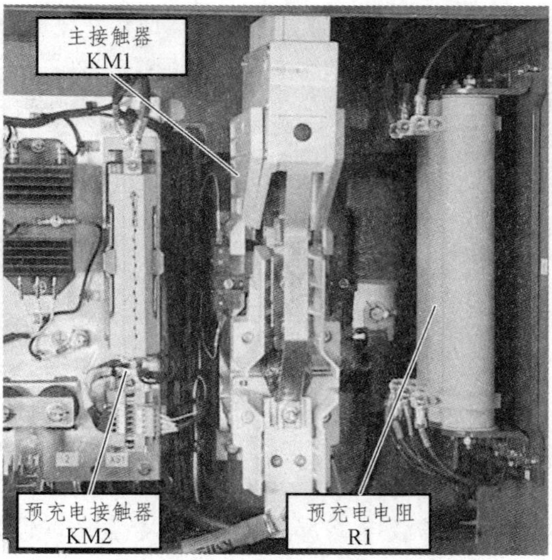

图 2-3-8　预充电电路在牵引箱中的布置

（1）逆变器上电：当列车方向手柄被置于非零位时，DCU 发指令使 KM2 先闭合，直流回路电容器先通过 $R1$ 预充电，以避免大电流的涌入。待直流回路电容器充电使电压达到某一特定数值时（约满电量的 90%，充电时间约 1 s），线路接触器 KM1 闭合，1 s 后 KM2 断开，将已充电的直流回路完全连接到接触网电源。

（2）逆变器断电：当列车方向手柄被置回零位或牵引单元故障需封锁时，断开线路接触器 KM1（此时预充电接触器处于开断状态），切断直流回路和接触网的连接。

（二）电压源直流滤波电路

由 LC 滤波器（电感器 L 和电容器 C）、持续放电电阻 $R2$，中间电压传感器 VH2、续流电路 V1、$R3$ 组成，如图 2-3-9 所示。

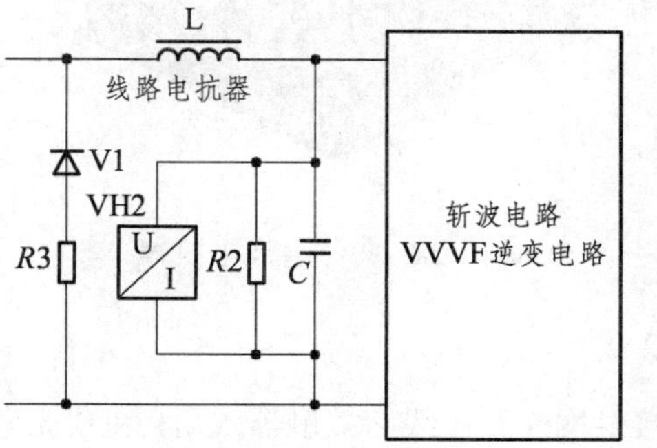

图 2-3-9　电压源直流滤波电路

电压源直流滤波回路的主要功能是为感应电动机提供无功功率，并稳定直流中间回路电压。线路电抗器与直流链接电容器一起提供线路滤波功能。滤除输入和输出杂波、限制逆变器损坏时产生的过电流。其作用主要有：

（1）抑制电网侧发生的过电压，减少其对逆变器的影响，如变电所操作过电压、大气 雷击过电压等。

（2）抑制逆变器因换流引起的尖峰过电压。

（3）抑制逆变器产生的谐波电流对电网的影响。

（4）限制逆变器的故障电流。

1. 滤波电感器（平波电抗器）L

平波电抗器是一个带铁心的大电感。当脉动电流流过时，平波电抗器将产生自感电势阻止电流的变化，因而可以起到减小、敷平电流脉动的作用。电抗器的电感量须与线路电容器的电容量相匹配。网压 DC 1 500 V 的城轨车辆，逆变器容量在 1 000 kV · A 以上的系统，平波电抗器的电感量一般为 5 ~ 8 mH。其外观如图 2-3-10 所示。

2. 滤波电容器 C

由于它用于逆变系统的中间直流环节（DC-link），即 DC 链接环节，有些书称为“DC 链接电容”。功能上它主要是用于稳定中间环节的电压，支撑中间环节的电压在电流大幅度变化时不至于跌落，因此也称作“支撑电容器”。从性质上看，由于要求它能承受很大的谐波电流，还可以称作“直流脉冲电容器”。不管如何称呼，电容器都是利用自身的充放电作用来减小、稳定中间直流环节的电压波动。滤波电容器和斩波器及逆变器的开关器件模块安装在同一个机架上，如图 2-3-12 所示。

图 2-3-10　平波电抗器

3. 持续放电电阻 *R*2

当直流回路电容器与接触网断开（线路接触器 KM1 和预充电接触器 KM2 两者都断开，或者高速断路器断开），列车停止工作后，为了安全，直流回路电容器 C 中储存的电能将通过放电电阻 *R*2 持续放电，要求其两端的电压能在 5 min 内降到 50 V 以下。

4. 中间电压传感器 VH2

检测中间直流电路的电压，如果中间直流环节电压过高时，DCU 将启动制动斩波器泄压，如果电压上升到高于最大允许等级（1 950 V）时，DCU 将关闭逆变器。

5. 续流电路 V1、*R*3

V1、*R*3 组成续流电路，用于中间直流环节中电感器在电路突然切断时其残余的电动势形成泄放的通路，以保护电路中的电子开关元件不被高反电势冲击损坏，续流回路为 $L \to R2$、$C \to R3 \to V1 \to L$。

（三）制动斩波电路

制动斩波电路由两个斩波器，两个制动电阻器 1R01、1R02，两个电流传感器 LH5、LH6 组成。电路如图 2-3-11 所示。斩波器件 IGBT 与逆变模块 IGBT 安装在同一机架上，如图 2-3-12 所示。

制动斩波电路的主要作用是在列车进行电气制动时控制制动电流大小达到控制制动力大小，还能够在中间直流环节电压过高时开启斩波器限制泵升电压，在逆变器断电时快速泄放支撑电容器中的残压。

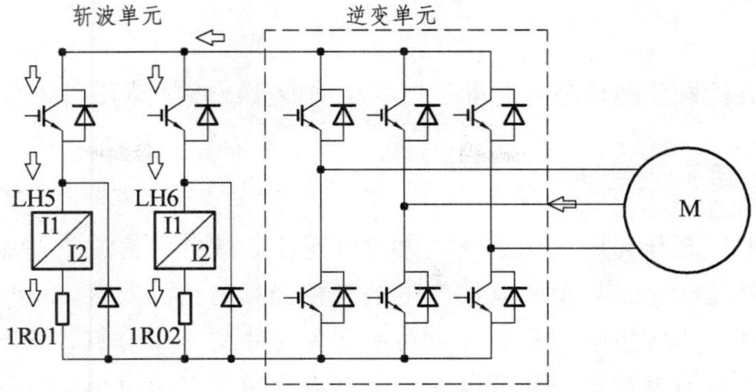

图 2-3-11　制动斩波时电流通路

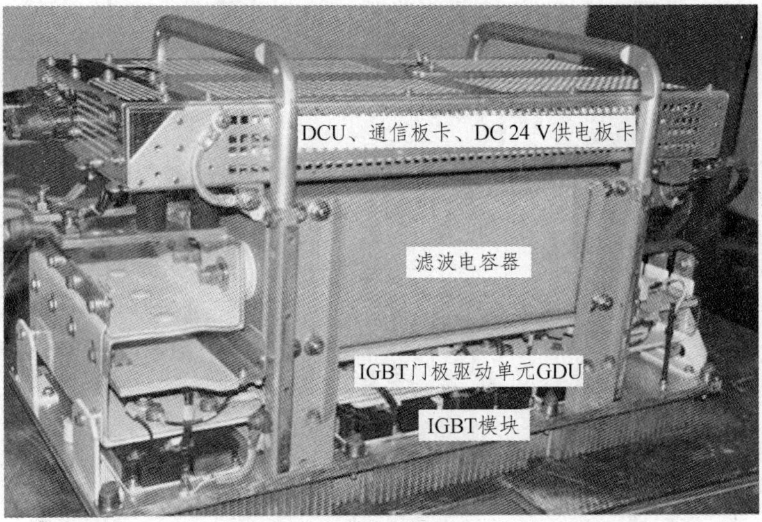

图 2-3-12　逆变器单元

1. 斩波器

斩波器由两个 IGBT 组成，其导通及关断由 DCU 发 PWM 信号触发。通过开关斩波作用，控制制动时流入 2 个制动电阻中电流的大小（列车进行电阻制动时的电流通路见图 2-3-11）。中间环节电压过高时，将超高能量转送到制动电阻中消耗。当列车降弓停机后，DC 链接电容上仍然具有危险的高压电，DC 链接通过放电电阻 R2（100 kΩ）放电至少需要 20 min（从 1 500 V 降至小于 50 V 的低电压）。DCU 触发斩波连接到制动电阻（2×3.5 Ω）上可以在很短的时间内实现放电，快速泄放滤波电容中的残存电压。

并接在 IGBT 的两端的二极管的作用是续流，以防止 IGBT 断开时过高的反向电势损坏开关管。

2. 斩波电流传感器 LH5、LH6

斩波电流传感器 LH5、LH6 能检测 2 个斩波回路的电流并反馈给 DCU，实现对斩波电路的闭环控制。

3. 制动电阻

制动电阻能消耗列车制动时的能量，把列车动能变成热能消耗掉从而产生制动力。

（四）VVVF 牵引逆变器

牵引主回路中，充分利用三相逆变电路的可逆性，既可将直流电逆变成三相交流电输出，又能工作在整流状态，将牵引电机产生的三相交流电整流成直流电。一般采用电压型三相桥式逆变电路，VVVF 逆变器由 6 个功率开关元件及 6 个续流二极管构成，电路直流输入端并联一个大电容稳定直流环节电压，交流电由逆变电路每个半桥的中点输出。功率开关元件采用 IGBT 模块，由 DCU 发出脉冲信号通过 GDU 触发其导通及关断。逆变器 IGBT 模块与斩波器 IGBT 模块、IGBT 门极驱动单元 GDU、电容器及 DCU、通信板卡、DC 24 V 供电板卡等器件安装在同一个机架上，构成逆变器单元，如图 2-3-12 所示。电路原理如图 2-3-13 所示。

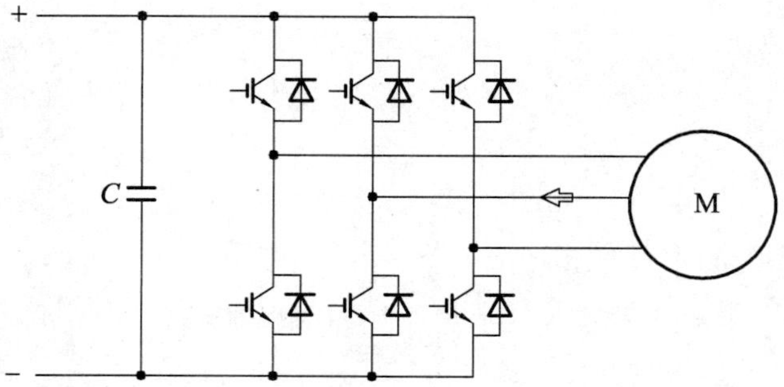

图 2-3-13　三相桥式逆变电路原理

1. 逆变器工作状态

1）逆变工作状态

在牵引工况时，由 6 个 IGBT 功率开关元件三相桥式逆变电路（逆变器工作原理参见电力电子技术课程相关内容），由 DCU 发 PWM 脉冲信号触发其导通及关断。把 1 500 V 的直流电逆变成变压变频三相交流电（额定电压 1 110 V，额定频率 75 Hz），供给牵引电机，牵引电机作为电动机输出所需扭矩驱动列车前进。并接在开关管两端的 6 个二极管此时起续流作用，给感性负载提供无功返送的通路，以防止开关器件关断时过大的反向电势损坏器件。

2）整流工作状态

在制动工况时，VVVF 逆变器以 PWM 整流器方式工作（逆变器 PWM 整流工作原理参见电力电子技术课程相关内容），将牵引电机发出的三相交流电整流成直流电送回接触网或制动电阻中消耗掉，形成制动力。此时，开关管与续流二极管组成 PWM 整流器工作。

（1）再生制动状态。

列车进行电制动时，牵引电机作为发电机，将列车前进的动能转化为电能，当 PWM 整流器输出电压高于网压且没有达到网压限定保护值时，可以将电能反馈到电网由网上其他负载吸收进行再生制动。

（2）电阻制动状态。

当 PWM 整流器输出电压低于网压或是接触网无法吸收再生能量时，通过控制导通/分断两个制动斩波器，将牵引电机产生的电能转化为制动电阻的热能散发掉。

2. 逆变输出三相电流检测

逆变输出三相电流检测由输出电流传感器 LH3、LH4 组成，用于检测逆变器的输出电流（也就是电机电流），为逆变器控制实现转矩控制提供电流反馈信号，以实现转速及转矩的闭环控制。

（五）牵引控制单元

牵引逆变器控制单元（DCU）涵盖开环/闭环控制任务和牵引逆变器故障保护的所有功能。DCU 通过多功能车辆总线（MVB）连接到 VCU，VCU 可以实现牵引逆变器与控制指令层面之间的联系。

DCU 通过 GDU（IGBT 驱动板）控制逆变器及制动斩波器的工作，实现逆变、斩波、整流等工作工况。DCU 内设有冷却风扇，通过温度监测（散热片温度、进风口温度和 DCU 的 PC 板温度）进行控制。DCU 主要实现的功能：

（1）实时采集外部模拟及数字信号进行分析和计算，通过内部闭环控制，发出逆变控制 PWM 脉冲，控制牵引逆变器进行 PWM 逆变和 PWM 整流，以实现牵引模式、电制动模式和制动斩波模式的控制，实现电机的高动态响应。

（2）牵引主电路各个实际值监测，如线路输入电流、回路电流、牵引电机相电流、线电压和 DC 链接电压等。

（3）牵引电机电流极限值监测，电压极限值监测（包括过压和欠压）。

（4）牵引电机速度监测及温度监测。

（5）控制开关接触器（如预充电接触器 KM2、线路接触器 KM1、HSCB 分断接触器 HBK1、HBK2 和风扇接触器 K110 等），并接收这些开关接触器数字输入信号进行反馈控制。

（六）牵引电机

牵引电机采用三相异步牵引电机，它输出列车牵引所需的扭矩。逆变器采用 1C4M（1 台逆变器控制 4 台牵引电机）的形式。目前，采用异步牵引电机牵引的轨道列车，电机在转向架上的安装均呈对角布置，为了保证轮对的转向统一，必须一台正转，一台反转，所以每个转向架上的电机接线为一台正序，一台反序。牵引电机在转向架上的布置如图 2-3-14 所示。

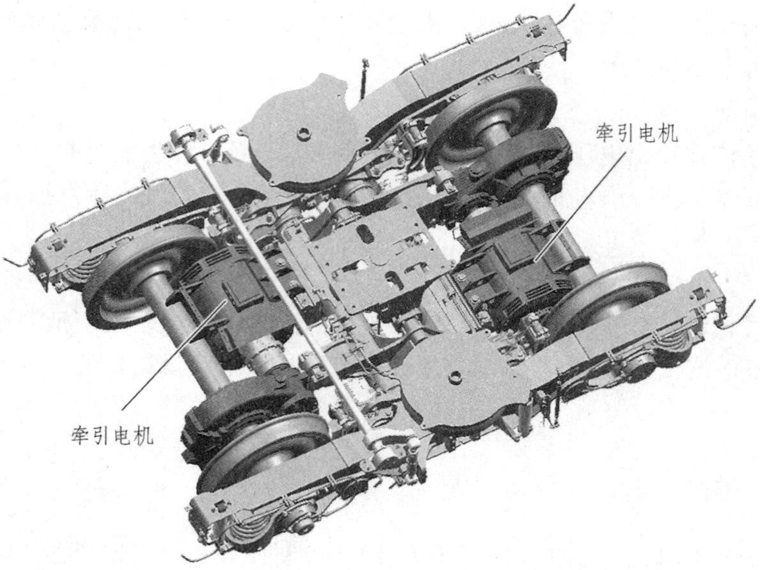

图 2-3-14　牵引电机在转向架上的布置

课后练习题

1. 牵引系统如何分类？
2. 交流传动牵引系统主回路的主要部件有哪些？
3. 高速断路器属于哪个系统？它主要有怎样的作用？
4. 简述牵引电机在地铁列车上的布置方案，采用何种供电方式。
5. 牵引逆变器的作用是什么？
6. 牵引主回路中有哪些保护性器件？各起怎样的作用？
7. 预充电电路的作用是什么？结构形式是怎样的？
8. 牵引主回路中直流环节滤波电路的作用是什么？
9. 在什么情况下会进行电阻制动？电阻制动时制动电流与什么有关？
10. 简述三相桥式逆变器的结构并画出电压型三相桥式逆变电路的电路图。
11. 写出下列英文缩写的中文名称：SPWM、DCU、BCU、TCMS、VVVF、HSCB、IGBT。
12. 牵引系统主要有哪几种工作状态？工作在何种状态主要由什么决定？
13. 分析交流异步电动机取代直流电动机的原因。
14. 什么是矢量控制？矢量控制调速的原理是什么？
15. 什么是直接转矩控制？直接转矩控制调速的原理是什么？

第三章 列车辅助供电系统

【学习目标】

1. 了解列车辅助供电系统的作用及电路类型。
2. 了解列车辅助供电系统的供电方式。
3. 掌握列车辅助供电主电路的构成及工作原理。
4. 掌握直流 110 V 辅助电源电路的组成及控制原理。

辅助供电系统是城市轨道交通车辆上必不可少的一个部分，其核心部分就是辅助逆变器。辅助供电系统独立于牵引系统，通过受电弓受流，辅助逆变器直接由接触网供电。此外，在 Mp 车的每一侧都安装有一个车间电源插座。在维修车间中，由于没有接触网供电，可以通过这些车间电源插座向辅助逆变器供电。

第一节 概 述

一、辅助供电系统的组成及作用

列车辅助供电系统的作用是给列车除了牵引系统之外的其他所有用电设备供电，其主要设备包括辅助电源装置（含辅助逆变器、DC 110 V 充电机、DC 24 V 电源）、蓄电池、车间电源、扩展供电电路等。为保证辅助电源系统的高可靠性及避免电压中断，在 DC 1 500 V 直流高压母线上设置辅助高压联络母线将车上两个辅助电源逆变器输入端并行连接起来，使列车在升单弓时不影响列车辅助供电。解耦（防反）二极管 1D01 可以防止接触网供电电源通过两个受电弓及高压辅助联络母线形成回路产生穿越电流。株机 4M2T 车辆辅助供电系统的组成如图 3-1-1 所示。

（一）辅助逆变器

辅助逆变器（也称静态逆变器或静止逆变器，简称 SIV）是辅助供电系统的核心。它将接触网送来的 DC 1 500 V 逆变成三相 AC 380 V/50 Hz（相电压 AC 220 V）供给车辆的空气压缩机、空调系统、通风系统风机、设备风机、方便插座等交流负载。另外，还通过蓄电

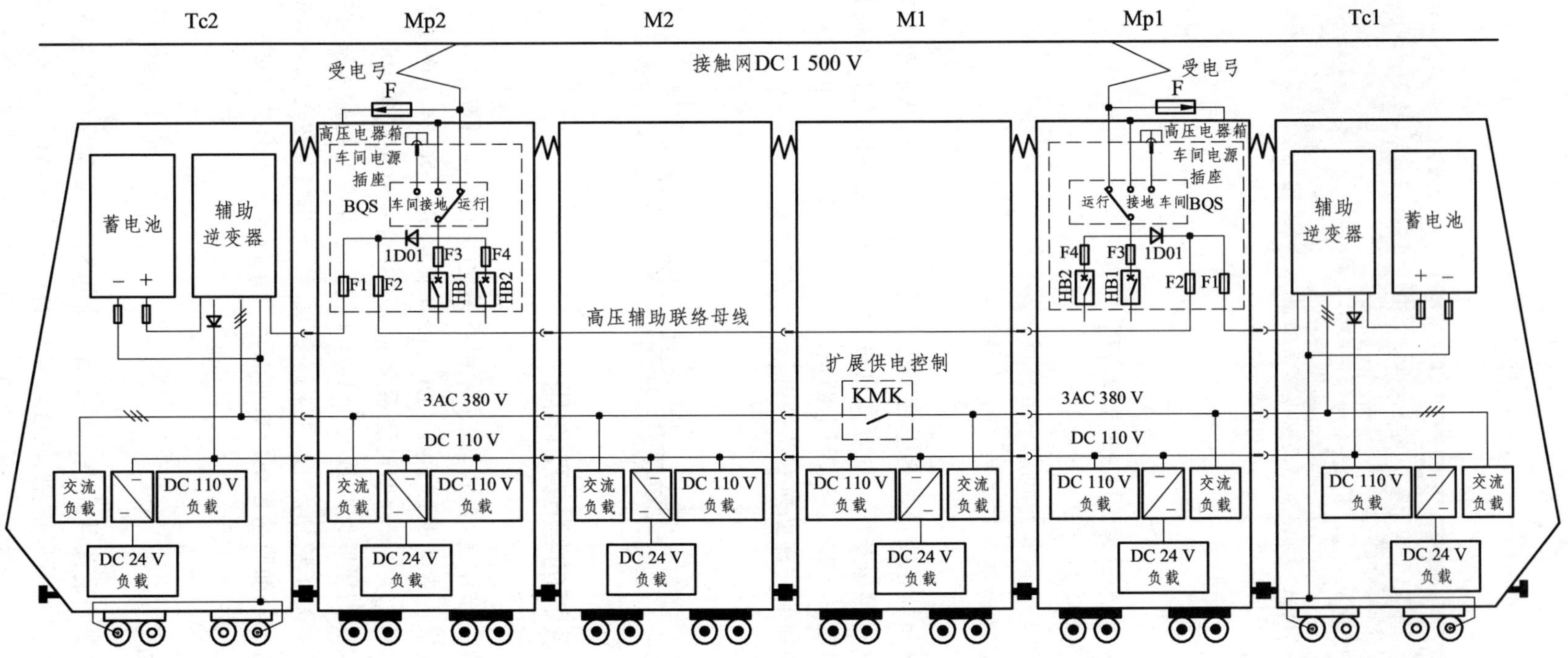

图 3-1-1　列车辅助供电系统组成

池充电机转换成 DC 110 V 低压直流输出供给蓄电池、列车照明系统、列车控制系统等直流系统供电。株机车辆采用集中供电的方式，每单元列车安装配置 1 台辅助逆变器，安装在 Tc 车底架下的辅助逆变器箱中。

（二）蓄电池充电机

蓄电池充电机（或直流模块）则用于 DC 110 V 耗能设备的供电（主要是控制系统及照明系统）和蓄电池的充电，在 6 节编组的列车上安装两台蓄电池充电器，也和辅助逆变器一起安装在辅助逆变器箱中。

（三）蓄电池

蓄电池是车辆辅助供电系统的低压直流备用电源，在辅助逆变器正常工作时通过蓄电池充电机处于浮充电状态；在网压供电或辅助逆变器发生故障、不能正常工作时，作为紧急电源向车辆部分辅助系统紧急负载（如车厢紧急通风、紧急照明、各控制系统、通信系统等）进行不少于 45 min 的供电。

（四）车间电源

辅助供电系统在有接触网供电区域，由接触网供电；在没有接触网供电的区域，由车间电源供电。一般在检修车间内设有车间电源，通过列车车底高压箱内车间电源插座，向列车提供高压电能。车间电源与接触网之间存在电气联锁，两者不可同时为列车供电。在电网供电时，必须断开车间电源。

车间电源只能为辅助供电系统提供电能，不能为牵引系统供电。车间电源向列车供电时，列车必须处于静止状态（此状态下受电弓、高速断路器、主接触器、牵引逆变器将被封锁）。

二、辅助供电系统的负载

辅助供电系统的负载包括列车上的所有的辅助用电设备，可以将这些负载根据使用电能不同分为以下几类：

（1）AC 380 V/50 Hz 三相负载：空气压缩机单元、空调装置、通风冷却装置等。

（2）AC 220 V/50 Hz 单相负载：客室正常照明、司机室方便插座、客室维修用方便插座等。

（3）DC 110 V 负载：列车控制系统、列车控制电路、列车信号系统、乘客信息系统、客室紧急照明、紧急通风、电动车门驱动电机等（株机车辆客室正常照明也采用 DC 110 V 直流供电）。

除了以上三种负载之外，还有极少量的 DC 24 V 负载，如司机室阅读灯、列车前照灯等。

三、辅助逆变器的电路形式

20 世纪 80 年代末至 90 年代初，随着电力电子器件的制造技术、计算机技术和控制技术的发展，采用电力电子器件构成的辅助逆变器供电逐步代替了传统的电动机-发电机组的辅助供电。在这个发展过程中，为了解决逆变器开关管的功率、耐压、开关频率问题以及输出电压谐波问题，应用在轨道交通车辆中逆变器电路的结构形式也多种多样，归纳起来主要有双逆变器型和单逆变器型，比较有代表性的有以下几种电路。

（一）双逆变器型两电平逆变电路

图 3-1-2 所示为串联型双逆变器电路，两台逆变器输出电压相位差 30°。图 3-1-2（a）中输出采用 1 台变压器，逆变器输出后在变压器一次侧合成，称为磁路叠加型逆变电路。图 3-1-2（b）输出采用 2 台变压器，逆变器输出后在变压器二次侧串联后合成输出，称为电路叠加型逆变电路。这两种电路的输出电压都是 12 阶梯波。

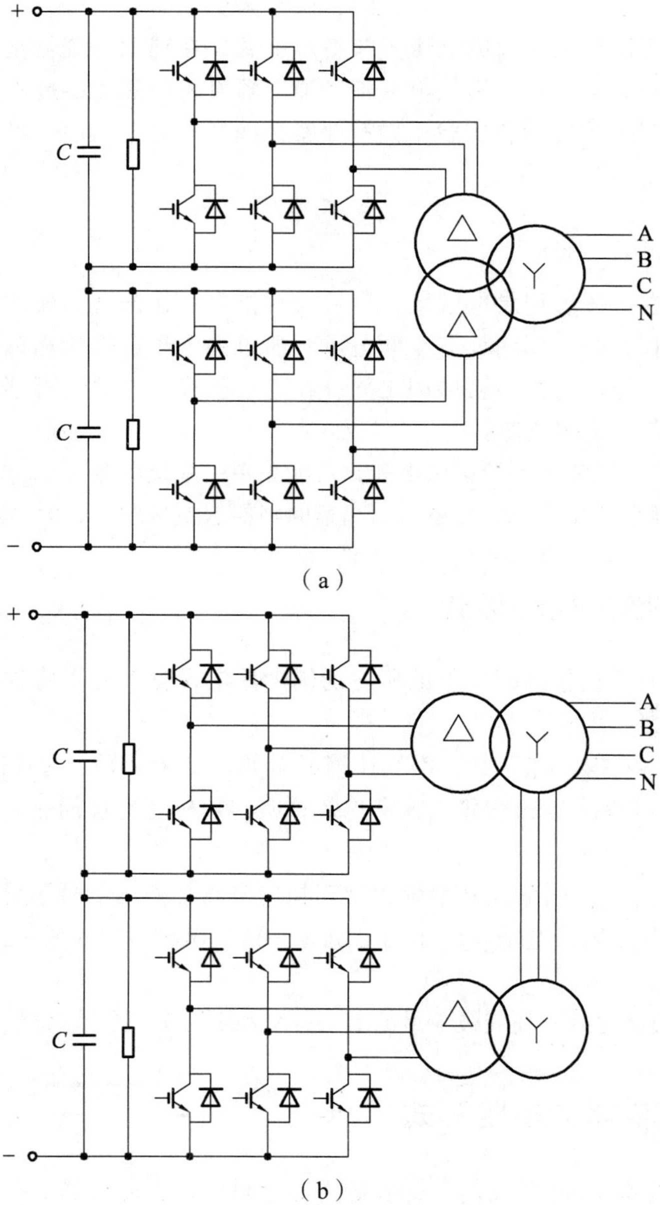

图 3-1-2　串联型双逆变器电路

1. 优　点

（1）开关频率低，开关损耗小，逆变器效率高。

（2）输出电压为 12 阶梯波，波形质量好，其谐波含量小，因此对输出滤波器要求低。

（3）可以把较低电压的电力电子器件用于较高电源电压的逆变器（如对于 DC 1 500 V 供电系统可以用 1 500 V 的 IGBT，但目前由于器件水平提高，这一点已无意义）。

2. 缺　点

（1）电路复杂，控制复杂。使用多台逆变器串联，动态均压要求高，故障率也高。

（2）每台逆变器输出电压为阶梯波，因而不论是磁路叠加型或是电路叠加型，它们的原边绕组输入电压的谐波含量高，变压器中的谐波损耗大。

（3）变压器设计制造复杂，且其结构复杂特殊，也给维修工作带来不便。

（二）单逆变器型三电平逆变电路

单逆变器型三电平逆变电路如图 3-1-3 所示，其优缺点和双逆变器电路相似。输出电压为 12 阶梯波，其谐波含量小，因此对输出滤波器要求低。可以把较低电压的电力电子器件用于较高电源电压的逆变器；还可以采用普通结构的输出隔离变压器。但这种电路也存在使用器件多（而且比双逆变器电路还多了 6 个钳位二极管）、控制复杂、故障概率高、维护和维修费用高等缺点。

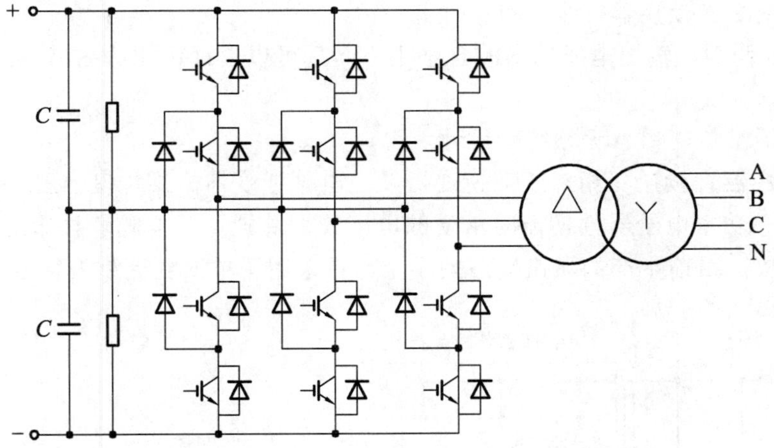

图 3-1-3　三电平逆变电路

（三）单逆变器型两电平逆变电路

双逆变器逆变电路和单逆变器型三电平逆变电路虽然有输出电压谐波小，器件承受电压低的优点，但是存在电路器件多，控制复杂，故障概率高的缺点。新发展的单逆变器型两电平逆变电路具有电路简单，所需功率器件少等优点在地铁车辆中得到广泛应用。

在地铁车辆中率先应用的单逆变器型两电平逆变电路是先升（降）压斩波后逆变电路（见图 3-1-4）。斩波模块的作用一方面是在接触网电压波动时能够稳定逆变器输入电压，另一方面对逆变器起保护作用。单逆变器型两电平逆变电路简单、功率器件少、PWM 控制方案简单，通过优化 PWM 控制同样可以使谐波含量达到要求，而且其变压器结构简单，系统可靠性高。

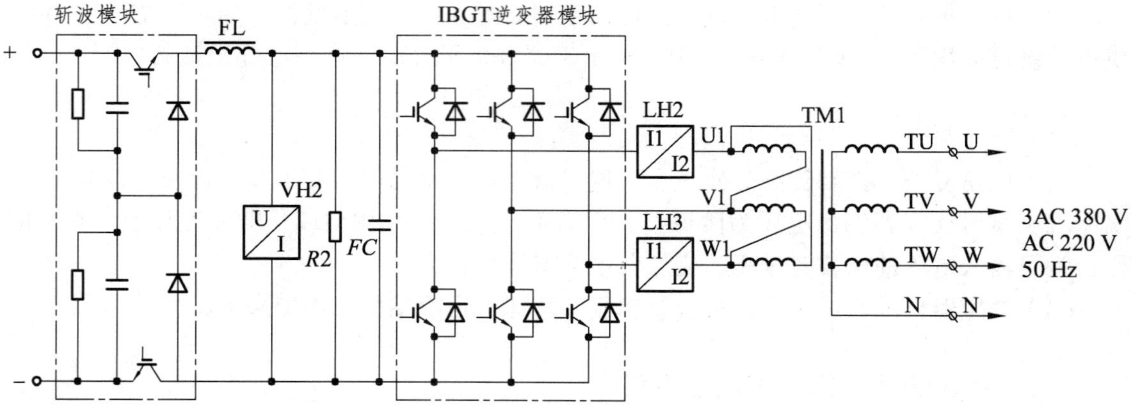

图 3-1-4　先斩波后逆变的直接逆变电路

随着电力电子技术的发展，以 IGBT 为代表的功率器件的功率、开关频率、耐压等参数得到大幅提升，PWM 技术不断优化；在网压和负载变化的情况下，采用优化的 PWM 控制算法，完全可以将逆变器的输出稳定在一定的范围内，斩波模块的稳压作用不再明显，进而逐步被设计者忽略，电路衍生为图 3-1-5 所示的单逆变器型两电平直接逆变，其优点是：

（1）电路简单，使用器件少，可靠性高。

（2）PWM 调制，输出电压的谐波含量小，而且可以设计优化的 SPWM 调制，使谐波含量达到要求。

（3）变压器结构简单，无须特殊设计。

虽然单逆变器直接逆变相对于双逆变器及三电平逆变器方案，其有开关损耗略大、逆变器效率较低、功率电子器件换流时承受的电压较大等缺点，但随着技术的提高，这些问题逐步得到解决。目前生产的城市轨道列车全部都采用了单逆变器型直接逆变电路。

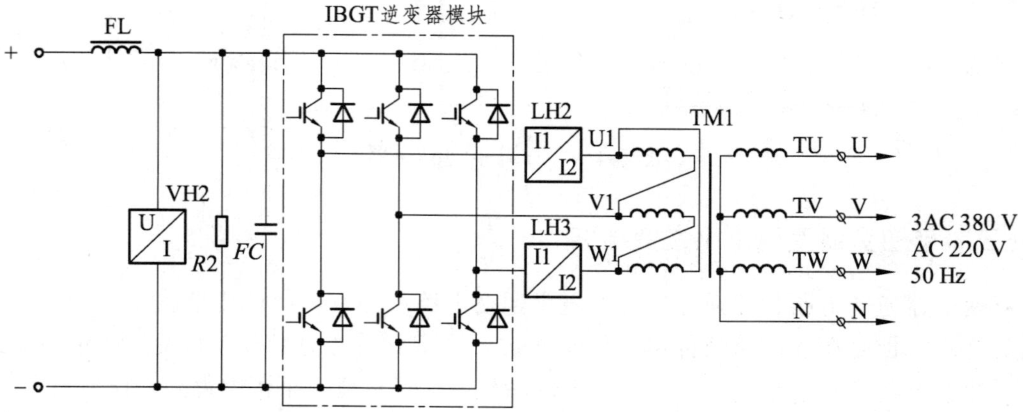

图 3-1-5　直接逆变电路

第二节　辅助电源装置

辅助电源安装在辅助逆变器箱内，它的作用是将接触网的直流电通过恒压恒频逆变器（CVCF）转变为列车辅助系统所需的三相交流电，同时将三相交流电变换为 110 V 直流电，供给列车的直流负载使用，并给蓄电池充电。电路主要由交流电源模块（辅助逆变器）、110 V 直流模块（蓄电池充电机）、辅助电源控制单元模块等功能模块组成。其原理电路图如电路图册图 1105 所示。

株机 4M2T 编组车辆的每单元车辆拖车（Tc 车）均配有 1 个辅助逆变器箱。每台辅助逆变器会产生一个频率和电压恒定的三相电流电（380 V/50 Hz），供给本单元辅助系统的交流负载使用。其直流模块将三相交流电变换为 110 V 直流电，供给列车的直流负载使用，并给蓄电池充电。

一、交流电源模块组成及工作原理

交流电源模块（核心是辅助逆变器 SIV）将 1 500 V 直流电逆变为 380 V/50 Hz 三相交流电。采用电压源型直接逆变电路，主要由输入电路、电压源直流回路、CVCF 逆变器电路、三相输出滤波及输出控制等功能模块组成，电路如图 3-2-1 所示，原理框图如图 3-2-2 所示。

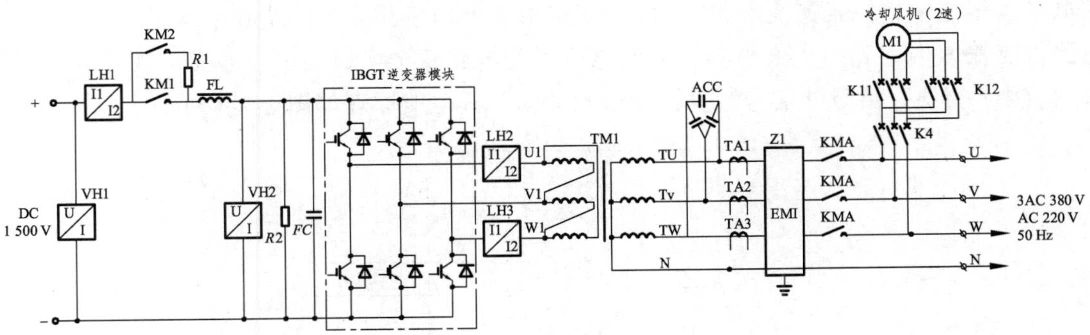

图 3-2-1　交流电源模块原理图

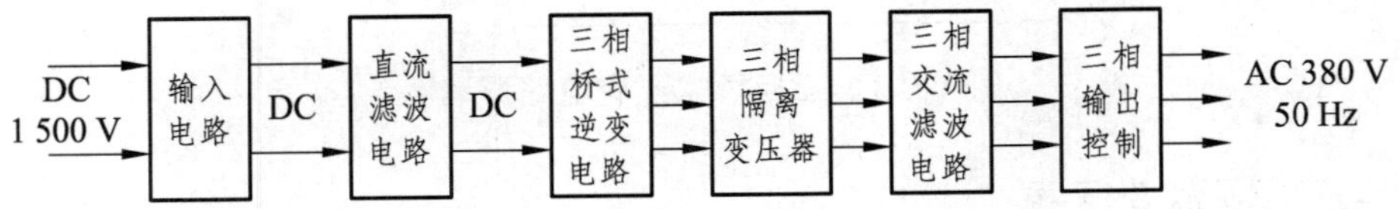

图 3-2-2　交流电源模块原理框图

（一）输入电路

输入电路的主要功能是将辅助逆变器与由接触网经高压箱送来的直流输入电源接通/切断。它由线路接触器（短接接触器）KM1、预充电接触器 KM2、预充电电阻 R1 组成。

辅助逆变器采用的也是电压源型逆变器，其直流环节安装有大容量的滤波电容器。配置预充电电路是给逆变器滤波电容逐步预充电，当电容器电压上升到一定值后再接通逆变器，给逆变器上电，防止逆变器初次上电时过大的充电电流损坏电路设备。

（二）电压源直流滤波回路

电压源直流滤波回路由 LC 滤波器（电感 FL 和电容 FC）、持续放电电阻 R2 组成。电压源直流滤波回路的主要功能是为辅助负载的感应电动机提供无功功率，并稳定直流中间回路电压。

1. LC 滤波器（电感 FL 和电容 FC）

线路电抗器与直流链接电容器一起提供线路滤波功能。滤除输入和输出杂波、稳定中间环节直流电压，限制逆变器损坏时产生的过电流。

2. 持续放电电阻 R2

当直流回路电容器与接触网断开（线路接触器 K1 和预充电接触器 K2 两者都断开）时，直流回路电容器 C 通过放电电阻 R2 持续放电至安全电压以下。

（三）辅助逆变器（CVCF）

辅助逆变器将 1 500 V 直流电逆变成三相交流电（660 V/50 Hz）输出。逆变电路采用两电平电压型三相桥式逆变电路，辅助逆变器由 6 个功率开关元件及 6 个续流二极管构成，电路直流输入端并联一个大电容，交流电由逆变电路每个半桥的中点输出。功率开关元件采用 IGBT 模块，由脉冲信号触发其导通及关断。其电路原理如图 3-2-3 所示。

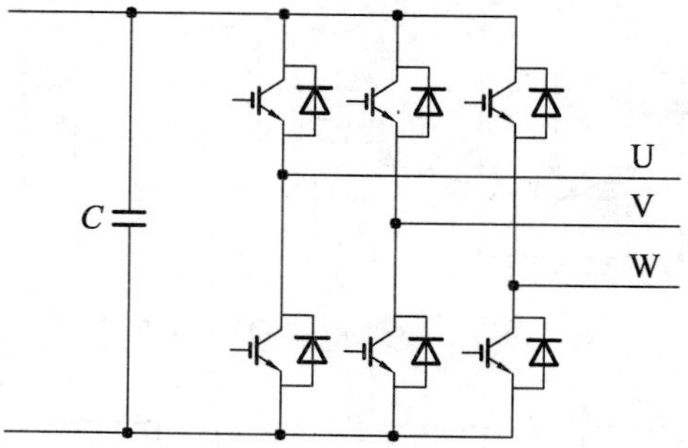

图 3-2-3　三相桥式逆变电路原理图

（四）三相隔离变压器

输出变压器（TR1）为△/Y 形接法，它将辅助逆变器输出的 660 V 三相三线制电压变换为 380 V 三相四线制的输出电压，实现能量转换和传递；并提供 DC 1 500 V 高压电源与交流输出电压间的电气隔离。使用电感式变压器隔离使得高低压电源之间在能量传递上只有磁场传递，没有电路上的连接，这样可以防止逆变器开关器件击穿损坏时 1 500 V 高压窜入低压系统造成更大破坏以及造成安全事故。

（五）输出交流滤波电路

输出交流滤波电路由 TR1 的漏电抗、三相补偿电容器（ACC）、抗干扰电路 Z1（EMI）组成，用以滤除输出交流电的杂波干扰。

（六）三相输出控制

三相输出控制由 KMA 三相输出接触器组成，用以控制三相交流电输出。辅助逆变器（SIV）的逆变电路在启动过程中输出电压并不稳定，只有当 SIV 逆变电路的 380 V 输出电压正常后，三相交流接触器（KMA）才能够闭合，将三相 380 V/220 V/50 Hz 电源送入负载及充电机电路。在扩展供电期间，发生故障的 SIV 的输出接触器必须断开。

交流电源模块工作原理：如果给辅助逆变器提供允许的输入电压（正常网压），VCU 通过辅助控制单元给出工作命令，直流输入高压经电容器充放电电路（R1、KM2、R2）、直流滤波电抗器（FL）、直流滤波电容器（FC），送至 IGBT 逆变器进行逆变后输出 PWM 波交流电压，送入输出变压器（TR1）进行电压隔离、降压，再经三相交流滤波电路滤波得到低谐波含量的三相准正弦电压后输出三相 380 V/50 Hz 电压，从任何一相输出线与变压器的中性点之间均可得到单相交流 220 V/50 Hz 电压。如果输出完全实现而无故障发生，且列车母线上无电压，则闭合 3AC 输出接触器 KMA，系统开始接通额定电压。

二、110 V 直流模块组成及工作原理

110 V 直流模块（蓄电池充电机）将三相交流电变换为 110 V 直流电，主要由输入电路、三相整流电路、高频逆变隔离降压电路、单相整流滤波电路等模块组成，电路如图 3-2-4 所示，原理框图如图 3-2-5 所示。

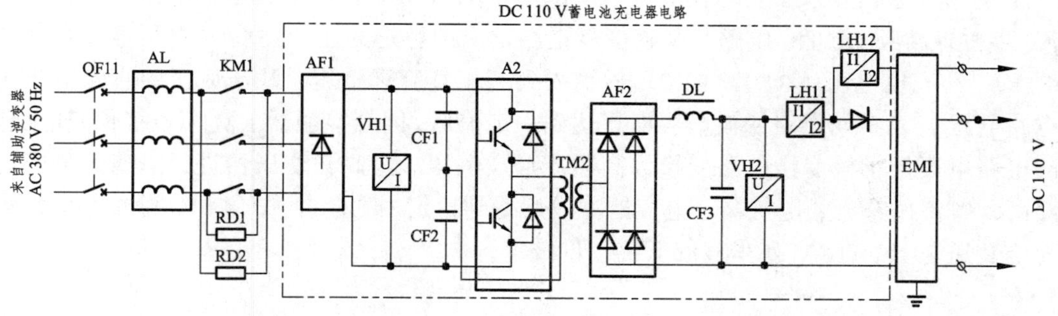

图 3-2-4　110 V 直流模块原理图

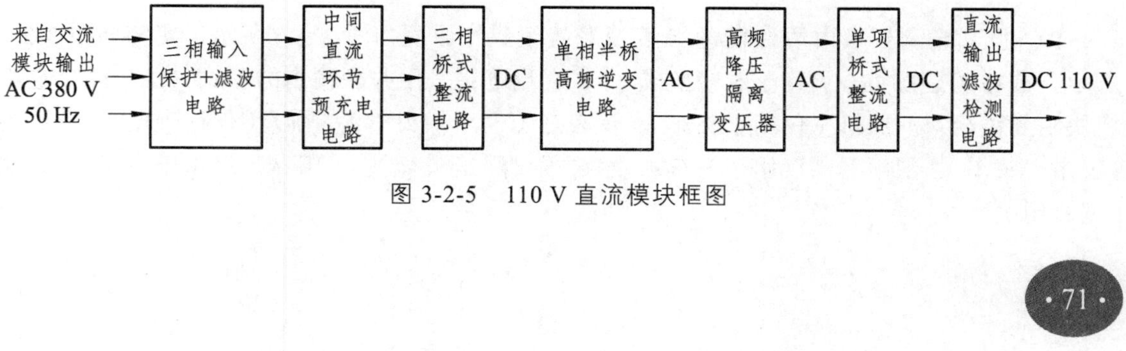

图 3-2-5　110 V 直流模块框图

（一）输入保护、滤波及预充电电路

输入保护、滤波及预充电电路由自动空气开关 QF11、滤波电抗器（AL）和预充电路 KM11、R01、R02 组成。滤波电抗器用于滤除直流模块输入部分交流杂波；预充电路是给直流模块逆变部分中间环节电容逐步预充电，即当直流模块有输入电源时，先通过 R01、R02 及 AF1 向 CF1、CF2 预充电，待其电量达 90%后再闭合 KM11。

（二）三相桥式整流电路

AF1 三相桥式整流电路将 380 V/50 Hz 交流电变换为直流电。

（三）单相半桥逆变电路

单相半桥逆变电路由 CF1、CF2、A2 组成，将直流电重新逆变为高频方波交流电。

（四）高频隔离降压变压器及高频整流

高频隔离降压变压器及高频整流电路由 TM2 高频隔离变压器及 AF2 单相桥式整流电路组成。高频隔离变压器是将高频逆变器输出单相交流电降压，并提供 AC 380 V 中压电源与 DC 110 V 低压电源的电气隔离。AF2 单相桥式整流电路将高频变压器输出的单相交流电整流成 110 V 直流电。

（五）DC 110 V 输出滤波电路

DC 110 V 输出滤波电路由滤波电抗器（DL）、滤波电容器（CF3）、抗干扰电路 Z2（EMI）组成，以滤除 DC 110 V 输出的杂波及干扰。

DC 110 V 直流模块（蓄电池充电机）原理：DC 110 V 蓄电池充电机电路采用三相全波整流+半桥式高频 DC/DC 电路。从逆变器电路输出的稳定的 3 AC 380 V 电压经过自动开关（QF11）、预充电电阻（RD1、RD2）后输入到三相整流桥整流，滤波后得到直流电压（中间电路电压）。当中间电路滤波电容电压达到一定值后，闭合接触器 KM11 短接预充电电阻。中间电路电压经半桥变换电路变换为高频矩形波电压、经高频变压器进行隔离、降压后，再经高频整流桥整流、电抗器、电容器滤波后得到稳定的 DC 110 V 电源，给 110 V 蓄电池组充电及送往 DC 110 V 列车直流干线（母线）。

三、DC 24 V 电源模块

DC 24 V 电源模块由两台直-直流变换装置组成，原理如图 3-2-6 所示，实物如图 3-2-7 所示。其功能是将 110 V 直流电变换成 24 V 直流电，采用并联输出的形式。DC 24 V 电源模块主要供给：前照灯（仅用于头车）、仪表灯（仅用于头车）、尾灯（仅用于尾车）、电笛（仅用于头车）、刮雨器（仅用于头车）、水泵（仅用于头车）、遮阳器（仅用于头车）、其他（试验用）。

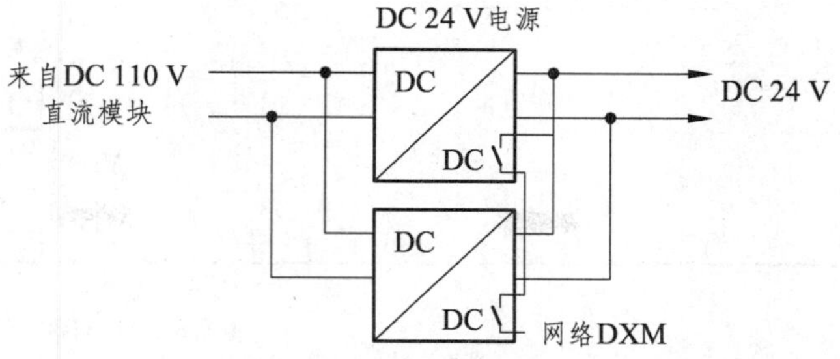

图 3-2-6　DC 24 V 电源模块电路图

图 3-2-7　列车上的 DC 24 V 电源模块

四、辅助电源控制单元 A100

控制单元主要通过控制辅助系统主电路中的各种接触器及逆变器、整流器的门极驱动，将 DC 1 500 V 接触网电压转变成 AC 380 V、DC 110 V 电压源，并通过各种电压、电流传感器监测整个辅助系统主电路，达到控制及保护的目的。其电路框图如图 3-2-8 所示。

辅助电源系统是一个独立的系统，只要 SIV 检测到高压供电，并通过 VCU 给出接通命令，它就开始工作，向外提供 3 相 380 V/220 V/50 Hz 电源及 DC 110 V 与 DC 24 V 电源，它不受牵引/制动指令的控制。SIV 具备 MVB 接口，通过 MVB 总线与网络交换信息，并可以通过总线进行控制。

五、辅助电源信号检测电路

为了对辅助逆变器实现控制和保护，在电路中安装有各种用于检测的传感器，电压、电流传感器是用来检测电路中各个部分的电压、电流。辅助系统中的电压、电流传感器如图 3-2-9 和图 3-2-10 所示。

（一）电压、电流检测

（1）电压传感器 VH1、VH2 分别检测输入电压和 FC 电压。
（2）电流传感器 LH1 检测输入电流。

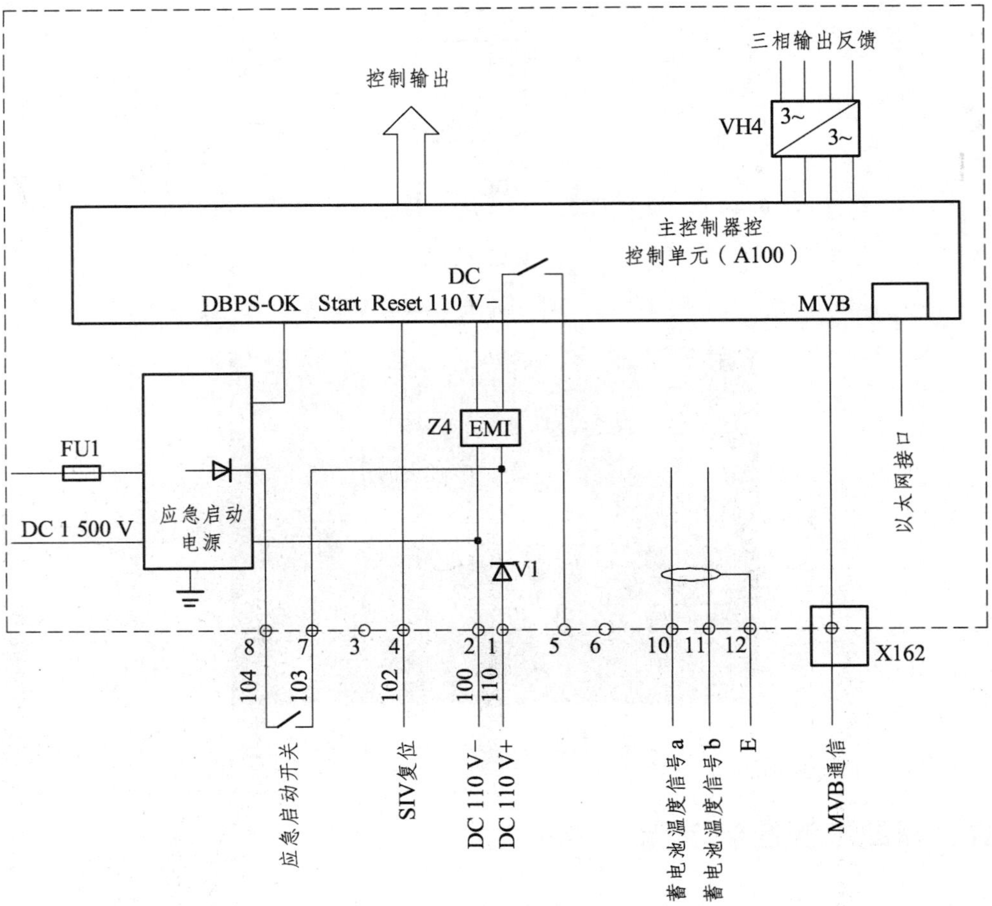

图 3-2-8　辅助逆变器控制单元电路框图

图 3-2-9　电流传感器

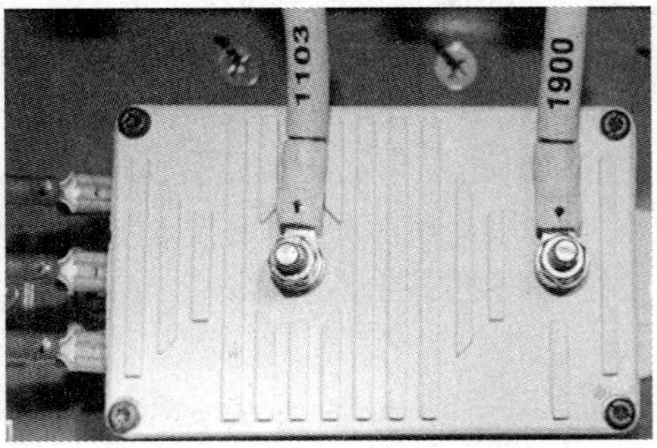

图 3-2-10　电压传感器

（3）电流传感器 LH2、LH3 分别检测逆变器输出的 U 相与 W 相电流。

（4）电压互感器 VH4 模块检测 SIV 的 U、V、W 相输出电压。

（5）电流互感器 TA1、TA2、TA3 检测 SIV 的 U、V、W 相输出电流。

（6）电压传感器 VH11 检测充电机电路三相整流后电压（中间电压）。

（7）电压传感器 VH12 检测充电机输出直流电压。

（8）电流传感器 LH11 检测充电机输出电流。

（9）电流传感器 LH12 检测充电机蓄电池充电电流。

（二）其他参数检测

其他参数检测包括温度检测如蓄电池温度、逆变器与充电机 IGBT 模块温度，状态检测如接触器控状态回馈信号、断路器 QF11 状态回馈信号、IGBT 门极驱动单元驱动控制信号和 IGBT 状态与保护回馈信号等。

六、辅助逆变器的应急启动

当蓄电池欠压（电压低于 84 V）时，列车不能正常激活，受电弓无法正常升起，辅助逆变器的控制单元由于没有蓄电池供电也无法正常启动。

如果辅助逆变器内部安装有应急蓄电池（自举电池），在蓄电池欠压的情况下，应急蓄电池可以为辅助逆变器控制单元提供启动电能，同时应急蓄电池向受电弓控制电路供电。操作辅助逆变器紧急启动开关后，辅助逆变器控制单元由应急蓄电池供电，自检启动，并等待接收高压存在信号。在辅助逆变器控制单元启动的同时，受电弓控制电路控制受电弓升起，电网电压正常，受电弓将高压电能引入车体，辅助控制单元控制辅助逆变器开始工作。辅助逆变器输出额定交流电后，蓄电池充电器开始工作。蓄电池充电器正常工作后，应急蓄电池转入充电状态，辅助控制单元由蓄电池充电器供电。

株机 4M2T 地铁车辆内部未安装有应急蓄电池，采用的应急启动电源是在受电弓升起，接触网供电后通过 DC/DC 模块直接变换获得。由于蓄电池欠压受电弓无法正常升起，此时必须先通过应急升弓办法（参见第四章第五节的受电弓故障条件下的升弓操作）升起受电弓，然后操作 Tc 车继电器柜中的充电机应急启动按钮 31-S104 来紧急启动辅助逆变器，使充电机工作并给直流负载供电，从而可以激活列车。应急启动按钮 31-S104 在 Tc 车继电器柜中的位置如图 3-2-11 所示。

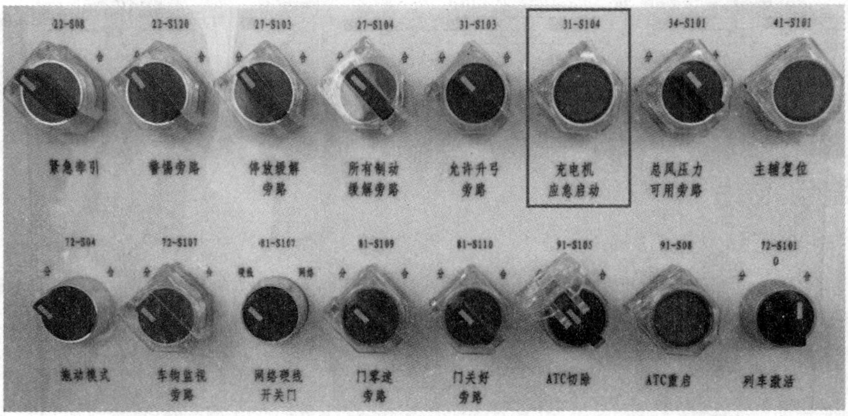

图 3-2-11　Tc 车继电器柜开关布置图

七、扩展供电

辅助电源系统在某台 SIV 逆变电路故障的情况下，将在两 SIV 间进行扩展供电。此时扩展接触器 KMK 自动切换到另一台正常运行的 SIV，由切换后的 SIV 向全列车 6 节车的基本负载（指车辆切除一半空调压缩机负载后的全部负载）供电。

某台 SIV 逆变电路发生故障不影响 DC 110 V 直流电源电路的正常运行，非故障 SIV 也可以通过扩展供电给故障端 DC 110 V 直流电源模块供电。

扩展供电控制原理参见本章第四节的相关内容。

第三节　蓄电池

一、蓄电池的功能

列车在无网压（DC 1 500 V）或辅助逆变器故障的情况下，蓄电池能在 45 min 内持续为以下应急负载供电：紧急通风、客室应急照明、司机室照明、前照灯、尾灯、车侧灯、仪表灯、列车广播、无线电台、车门控制、车载安全设备等。

二、蓄电池安装位置

蓄电池安装于 Tc 车中部左右两侧车底架上（共有两个蓄电池箱），如图 3-3-1 所示。

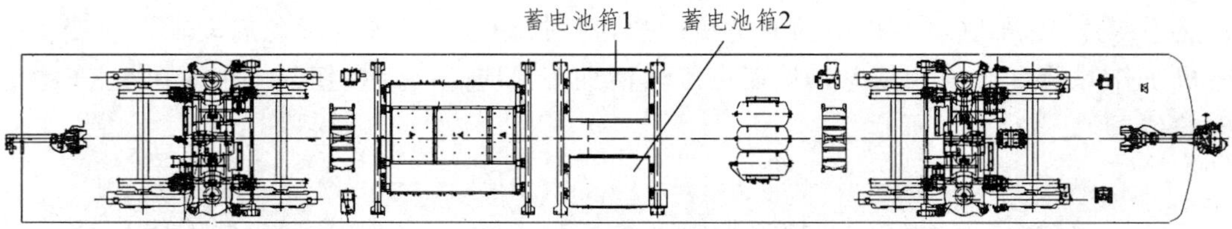

图 3-3-1　蓄电池箱在 Tc 车底架下的安装位置

三、蓄电池组

目前，城市轨道交通车辆上常用的蓄电池有阀控式铅酸蓄电池和镍镉蓄电池两种。其中，镍镉蓄电池的单位容量放电率高、环保性好、维护工作量小、工作安全可靠性高、全寿命长等优点，目前被广泛应用。

株机近年生产的 4M2T 地铁车辆采用的是镍镉蓄电池，每节 Tc 车安装有两个蓄电池箱，每个箱子由 40 个镍镉蓄电池单体组成，蓄电池型号 FNC232MR，容量 140 A · H。两个电池箱中的 40 个蓄电池被安装在不锈钢托盘中，托盘中的各蓄电池单体用镀镍铜板相连，两个蓄电池箱中的蓄电池连接采用无卤素铜电缆连接器连接，通过各蓄电池的互联使蓄电池的额定电压达到 96 V。托盘连接器及电缆在箱中的布置如图 3-3-2 所示。

蓄电池可使用水罐车通过软管一次性向蓄电池单元内注水。这些蓄电池均为大电流镍镉蓄电池，具有纤维结构电极，采用聚丙烯外壳。蓄电池配有自动注水装置和防止回火的阻火器。每个蓄电池都配有一个温度探针。

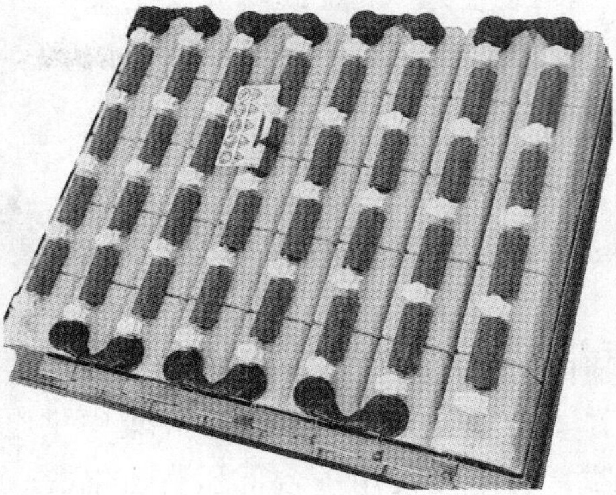

图 3-3-2　蓄电池箱内部结构及接线图

四、蓄电池的充电管理

蓄电池的充电一般采用“三段式”充电运行管理，即均充（恒流）→恒压→浮充。

蓄电池是由辅助逆变器内的充电器进行充电的。充电电压（充电电压为 110 V 浮充电）根据温度探针指示的蓄电池温度进行设置。充电过程限定如下：

（1）第一阶段，快速充电（恒流均充）：在开始时以最大电流 I=21 A 对蓄电池充电，直至蓄电池电压上升到 U_1=122 V。

（2）第二阶段，恒压充电：在恒定的 U_1 下持续充电，此时阶段随着电池电量逐步增高，充电电流则逐步下降，当电流下降到 I=4.2 A 时，充电机将切换到浮充电状态。

（3）第三阶段，维护性充电（浮充电）：进入浮充阶段，充电电压从 U_1 切换为 U_2=110 V，充电过程继续（充电电流还会降低）。浮充电是将蓄电池并联在足以使其容量保持在较高水平的定压电源上充电的运行方式，目的是维持电池内部自放电损失的容量。

如果在浮充电过程中充电电流高于 I=5.5 A，系统就会切换回快速充电状态。

为了最大限度提高蓄电池的寿命，减少维护周期，实行温度补偿充电，其温度补偿因子为−3 mV/°C/节。电池内电解液的温度由温度传感器检测，温度传感器直接安装在蓄电池上，并通过控制线路与辅助电源控制单元相连。温度传感器采集的模拟信号被送入蓄电池充电机控制模块中，充电机根据此信号来决定补偿后的充电电压与电流。如果第一、第二阶段的充电过程中蓄电池温度大于 45 °C，则充电机也会自动将充电电压限值降低为 U_2=110 V。

五、蓄电池的输出控制

如果某个蓄电池充电器发生故障，对应的蓄电池就会被辅助逆变器内的二极管隔离。只要辅助逆变器的 DC 110 V 供电输出仍在工作（所有的直流载荷仍在运行），蓄电池就不会放电。

在辅助逆变器故障（或架空线没有电压）情况下，列车系统将自动切换至紧急运行模式以节省蓄电池的电量。在紧急运行模式下，蓄电池的电量必须保证 6 节编组列车中的应急负载能继续运行 45 min。

在辅助逆变器发生故障或架空线失去电压后的前 5 min 内将不会立刻切换至紧急运行模式，因为列车要安全制动至停止。这段时间内的载荷高于切换到紧急运行模式后的载荷。

第四节　辅助系统交流供电

辅助系统交流供电是指三相 380 V 的交流电供电。交流供电按辅助逆变器在列车上的布置方式不同又分为分散供电和集中供电两种形式。分散供电整个单元配置不止一台辅助逆变器，且单元共用一台低压直流电源；集中式供电整个单元只配置一台辅助逆变器。分散供电形式使用逆变器数量多，供电线路较为复杂，早期引入的地铁车辆多采用分散式供电方式。而集中供电相对于分散供电具有一定的优势，在城市轨道交通车辆上被越来越多地被采用，目前，国内地铁车辆多采用集中式供电方式。

一、分散供电

分散式供电是指同一单元车辆分布有几台辅助逆变器的情况，此时每节车辆的辅助用电由均由单独的辅助逆变器供电。早期地铁车辆由于受逆变器功率限制，多采用分散供电形式。分散供电为保证在某一台辅助逆变器故障时，至少有一半的负载能正常工作，分散供电的供电电路布置多采用交叉式的布置方式。分散供电基本模式如图 3-4-1 所示。

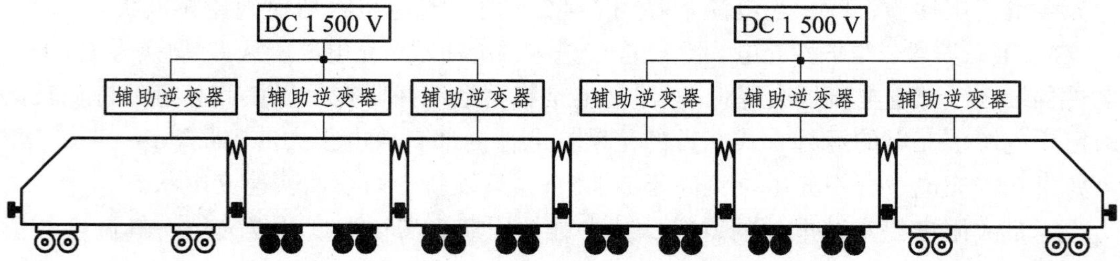

图 3-4-1　分散供电模式示意图

我国分散供电的地铁车辆其供电电路的交叉布置方式也有多种形式，其中比较具有代表性的有以下两种。

（一）分散供电交叉式布置方式 1

上海地铁 1、2 号线车辆每节车配置一台辅助逆变器，采用分散供电形式。其中，B、C 车的辅助逆变器为本单元每节车的空调、空压机、通风机供电，每台辅助逆变器各提供一半电能。A 车的辅助逆变器带有蓄电池充电器，为本单元直流负载供电，同时为其他交流负载，如客室正常照明、方便插座等供电。上海地铁 1、2 号线车辆分散供电交叉式布置方式如图 3-4-2 所示。

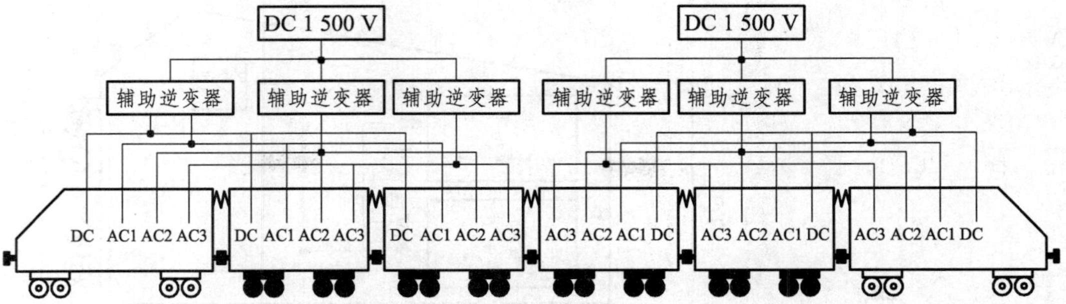

图 3-4-2　上海地铁 1、2 号线车辆交流供电分配

（二）分散供电交叉式布置方式 2

广州地铁 1 号线车辆采用分散供电交叉式布置方式，每一辆车均布置一台辅助逆变器，各车的交流负载分为两部分。A 车的辅助逆变器为本车一半交流负载和 B 车的一半交流负载供电。B 车的辅助逆变器为 A 车另一半交流负载和 C 车的一半交流负载供电。C 车的辅助逆变器为 B 车另一半交流负载和 C 车另一半交流负载供电。采用这种供电方式，可以保证任意一台辅助逆变器发生故障时，每节车至少有一半的交流负载能正常工作。同时，任意一个辅助逆变器故障，至少有两节车一半的交流负载将停止工作。广州地铁 1 号线车辆分散供电交叉式布置方式如图 3-4-3 所示。

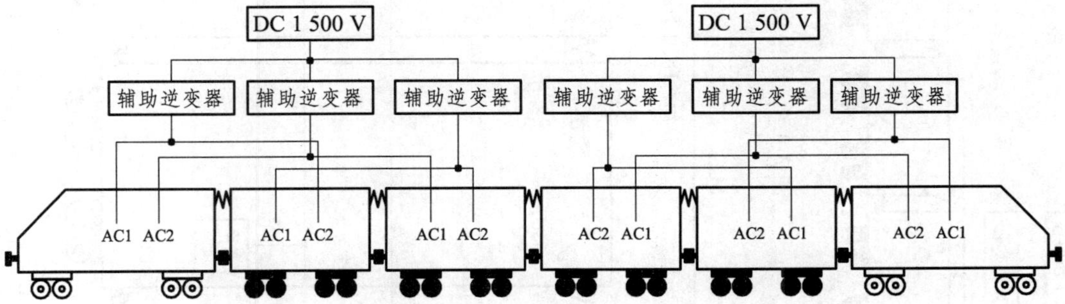

图 3-4-3　广州地铁 1 号线车辆交流供电分配

二、集中供电

集中式供电方式相对于分散式供电方式具有使用设备少、供电线路简单等特点，其应用越来越广泛。采用集中式供电方式的地铁列车每单元车辆设置一台辅助逆变器，为本单元交流负载供电。正常情况下，本单元辅助逆变器输出的交流电能不传输到另一单元；在某一台辅助逆变器发生故障的情况下，采用扩展供电方式工作，将另一单元辅助逆变器输出的交流电能引入本单元，同时，各车的空调装置将减载运行。因此集中供电电路布置采用扩展供电电路布置方式，集中供电基本模式如图 3-4-4 所示。

株机 4M2T 地铁车辆采用的是集中供电的方式。每单元配备一台辅助逆变器，为本单元交流负载供电。在 Tc1 车设置扩展供电接触器，当列车一台辅助逆变器故障时，可以实现扩展供电。株机 4M2T 地铁车辆交流供电分配如图 3-4-5 所示。

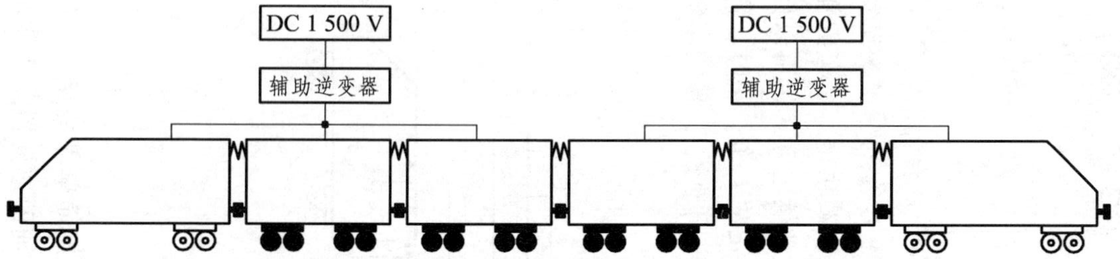

图 3-4-4　集中供电示意图

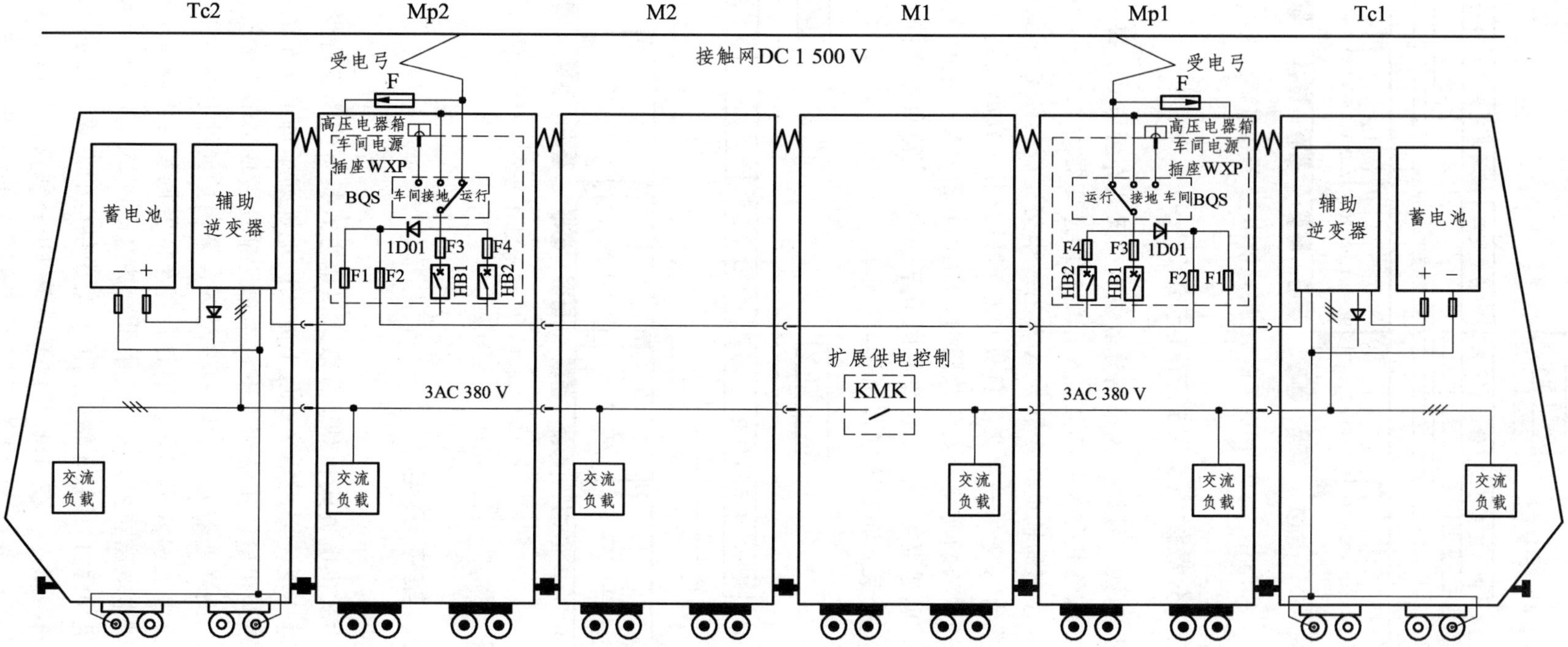

图 3-4-5　株机 4M2T 地铁车辆交流供电分配

三、集中供电系统工作状态

采用集中式供电方式的地铁列车中，在中间车辆上都安装有扩展供电单元。当某一台辅助逆变器发生故障后，扩展供电单元工作，将两单元中压交流供电母线连接起来，将另一单元辅助逆变器提供的交流电能引入本单元，为本单元车辆的交流负载供电。株机 4M2T 地铁车辆扩展供电控制电路如图 3-4-6 所示。

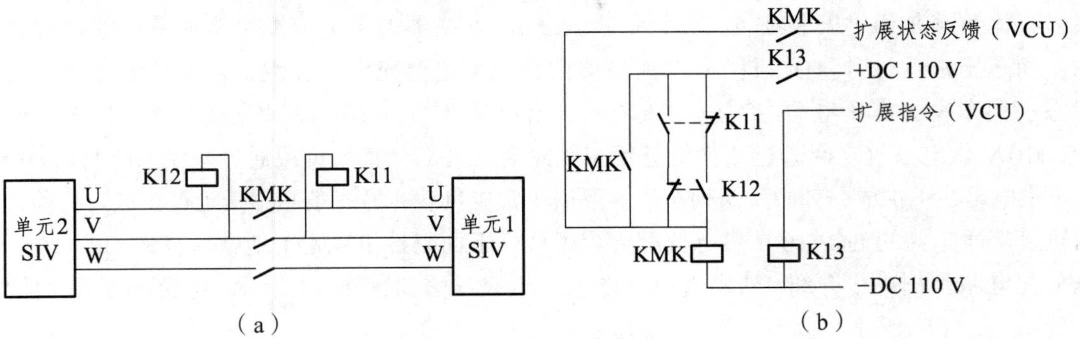

图 3-4-6　扩展供电控制电路

（一）正常运行

两台辅助逆变器均正常工作时，交流供电系统处于正常运行状态，K11、K12 均得电闭合，使扩展功能供电接触器 KMK 无法得电闭合，两个单元的三相交流系统互相独立地工作。车辆控制单元的软件控制功能通过协调所有组件的启动程序，可确保大功率三相 380 V 交流用电器（如空气压缩机或空调单元）之间的辅助配电负载管理。

（二）扩展供电运行

当有一台辅助逆变器故障时，其控制单元将通过断开相应输出接触器的方式将有故障的辅助逆变器与三相配电回路之间隔离，SIV 未向外供电。例如，单元 1 的 SIV 故障，则 KM11 失电，本单元的 VCU 未检测到 SIV 输出信号，VCU 通过列车网络发送“SIV 输出无效”信号。此信号经数据处理，10 s 之后，VCU 发出扩展供电指令，K13 闭合，DC 110 V 电源经 K13 常开触点→K11 常闭触点→K12 常开触点→KMK 线圈，使 KMK 线圈得电，扩展供电接触器 KMK 闭合，其主触头闭合使两个单元的三相系统的交流供电母线连通，其中一台 SIV 输出的电能通过扩展供电装置进入另一单元，为另一单元的交流负载供电。同时，KMK 的两个常开辅助触头也闭合，一个用于自锁（扩展供电后 K11 重新闭合，其常闭触点断开，KMK 线圈原供电通路切断），另一个给 VCU 发出扩展供电连接的状态信息。

在这种情况下，由于只有一台 SIV 工作，所有车辆的空调单元均降级工作（制冷能力减半）。

（三）全部逆变器故障状态

两台辅助逆变器均出现故障时，由于两台 SIV 均未向外供电，VCU 均未检测到 SIV 输出 AC 380 V/50 Hz 电能。整列车的交流供电线路断电，此时空调自动进入由蓄电池供电的紧急通风模式。其他交流负载均停止工作。蓄电池的容量最多能够维持此情况下 45 min 的供电需求。

第五节 辅助系统直流供电

直流负载是通过安装在 Tc 车上带有 AC/DC 变换器的蓄电池充电机或蓄电池进行供电的。列车正常运行时，DC 110 V 电能主要两台由蓄电池充电机提供，蓄电池处在浮动充电状态；列车失去高压电源或充电机故障时，蓄电池作为备用电源，为直流负载供电。两个 DC 110 V 供电系统之间通过二极管进行相互隔离。大部分直流负载通过两条 DC 110 V 列车线（供电母线）供电，其中一条列车线主要用于常规负载，另一条则用于延迟负载。目前，国内轨道交通车辆的 DC 110 V 供电分配方式类似。下面以株机 4M2T 地铁车辆的 DC 110 V 供电分配电路为例进行介绍。株机直流供电系统组成框图如图 3-5-1 所示（电路图册图 1102）。

一、DC 110 V 直流负载的类型

（一）永久负载

为了司机在司机室里能够激活列车，因此即使列车在没有激活的状态下，永久负载列车线在蓄电池刀开关合闸后就必须一直有电，其包括以下负载。

（1）列车激活回路负载。

（2）列车车钩监控环路负载。

（二）延迟负载

延迟负载是紧急负载的一部分，主要是指车载硬盘（TDRV）等电子负载。这部分负载有一条独立的供电列车线，它会在列车激活后供电，列车关闭后延迟供电一段时间。

设置这条供电线的目的一是预防和电感性负载共线供电时在关断电感负载的时候出现的峰值电流流入电子负载单元，造成对电子信息系统的干扰；二是在列车关闭后延迟供电以便给电子信息系统提供保存数据时间。

（三）正常负载

正常负载是指能承受高开关电流的普通负载，如继电器、接触器、照明系统等。正常负载的供电列车线在列车激活后供电。

二、DC 110 V 直流电源控制原理

（一）DC 110 V 电源的输出控制电路组成

DC 110 V 永久负载和 DC 110 V 正常负载、延迟负载供电列车线都可由蓄电池充电器和

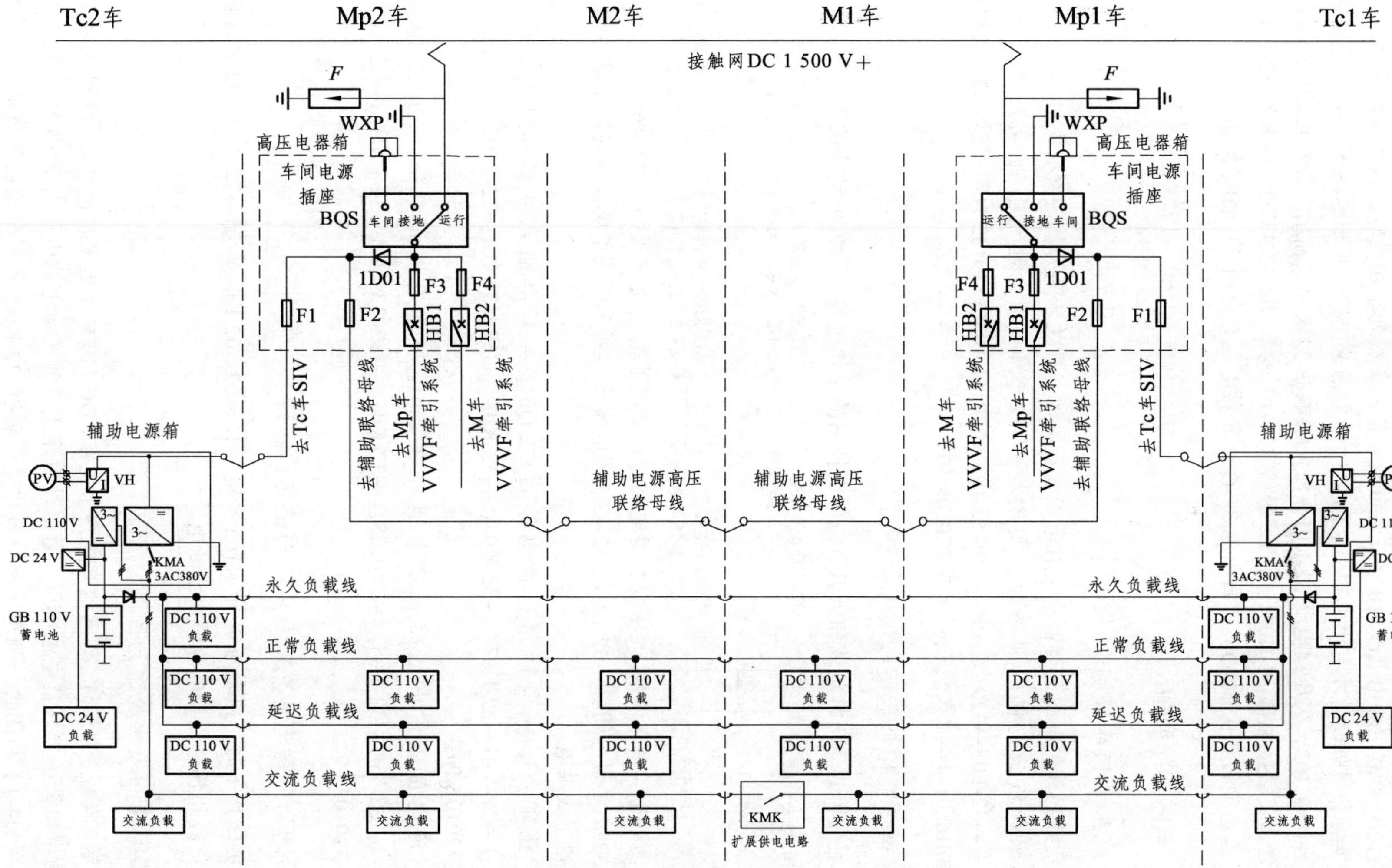

图 3-5-1　DC 110 V 供电系统组成框图

蓄电池供电。只要蓄电池有电，以及蓄电池刀开关未断开，DC 110 V 永久列车线一直有电。其他 DC 110 V 负载主要由 DC 110 V 正常负载、延迟负载列车线供电，这两条列车线只有在激活（唤醒）列车以后才有供电输出。DC 110 V 电源输出控制见电路图册 3201，电路由激活继电器 72-K102，欠压继电器 32-K01，时间继电器 32-K04，输出主控接触器 32-K02、32-K03，延迟负载接触器 32-K05，隔离二极管 32-V01、32-V02、32-V03，熔断器 32-F101、32-F103，蓄电池刀开关 32-Q01，蓄电池 31-G01 和蓄电池充电机 31-A101 等组成。

（二）电路工作原理

1. 永久负载供电控制

永久负载列车供电线只要蓄电池有电以及蓄电池刀开关未断开就一直有电。

列车永久负载的供电回路为：蓄电池+→32-Q01→蓄电池充电机→320122.101→XT102.01-1→32-F05→320152.101→320152.102→320152.103→320152.104→32-V02→320109.101→XT102.01-4→永久负载列车线 320109.103。

2. 正常负载和延迟负载供电控制

当激活列车时，正常负载和延迟负载供电控制的工作过程（器件的动作关系）如下：

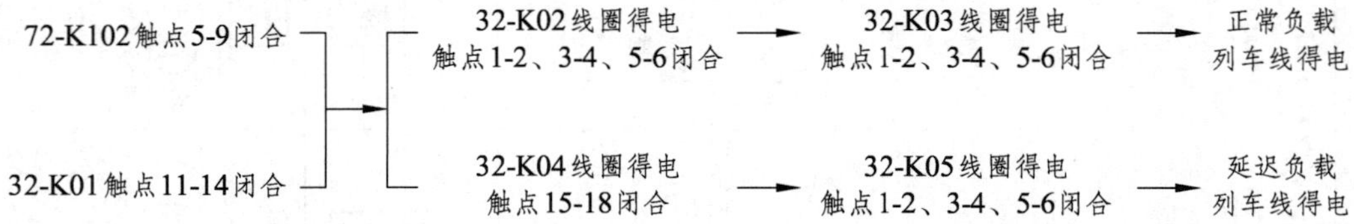

即激活列车→列车两端 72-K102 得电闭合且蓄电池电压大于 85 V（32-K01 闭合）→32-K02、32-K04 得电闭合→32-K03、32-K05 得电闭合→列车两端蓄电池同时向正常负载、延迟负载列车线供电。

（1）正常负载供电回路：蓄电池+→32-Q01$_{3-4}$→蓄电池充电机→320122.101→XT102.01-1→32-V01→32-K03$_{5-6}$→32-K03$_{3-4}$→32-K03$_{1-2}$→320138.101→32-F101$_{1-2}$→正常负载列车线 320102.101。

（2）延迟负载供电回路：蓄电池+→32-Q01$_{3-4}$→蓄电池充电机→320122.101→XT102.01-1→32-V01→32-K05$_{1-2}$→32-K05$_{3-4}$→32-K05$_{5-6}$→320131.101→32-F103$_{1-2}$→延迟负载列车线 320102.101。

3. 关闭列车蓄电池充电及供电电路工作过程

司机关闭列车时，列车两端 72-K102 断电→32-K02、32-K04 断电→32-K03、32-K05 断电→正常负载和延迟负载电源输出线断电。

4. 蓄电池的欠压及检测控制

当激活（唤醒）列车时，蓄电池充电器未工作，DC 110 V 电能来自蓄电池。通过 32-K01（欠压检测继电器）判断蓄电池电压，蓄电池电压正常时（蓄电池电压大于 85 V），32-K01 的常开触点 11-14 将闭合，列车正常负载供电接触器 32-K03 和列车延迟负载供电接触器

32-K05 得电，其常开触头闭合，DC 110 V 电源通过正常负载、延迟负载列车线向全车的 DC 110 V 负载供电，列车激活（唤醒）成功。

当蓄电池欠压（蓄电池电压小于 85 V）时，32-K01 的常开触点 11-14 将不闭合，使得列车正常负载供电接触器 32-K03 和列车延迟负载供电接触器 32-K05 无法得电，其常开触头断开，DC 110 V 正常负载、延迟负载列车线不能供电，无法唤醒列车。此时，可采用应急升弓的方式升弓，受电弓升起后，按下应急启动按钮，应急电源可以为辅助逆变器的微机控制单元供电，启动辅助逆变器及蓄电池充电器工作，向 DC 110 V 列车线供电，唤醒列车，同时向蓄电池充电。

（三）DC 110 V 列车主干线供电分配

当列车激活后，列车两端由蓄电池供电及充电控制输出的 DC 110 V 正常负载、延迟负载（包括永久负载）电源送入 3 条 DC 110 V 列车线（DC 110 V 列车主干线），并向各节车的 DC 110 V 车辆支干线供电，DC 110 V 列车主干线见电路图册图 3202。

（四）DC 110 V 车辆支干线供电分配

当列车各节车的车辆支干线得电后，分别通过各个负载回路的低压直流断路器向各车的 DC 110 V 负载供电，Tc 车、Mp 车、M 车 110 V 车辆支干线及负载供电分配见电路图册图 3203、3204、3205。

课后练习题

1. 辅助供电系统有哪些作用？
2. 辅助供电系统由哪几个部分组成？各部分的作用是什么？
3. 辅助供电系统的负载有哪些？
4. 画出辅助供电系统的供电框图。
5. 辅助逆变器由哪几个部分组成？各部分的作用是什么？
6. 城市轨道交通车辆供电分为高压、中压和低压，供电电压各为多少？
7. 辅助逆变器有哪几种启动方式？分别简述其过程。
8. 地铁列车上，哪几个设备能提供 DC 110 V 电能？分别在什么情况下对外供电？
9. 辅助逆变器采用哪种供电方式的车辆上存在扩展供电单元？扩展供电单元的中压连接接触器一般在什么情况下闭合？
10. 根据辅助逆变器的分布情况不同，地铁车辆一般有哪两种供电方式？简述两者有何不同。

第四章 列车牵引/制动控制系统

【学习目标】

1. 了解列车牵引/制动控制系统的电路类型及其作用。
2. 掌握列车的激活与关闭控制原理。
3. 掌握列车受电弓、高速断路器的控制原理。
4. 掌握列车牵引/制动控制原理。
5. 掌握列车牵引/制动控制电路的组成及工作原理。
6. 掌握牵引/制动控制控制电路图的编制规则及读图方法。

列车牵引/制动控制系统是列车各系统中的关键部分，通俗地讲它控制着列车的启动和停止。列车能实现运营，列车牵引制动控制系统有着不可取代的作用。

列车牵引/制动控制系统是指为实现列车牵引和制动控制相关功能而设计的相关联控制电路系统。随着控制技术的发展，城市轨道交通车辆电气控制逐渐采用微机控制模块和集成电路，但指令电路、执行电路、监控及检测保护电路等与集成电路的衔接和配合，仍由大量的继电器以及开关按钮、指示灯、电磁阀等完成。在该系统中，继电器是实现各项逻辑功能的主要部件，通过确定继电器的线圈得电吸合的条件以及其触头开关所关联的功能电路，则可以实现电路一定的逻辑功能，以达到列车整体性牵引、制动控制的条件，并将该信息反馈到列车通信控制系统，通过其内部的预设控制程序运算，最终实现对列车的有效控制。

第一节 概 述

一、列车牵引/制动控制电路的类型

（一）按实现的功能分类

1. 列车控制电路

列车控制电路是指为实现列车各种功能工作状态的电路，包括激活列车控制电路、受

电弓及高速断路器控制电路、牵引控制电路、制动控制电路等。其中，激活列车控制电路是最为根本的控制电路，该部分电路启动后，其他具体功能性控制电路才具备动作条件。

2. 列车监控电路

列车监控电路是指为监视和反馈列车各种控制状态及各个设备工作状态的电路，如受电弓及高速断路器的监控电路、三位置开关监控电路，列车制动状态监控电路、列车车门状态监控电路等。

3. 列车安全监控电路

列车安全监控电路是指为监视列车安全运行状态的电路，如紧急制动监控电路、列车零速监控电路等。

（二）按控制的范围来分

1. 列车级控制电路

列车级控制电路主要是实现对全列车相关设备的控制电路，如受电弓、高速断路器、列车车门等的功能控制。

2. 单节车级控制电路

单节车级控制电路主要是指对本节车各子系统控制相关的电路，如空气制动监测、单元智能阀、网关阀与制动指令的连接电路等。

总体上来看，列车电路不能机械地进行分割成块，它们是有机地、系统地、具有层次地组合在一起的整体电路，以有效实现列车牵引制动及监控等控制功能。在对各部分电路进行分析时，要先纵览全局，从整体上理解电路的作用，再细化各部分电路的相关逻辑控制功能，有针对性地分析，这样学习起来就更容易理解，更容易掌握。

二、列车控制指令

列车的牵引/制动控制是利用各个功能电路产生的控制指令和参考值等形式来控制列车牵引系统和制动系统的工作，并实时监控它们的工作状态。

列车的控制指令常常使用电平来描述，电平是指一种可以产生信号的状态，有高电平“1”和低电平“0”两种；通常由信号与地线之间的电位差来体现。

（一）指令电平值

在城轨车辆牵引/制动控制系统电路中，高电平“1”指电压等于或接近控制电源电压 110 V；低电平“0”指电压等于或接近负线（地线）的电压 0 V。

（二）列车控制指令电平规定

1. 牵引指令——高电平有效

考虑到指令的安全传递，所有牵引指令采用高电平有效方式（即电路发高电平指令时列车实现牵引），这样在电路断路、触点接触不良或其他原因使得控制信号传输中断均被认定为控制电路无控制指令输出，使得列车不误动作。

2. 制动指令——低电平有效

所有制动指令采用低电平有效方式（即电路发低电平指令时列车实现制动），这样在电路断路、触点接触不良或其他原因使得控制信号传输中断均被认定为控制电路控制指令有效，使列车在电路故障时仍然能够实现有效制动。

第二节　牵引和制动系统的工作原理

一、牵引系统工作模式

牵引系统作为地铁列车的动力系统，是最重要且复杂的一个系统。牵引系统的控制由牵引控制单元（DCU）完成。牵引控制单元综合列车各设备的状态，比较各个输入信息与设定条件，来判定列车的牵引系统的工作状态；并根据牵引参考值以及牵引/制动特性曲线（根据牵引电机特性得出），计算不同速度下牵引和制动工况的最大牵引/制动力，实时控制牵引逆变器的工作。

（一）牵引系统工作条件

牵引系统至少要满足牵引方向、牵引指令和参考值三个条件才会开始工作。

1. 牵引方向

列车的牵引方向指令由司机控制器方向手柄给定（列车自动折返模式除外），且必须在静止时进行。列车要实现运行必须先设定方向，在列车处于静止状态下，司机操作司控器方向手柄设定，向 DCU 发出“向前”或“向后”指令信号，DCU 控制牵引逆变器输出相序改变即可实现牵引方向的改变。如果在列车运行过程中改变方向手柄的位置或者牵引方向指令，牵引控制单元将会封锁牵引指令，TCMS 将启动紧急制动。

2. 牵引指令

牵引指令是列车启停的信号，由司机控制器主控手柄或 ATO 给出，该指令经由列车牵引指令启动联锁电路实现联锁控制后给出，只要列车启动联锁所需的条件都得到满足，则向牵引控制单元发出牵引指令。列车启动所需的条件：

（1）所有客室车门关好。

（2）主风缸压力不低于列车起动所需的最小值。

（3）紧急制动已缓解。

（4）所有空气制动和停放制动已缓解。

3. 参考值

参考值对应的是列车加/减速度的控制需求值，也是由司机控制器主控手柄或 ATO 给出的。人工驾驶时，参考值由司机控制器给出，自动驾驶时由 ATO 给出。当列车执行牵引指令时，DCU 根据参考值计算牵引给定力，并进行级位补偿、载荷补偿、轮径补偿等，使得列车加/减速度与列车控制级位间呈线性关系，如图 4-2-1 所示。

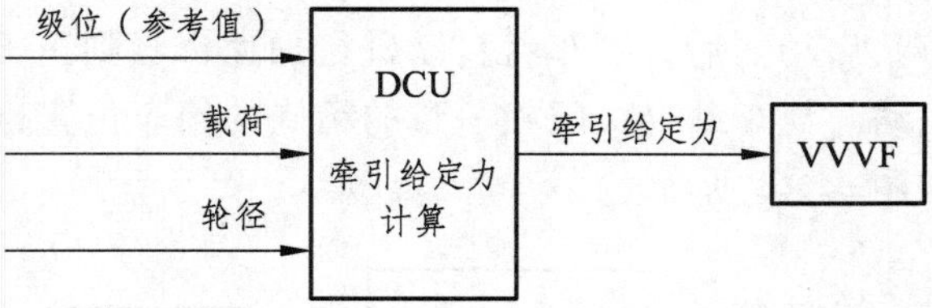

图 4-2-1　牵引给定力的计算

当列车执行制动指令时，DCU 根据参考值及列车车速、车重等信息综合计算出列车的实时电制动力，并将该信息通过 MVB 实时反馈给 BCU 以实现空电联合制动，如图 4-2-2 所示。

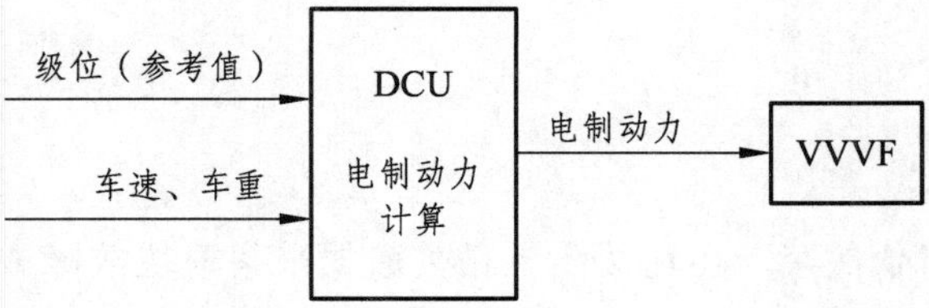

图 4-2-2　电制动力计算

（二）牵引系统的工作模式

牵引系统的工作模式有两种：正常牵引和非正常牵引。

1. 正常牵引

正常牵引有人工驾驶模式和自动驾驶模式，由 TCMS 判断。当模式开关打到“ATO”模式，方向手柄在“向前”位，主控手柄在“零”位，并且有 ATC 发过来的 ATO 激活信号，列车处于自动驾驶模式。其他模式为人工驾驶模式。在自动驾驶运行过程中，自动驾驶模式建立条件丢失，列车进行紧急制动，列车模式自动转为人工驾驶模式。

1）人工驾驶模式

在人工驾驶模式下方向指令、牵引指令由硬线给出，并通过列车硬线逻辑控制电路发送给 TCMS 和 DCU。参考值由司机控制器通过 TCMS 系统传递给 DCU，再由 DCU 计算并给定。其控制框图如图 4-2-3 所示。

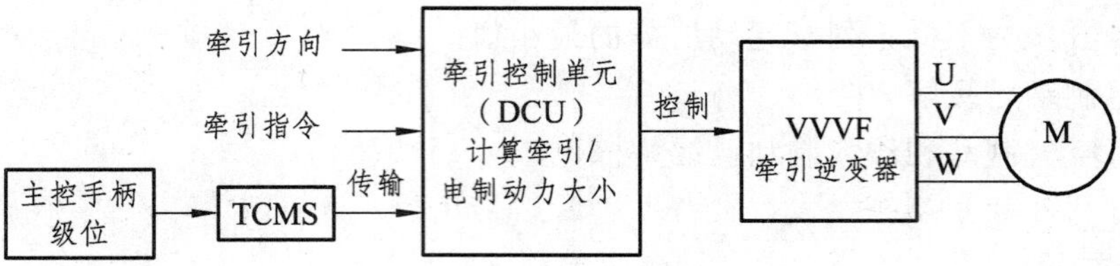

图 4-2-3　人工驾驶模式牵引控制框图

2）自动驾驶模式

在自动驾驶模式下方向指令、牵引指令由硬线给出，并通过列车硬线逻辑控制电路发送给 TCMS 和 DCU。参考值由 ATO 通过 TCMS 系统传递给 DCU，再由 DCU 计算并给定。自动驾驶模式在一个车站启动之后，列车将自动进行加速，当到达下一个车站时，ATO 系统将控制列车减速并制动。与车站屏蔽门相一致的精确的停车位置也是通过 ATO 系统进行控制的。其控制框图如图 4-2-4 所示。

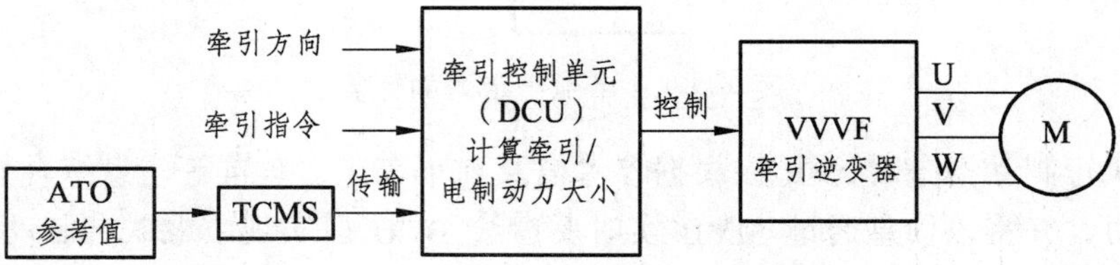

图 4-2-4　自动驾驶模式牵引控制框图

2. 非正常牵引

1）紧急牵引

当司机控制器参考值故障、传输故障、相关数据采集模块故障或列车控制网络故障时，操作“紧急牵引”开关至合位后（高电平有效），列车牵引采用紧急牵引模式，由继电器逻辑电路和列车硬线来实现列车的牵引和制动控制。列车将工作在降级模式下，以事先设定的参考值进行牵引和制动。在紧急牵引模式下，DCU 以固定的基准值（最大加速度 70%）可使列车加速至最高 45 km/h，并转换到惰行模式。制动（减速）按固定值进行（最大减速度 70%），制动仅采用空气制动。其控制框图如图 4-2-5 所示。

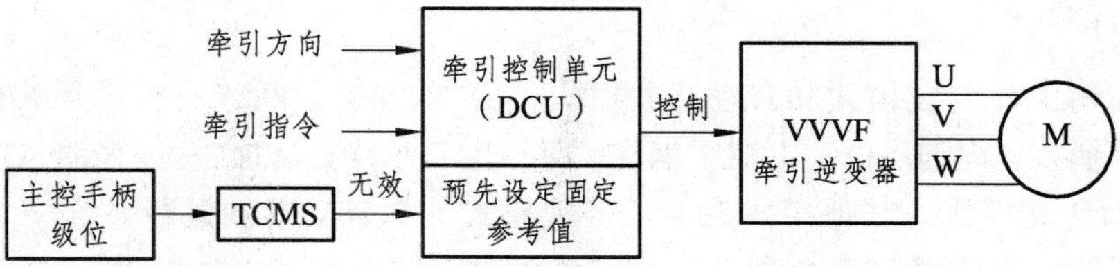

图 4-2-5　紧急牵引模式牵引控制框图

2）慢行模式

操作“慢行”牵引开关后（高电平有效），将方向手柄置“前”位、主控手柄置“牵”引位，列车由网络控制按（3±0.5）km/h 向前限速运行。

3）后退运行模式

列车后退运行时，限速 5 km/h，速度偏差不能超过限速点 0.5 km/h。ATO 模式或自动折返时取消限速。

4）救援模式

操作“拖动模式”开关至“合位”（高电平有效），将方向手柄置“前”位、主控手柄置“牵引”位，列车以“救援”模式启动“向前”运行。救援模式用于列车空车救援时，由网络实现高加速以及列车速度限制。

二、列车制动系统工作模式

列车制动系统控制列车的减速及停车，其由电制动系统（ED 制动）和电空制动系统（EP 制动）两部分组成。

（一）概　述

1. 电制动（ED 制动）

电制动由动车（Mp、M 车）牵引系统提供，由车辆控制单元（VCU）和牵引控制单元（DCU）无级控制。

电制动的制动能量反馈给接触网。如果接触网无法或只能部分吸收制动能量，那么剩余能量将通过制动电阻吸收。

2. 空气制动（EP 制动）

空气制动以采用德国克诺尔（KNORR）公司提供的 EP2002 的架控制动系统的地铁车辆为例进行讲解。该系统基于单个转向架进行设计，具有准确度高、响应时间短等特点。由电子电制动控制单元 BCU（EP2002 网关阀和智能阀）的微处理器来控制 EP 制动。空气动制动系统可采用主动式（常用制动）或被动式（停放制动）控制。在主动式控制中，利用气压（压缩空气）通过制动气缸和制动钳将制动闸片压靠在制动盘上。在被动式控制中，利用弹簧力对制动闸片施压。主动式和被动式 EP 制动相互独立，且不能同时动作，从而可以避免制动过度。主动式 EP 制动由针对每台转向架（EP2002 网关阀和智能阀）安装的电子制动控制单元（BCU）进行连续控制。

EP2002 空气制动控制系统为电气模拟指令式制动系统，系统通过网关阀和智能阀来实现分散式制动控制网络，负责空气制动系统的控制、监控及与车辆控制系统的通信。车辆制动控制网络由 2 个 CAN 网络构成。其中，每单元的 Tc 车、Mp 车和 M 车构成 1 个 CAN 网络。每个 CAN 网络包括 2 个网关阀和 4 个智能阀。2 个网关阀互为备份，以提高系统的可靠性。所有网关阀通过 MVB 总线实现制动控制网络与列车控制网络之间的通信。制动系统网络结构如图 4-2-6 所示。

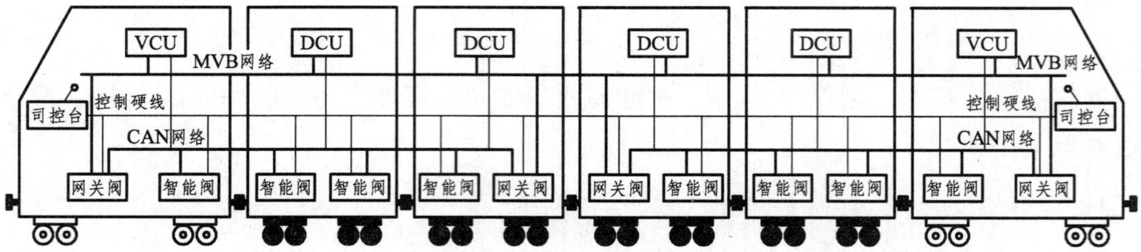

图 4-2-6　制动系统网络结构

3. 制动控制

空气制动系统与电制动系统协调工作。当施加常用制动或快速制动时，优先使用电制动，当电制动故障或者电制动力不足时，不足的制动力由 Tc 车上的空气制动补充（如有必要也可由 Mp 和 M 车提供），以实现所要求的制动性能，电制动与空气制动将实现平滑过渡。紧急制动全部由空气制动执行，在执行过程中制动命令不可恢复。

列车空电联合制动控制由 TCMS 参与列车的电制动分配，具体控制过程如下。

TCMS 根据来自司机控制器或 ATO 的指令信号产生控制指令和级位，并将其发送给牵引/制动系统；TCMS 根据 MVB 传输的级位进行整车制动力的计算，将整车制动力和制动级位发送给 BCU。同时，TCMS 将级位信号转发给 DCU，DCU 根据级位信号自行计算并施加电制动力，并将电制动力实际值反馈给 BCU。BCU 根据总制动力和实际电制动力作减法，进行空气制动的补充。具体的工作流程如图 4-2-7 所示。

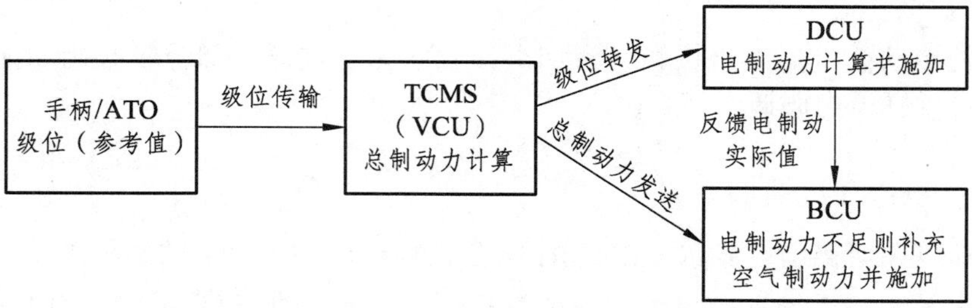

图 4-2-7　空电联合制动控制示意图

（二）制动模式

列车制动模式有常用制动、快速制动、紧急制动、停放制动和停车制动几种。要实现这些制动模式，必须向列车的牵引及制动系统发出制动模式指令及参考值。

1. 常用制动

常用制动是列车在正常运行状态下使用的可恢复制动。如要施加常用制动，需将司机控制器手柄移至“制动”位，制动设置点直接与手柄位置成比例。常用制动时，电制动优先。空气制动根据减速要求提供剩余的减速力。最大常用制动平均减速度为 1.0 m/s^2，其电制动力受踏面黏着限制。常用制动具有防滑保护和冲动限制（0.75 m/s^3）。

当以人工模式驾驶时，应谨慎使用主控制器手柄进行制动，以实现对列车的恒力制动（ED 制动），从而避免应用 EP 制动，防止制动闸片磨损。

当网络系统故障时，常用制动由硬线控制信号传递制动指令，制动力大小为固定参考值，分为50%和100%，具有载荷补偿和防滑功能，只有空气摩擦制动。

2. 快速制动

当司机主控制器位于快速制动位时，列车施加快速制动。快速制动设计为紧急情况下的一种制动方式，可提供紧急制动所需的减速率。快速制动具有防滑保护，并受有冲动限制。快速制动由电制动和电空制动产生，每节车以相同的减速率制动。

快速制动不是紧急制动，快速制动命令是可恢复的，只要重新将主控制器手柄置于零位置或驱动位置（列车不需要停稳）可缓解快速制动。快速制动期间，牵引系统超温将切除电制动，该车减少的制动力由空气制动系统补足。

如果 MVB 通信有效，制动控制单元采用通过 MVB 传输的来自车辆控制单元的快速制动指令。如果 VCU 与 BCU 之间通信失败，则采用快速制动硬线指令，快速制动仅由制动控制单元实施，通过 MVB 来自 BCU 的快速制动检测反馈信号被 VCU 监控（轻微故障）。

3. 紧急制动

紧急制动平均减速度设计为 1.3 m/s^2，仅由空气制动完成，配有防滑控制，可由多个系统施加。每种操作模式（自动和手动模式）都能施加紧急制动。紧急制动命令不可恢复，并与零速互锁，只能在列车停稳且主控制器手柄被置于“零”位置之后方可缓解该制动。

此外，当通过紧急制动按钮施加紧急制动时，列车受电弓降弓，高速断路器断开。

在下列任一情况下，将导致紧急制动施加。

（1）触发司机室中的警惕装置。

（2）按下司机室控制台上的紧急制动按钮（击打式按钮）。

（3）列车脱钩。

（4）断开司机室钥匙。

（5）紧急制动电气列车线环路中断或失电。

（6）总风欠压。

（7）超速限制。

（8）DC 110 V 控制电源失电。

（9）ATC/ATP 系统发出紧急制动指令。

（10）当列车运行时，方向手柄拉至“零”位。

4. 停放制动

停放制动由弹簧施加，采用空气缓解，仅在静止时采用，防止列车溜动。停放制动由车辆控制电路控制并由 VCU 监控。通过按压停放制动按钮施加停放制动，按压停放制动缓解按钮缓解停放制动。停车制动采用每节车控制，并可防止列车在 4%坡道上 AW3 载荷条件下不发生溜车。

正常情况下，停放制动未缓解时，禁止列车牵引；运行中检测到停放制动施加时，列车将封锁牵引，以最大常用制动减速度停车。

5. 停车制动（保压制动）

在低速范围内（＜10 km/h），停车制动被激活。

停车制动是 ED 制动与 EP 制动的混合制动模式，在列车速度降至 8 km/h 时，TCMS 发出“停车制动请求”指令，经短暂延时，平稳地施加空气制动取代电制动，直至列车速度达到 v=0.5 km/h，再由 EP 制动实施保压制动（70%全常用制动）。

正常时，BCU 接收到来自 TCMS 的保压制动缓解指令来缓解保压制动。TCMS 接收 DCU 发送的牵引力值并进行计算，当总的牵引力大于车辆下滑力时，发出保压制动缓解指令。

紧急牵引模式下，BCU 接收到牵引指令，并检测到列车速度超过规定值时（具体速度值调试时间确定），自动缓解保压制动。

三、列车牵引和制动系统工作原理

列车牵引系统和制动系统主要由受流装置、HSCB、牵引逆变器、牵引电机、制动电阻、空气制动装置等组成，它们彼此之间按照一定的方式在列车牵引/制动控制系统的协调下工作。

（一）列车牵引/制动控制系统组成

列车牵引/制动控制系统由司机控制器、各指令开关、有接点控制电路、列车自动控制系统 ATC、传动控制单元 DCU、制动控制单元 BCU 及列车网络控制和诊断系统 TCMS（VCU、MVB）等构成。列车牵引/制动控制系统框图如图 4-2-8 所示，更详细的控制原理见电路图册图 1105。

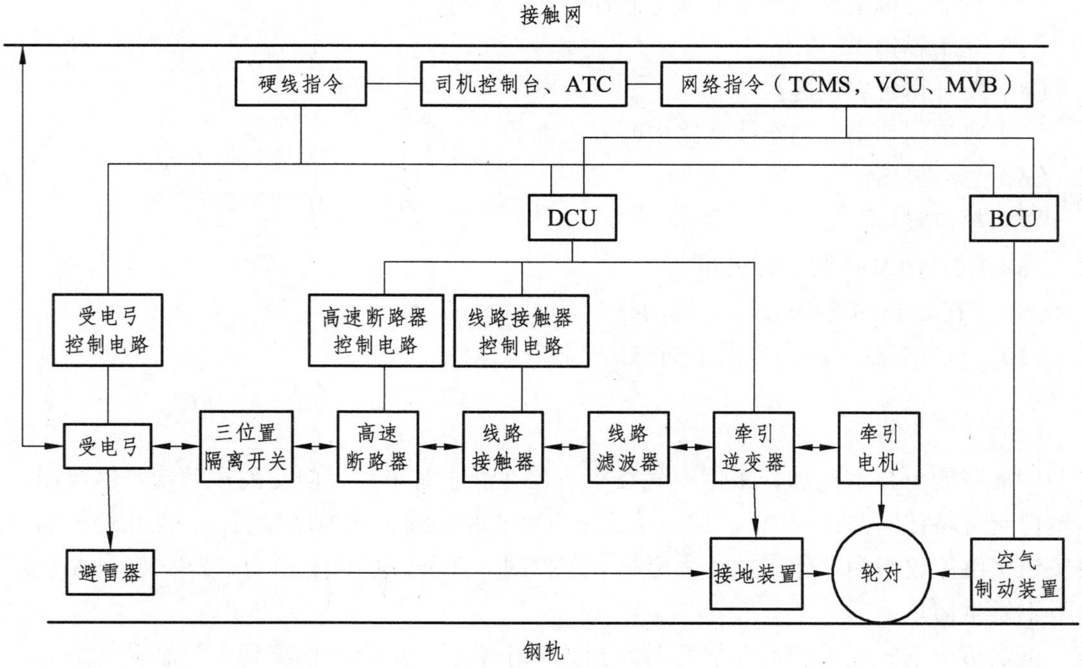

图 4-2-8　牵引/制动系统及其控制框图

（二）列车牵引/制动控制系统的功能

列车牵引/制动控制系统主要完成列车有关牵引/制动工作状态的控制指令及状态的给出、传输，实现列车牵引顺序逻辑控制、电传动系统故障保护和列车牵引/制动控制等功能。

（1）TCMS：列车通信控制系统，即列车的大脑，由列车中央控制单元即车辆控制单元 VCU（VCMe）、人机接口 HMI 司机显示器、多功能车辆总线 MVB 网络以及中继器 REP、输入输出模块 DXMe、AXMe 等各种功能模块组成，通过网络拓扑的连接，主要完成列车的控制功能、故障检测功能、监视功能和诊断功能。

（2）VCU：列车中央控制单元，VCU 是列车通信控制系统的核心部件，负责列车的牵引、制动相关控制运算，并对列车的实际运行状态进行监控，及时判定各子系统的状态，同时将部件的故障信息及时反馈到司机室的人机界面 HMI 屏上，便于司机和技术人员的查看和维护。

VCU 可实现的功能有发出与联锁状态（如空气压力、开门、安全装置、欠压等）有关的牵引和制动信号，为所有与 MVB 相连的子系统提供主时钟，通过车辆总线传送运行条件和故障信息到人机界面，其他控制和监控功能如受电弓控制、车门控制、PIS 控制、照明控制等。

（3）MVB：多功能车辆总线，用于列车各个系统之间的信息传递。

（4）DCU：列车牵引控制单元，DCU 从列车线和 TCMS 系统接收司机控制器及外部控制系统（ATO/ATP）的指令及级位值（参考值），接收本车的电机速度信号、拖车的转轴速度信号、各个模拟信号测量值，根据参考值和实际检测值进行计算后给定牵引力和制动力，对牵引电机实施控制。

（5）BCU（ECU）：列车制动控制单元，是空气制动系统的管理模块，其作用是管理空气制动的制动模式和制动力计算、控制和分配。BCU 根据列车线和 TCMS 系统给出的制动指令及级位值（参考值），结合列车电制动量、载重、滑行、速度等检测信号，控制列车的空气制动力。

（6）ATC：列车自动控制系统，该系统能够实现列车的自动运行、自动防护及自动监控的功能。它包含列车自动运行系统（ATO）、列车自动防护系统（ATP）和列车自动监控系统（ATS）3 个子模块。

（三）列车牵引/制动控制原理

列车牵引/制动控制采用继电器（硬线）控制和网络控制相结合，并采用网络优先的控制方式，硬线紧急牵引控制作为备用。

在列车网络控制系统正常时，列车网络控制系统（TCMS）采集司机控制器或 ATC 系统的牵引、制动指令及级位（参考值）大小并通过 MVB 总线发送到 DCU 和 BCU，完成列车的牵引及制动控制，并反馈牵引系统、制动系统的状态信息。

当列车控制网络故障时，采用紧急牵引模式，由继电器逻辑电路和列车硬线来实现列车的牵引和制动控制。

第三节 列车激活控制

一、列车激活概述

激活列车是实现列车控制和操纵的初始步骤。列车激活的本质是闭合由蓄电池供电的常规负载及延迟负载的供电接触器，向全列车操纵控制电路提供 110 V 直流电源，实现列车唤醒。

（一）列车激活的条件

（1）蓄电池电压在 84 V 以上。
（2）蓄电池刀开关闭合且熔断器正常。
（3）两个 M 车之间的车钩连接电路正常。

（二）列车激活操作

列车激活与关闭通过操作 Tc 车司机室继电器柜中的列车激活旋钮 72-S101 进行。进行列车激活时，用方孔钥匙打开司机室继电器柜，将“列车激活”旋钮开关 72-S101 向右旋至“合”位，当蓄电池电压表 72-P101 显示电压在 85 V 以上时松手，列车激活旋钮 72-S101 自动回到中间位，若电压能保持，表明列车激活成功，操作完成。

（三）列车激活控制电路组成

列车激活控制电路见电路图册图 7201。电路由列车激活旋钮 72-S101，车钩监视旁路旋钮 72-S107，列车激活端继电器 72-K101、72-K102、72-K109、72-K110、72-K209，车尾闭路按钮 72-S302（带白色指示灯），车尾闭路继电器 72-K304、72-K305，网压表 72-P101，隔离二极管 72-V101，通信模块 DXMe 等组成。

二、列车激活电路工作原理

（一）列车激活控制

列车激活通过操作瞬时旋钮开关 72-S101 实现，瞬时旋钮开关 72-S101 有“合”“分”“0”3 个位置；右侧“合”位为列车激活，左侧“分”位为列车锁闭。“合”“分”位不能持久，松手后回到“0”位。当将旋钮顺时针旋到合位时，其常开触点 23-24 闭合，常闭触点不动作，松手后旋钮回到中间 0 位，常开触点回复断开状态；当将旋钮逆时针旋到分位时，其常闭触点 11-12 断开，常开触点不动作，松手后旋钮回到中间 0 位，常闭触点回复闭合状态。列车激活旋钮电路符号如图 4-3-1 所示。

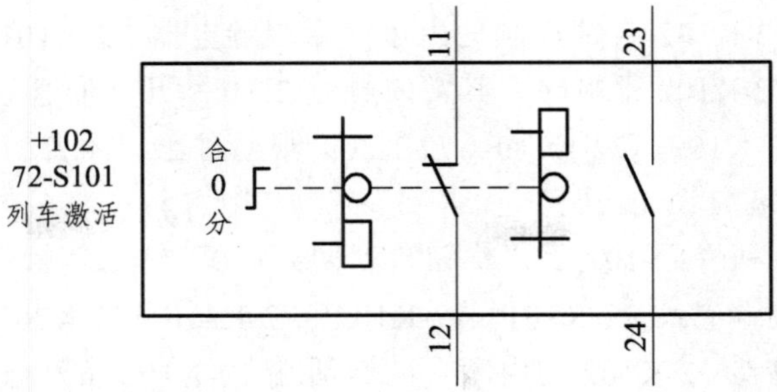

图 4-3-1　列车激活旋钮电路符号

当旋转列车激活旋钮完成激活操作后，列车激活电路中得电工作的电器有激活端继电器 72-K101、72-K102、72-K109、72-K110、72-K209 和非激活端继电器 72-K102。

（二）列车激活电路的工作原理

列车进行激活操作时电路工作过程（器件的动作关系）如下（假设在Ⅰ端 Tc1 车进行激活操作）。

- 合Ⅰ 72-S101 →
  - Ⅰ端72-K101 线圈得电 →
    - 触点7-11 →
      - Ⅰ端72-K102 线圈得电 →
        - 触点5-9：Ⅰ端辅助电源供电
        - 触点6-10：旁路72-S101$_{23\text{-}24}$
      - Ⅱ端72-K102 线圈得电 →
        - 触点5-9：Ⅱ端辅助电源供电
        - 触点6-10：Ⅱ单元蓄电池电压表
    - 触点5-9：自锁（旁路本端72-K102$_{2\text{-}10}$）
  - Ⅰ端72-K109线圈得电→触点6-10→列车紧急停车环路得电→全列车两端紧急停车继电器线圈得电
  - Ⅰ端72-K110线圈得电→触点6-10→受电弓监控（图2102）及高速断路器监控（图2103）环路得电
  - Ⅰ端72-K209线圈得电→触点6-10→刀开关监视（图2105）环路得电

（1）列车激活端继电器 72-K101、72-K109、72-K110、72-K209 线圈得电，其工作回路如下：蓄电池电源正端由Ⅰ端 Tc1 永久负载线 320109.102→XT102.01-100→二极管端子 XT102.01-8（防迂回二极管 72-V101）→列车激活旋钮 72-S101$_{23\text{-}24}$→72-K102$_{2\text{-}10}$→并通过导线 720173→（72-K101$_{13\text{-}14}$、72-K109$_{13\text{-}14}$、72-K110$_{13\text{-}14}$、72-K209$_{13\text{-}14}$）线圈→PW720101 等负端导线→蓄电池电源负端。

（2）Tc1 车继电器 72-K101 常开触点 7-11 闭合，经列车激活回路使 Tc1 车和 Tc2 车激活继电器 72-K102 线圈同时得电。其工作回路如下：蓄电池电源正端由Ⅰ端 Tc1 永久负载线 320109.102→XT102.01-100→二极管端子 XT102.01-8（防迂回二极管 72-V101）→列车激活旋钮 72-S101$_{23\text{-}24}$→72-K101$_{7\text{-}11}$→列车激活旋钮 72-S101$_{11\text{-}12}$→车钩监视旁路旋钮 72-S107$_{31\text{-}32}$→（列车激活回路 1 列车线 720152）→XT102.01-9→XP179.12→XT202.01-3→XP279.12→XT302.01-3→XP379.12→Ⅱ端（非激活端）XT302.01-3→XP279.12→XT202.01-3→XP179.12→XT102.01-9→车钩监视旁路旋钮 72-S107$_{31\text{-}32}$→列车激活旋钮 72-S101$_{11\text{-}12}$→72-K101$_{2\text{-}10}$→Tc2 车 72-K102$_{13\text{-}14}$（线圈），同时通过Ⅱ端（列车激活回路 2 列车线 720153）→XT102.01-10→→XP179.12→XT202.01-4→XP279.12→XT302.01-4→72-K304$_{71\text{-}72}$→XP379.12→Ⅰ端（激活端）72-K304$_{71\text{-}72}$→XT302.01-4→ XP279.12→XT202.01-4→XP179.12→XT102.01-10→Tc2 车继电器 72-K102$_{13\text{-}14}$（线圈）。

（3）72-K101 及 72-K102 自锁控制。由于激活端继电器 72-K101 先于列车两端的继电器 72-K102 闭合，当 72-K102 得电时，其常闭触点 2-10 断开，原来经过该触点供电的激活端继电器 72-K101、72-K109、72-K110、72-K209 则通过已经闭合的 72-K101 的常开触点 5-9 继续保持供电，实现自锁（自持）。

当松开列车激活旋钮 72-S101 后，旋钮自动回到“0”位，其触点 23-24 断开，原来经过该触点供电的激活端继电器 72-K101、72-K109、72-K110、72-K209 以及通过列车激活回路供电的列车两端继电器 72-K102 均由闭合的激活端 72-K102 常开触点 6-10 保持供电，实现自锁。

（4）蓄电池供电控制。当列车两端继电器 72-K102 得电后，其常开触点 5-9 闭合，使列车两端的继电器 32-K02、时间继电器 32-K04 得电闭合→接触器 32-K03、32-K05 得电闭合→列车两端蓄电池同时向正常负载、延迟负载列车线供电，列车激活完成。列车激活电路与辅助供电电路控制过程如下（列车蓄电池供电控制的具体工作原理见第三章第五节的相关内容）。

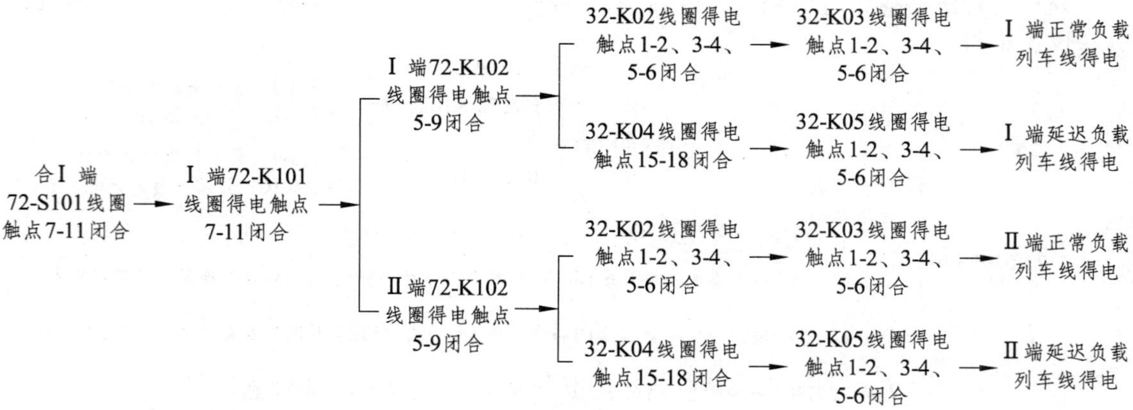

（5）列车激活后，列车以下相关监控环路开始工作。

① 激活端 72-K109 线圈得电→常开触点 6-10 闭合→列车紧急停车控制环路得电→全列车所有紧急停车继电器线圈得电（见电路图册图 2206 紧急停车控制）。

② 激活端 72-K110 线圈得电→常开触点 7-11、8-12 闭合→受电弓监控环路得电，受电弓按钮指示灯显示受电弓工作状态（见电路图册图 2102 受电弓监控电路）。

③ 激活端 72-K110 线圈得电→常开触点 5-9、6-10 闭合→高速断路器监控环路得电，高速断路器按钮指示灯显示高速断路器工作状态（见电路图册图 2103 高速断路器控制及监控电路）。

④ 激活端 72-K209 线圈得电→触点 6-10 闭合→刀开关监视环路得电→列车两端允许升弓继电器 21-K215 得电（见电路图册图 2105 刀开关监视电路原理）。

（6）只有一个单元车的激活原理（列车在 M-M 车解钩分离）。当列车在 M-M 车解钩分离后，只有一个单元车需要激活时，旋转激活旋钮同时将车尾闭路按钮 72-S302（在 M 车继电器柜中）摁下，72K-304、72K-305、72-S302（指示灯）得电，72K-304 的触点 33-34 闭合实现自锁，触点 83-84 闭合在本单元 M 车将列车激活回路 1 和列车激活回路 2 连接到一起，形成新的激活回路，以使得本单元车可以激活。

（7）车钩监视旁路原理。列车激活回路 1 和列车激活回路 2 形成的车钩监视环路如果出现故障而使环路中断，则列车将无法激活。此时可以将车钩监视旁路旋钮 72-S107 闭合，其触点 23-24 闭合也能够在本单元 Tc 车将列车激活回路 1 和列车激活回路 2 连接到一起，形成激活回路，可以激活列车（注意：此时只有激活端的蓄电池能够实现供电）。

（三）列车激活后立即得电的负载（不需要解锁司机台）

（1）制动控制单元（BCU）。
（2）辅助逆变器控制器。
（3）牵引箱控制器。
（4）列车网络系统（HMI 初始化，司机台解锁后才能够操作）。
（5）火灾报警系统。
（6）无线电台系统。
（7）PIS 系统。
（8）CCTV 系统。
（9）列车紧急照明和司机室照明。
（10）列车空调控制系统。
（11）列车门控制器（MDCU/LDCU）。
（12）ATO/ATP 系统。
（13）挡风玻璃加热（接触网或车间电源供电时）。

二、列车关闭

（一）关闭列车操作

列车关闭是使列车蓄电池接触器断开，蓄电池停止向列车 110 V 电路供电，使列车进入休眠状态。在断开高速断路器、降下受电弓、关闭司机台后，将列车激活旋钮开关 72-S101 向左旋至“分”位，直到蓄电池电压表 72-P101 显示为 0，列车关闭。

（二）列车关闭电路工作原理

将任一端 Tc 车的“列车激活”旋钮开关 72-S101 旋至“分”位，其常闭触点 11-12 断开，使“列车激活回路 1”和“列车激活回路 2”列车线失电，导致列车两端激活继电器 72-K102 失电，其常开触点 5-9 断开→继电器 32-K02、时间继电器 32-K04 断电→接触器 32-K03、32-K05 断电，从而断开列车两端蓄电池向正常负载列车供电线和延迟负载列车供电线的供电，列车进入关闭状态。

第四节　列车司机台解锁控制

一、司机台解锁概述

司机台解锁又称司机室激活、司机室占有。城市轨道交通列车有两个司机室，为了有序管理，一列车被设计为只能激活一个司机室，当一个司机室有效激活后另一个必须无效。

（一）司机台解锁的作用

司机台解锁可以确定司机的驾驶操作端，也就是确定两个司机台的主从操作端。当确定了主操作端以后，另外一端的司机台即使使用司机台钥匙解锁，也无法进行操作。

（二）司机台解锁的条件

（1）列车已经被激活。
（2）另一个司机台未被解锁。

（三）司机台解锁电路组成

司机台解锁电路见电路图册图 2201，电路由司控器钥匙开关 22-A01，紧急牵引旋钮 22-S08，司机室激活继电器 22-K101、22-K102、22-K151、22-K152、22-K153、22-K154，自动折返继电器 91-K03，隔离（防迂回，防反）二极管 22-V101、22-V102、22-V103，通信模块 DXMe、DIMe 等组成。

二、司机台解锁电路工作原理

（一）司机台解锁控制

当列车台激活后，列车正常负载线 320102 有 DC 110 V 电压。当司机台主控锁转至“ON”位，则使 22-A01 的 S01 行程开关 41-42 闭合，使该司机台解锁。该端的列车驾驶台便被激活。列车被激活后，钥匙被锁死在钥匙开关中。司机台解锁操作完成后，司机台解锁电路中得电工作的电器有解锁端司机室激活继电器 22-K101、22-K102、22-K151、22-K152、22-K153、22-K154 和非解锁端司机室激活继电器 22-K102。

（二）司机台解锁电路的工作原理

司机台进行解锁操作时电路工作过程（器件的动作关系）如下（假设在 Tc1 车进行解锁操作）。

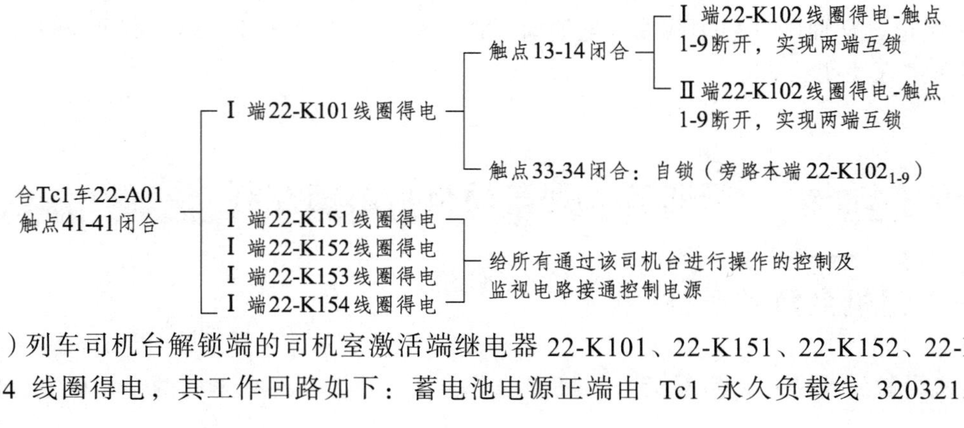

（1）列车司机台解锁端的司机室激活端继电器 22-K101、22-K151、22-K152、22-K153、22-K154 线圈得电，其工作回路如下：蓄电池电源正端由 Tc1 永久负载线 320321.101→

XT102.01-12→XT100.1-1→司控器 $22\text{-}A01_{41\text{-}42}$→XT100.1-2→二极管端子 XT102.01-16（防迂回二极管 22-V103）→$22\text{-}K102_{1\text{-}9}$→导线 220172→（$22\text{-}K101_{1\text{-}2}$、$22\text{-}K152_{1\text{-}2}$、$22\text{-}K151_{1\text{-}2}$、$22\text{-}K153_{1\text{-}2}$、$22\text{-}K154_{1\text{-}2}$）线圈→PW220101 等负端导线→蓄电池电源负端。

（2）Tc1 车司机室激活继电器 22-K101 常开触点 13-14 闭合，使 Tc1 车和 Tc2 车司机室激活继电器 22-K102 线圈同时得电。其工作回路如下：蓄电池电源正端由Ⅰ端 Tc1 车永久负载线 320321.101→$22\text{-}K101_{13\text{-}14}$→二极管端子 XT102.01-13（防迂回二极管 22-V102）→（Tc1 车司机室激活继电器 $22\text{-}K102_{13\text{-}14}$ 线圈），同时经列车线 220144→XT102.01-15→XP179.11→XT202.01-6→XP279.11→XT302.01-5→XP379.11→Ⅱ端（非解锁端）XT302.01-5→XP279.11→XT202.01-6→XP179.11→XT102.01-15→XT102.01-13→（Tc2 车司机室激活继电器 $22\text{-}K102_{13\text{-}14}$线圈）。

（3）解锁端继电器 22-K101 自锁控制。由于解锁端继电器 22-K101 先于列车两端的继电器 22-K102 闭合，当 22-K102 得电时，其常闭触点 1-9 断开，原来经过该触点供电的解锁端司机室激活继电器 22-K101、22-K151、22-K152、22-K153、22-K154 则通过已经闭合的 22-K101 的常开触点 33-34 继续保持供电，实现自锁。

（4）司机室占有互锁控制。当占有（解锁）端司机室的这些继电器激活后，通过司机室占有继电器 22-K101 的触点 13-14 闭合，使两个司机室的继电器 22-K102 都得电，其常闭触点 1-9 断开。此时，若想在另一个司机室也解锁司机台，由于该端继电器 22-K102 的常闭触点 1-9 断开，即使使用主控锁钥匙进行解锁，该端司机室激活继电器 22-K101、22-K151、22-K152、22-K153、22-K154 也无法得电，从而阻止了两端司机台同时激活的情况，故继电器 22-K102 实现了司机台激活互锁的功能。

司机台线路互锁设计保证了列车只允许一端司机室操作，不能够两端司机室同时使用，避免引起电气动作紊乱，使列车安全失去保障。

当解锁了司机驾驶台并在该端进行相应的列车控制操作后，此时即使关断了司机驾驶台钥匙开关，即旋转至位置“OFF”，由于激活接触器的逻辑控制，停车制动、高速断路器、受电弓和列车空调都能保持原有的状态。

在特殊运行模式（自动运行时的折返）时，司机台钥匙开关 22-A01 的 S01 触点 41-42 的功能就被自动折返继电器 91-K03 触点 6-10 和 91-K113 触点 6-10 所取代，也即是自动折返模式时，不需要解锁司机台。

（三）司机台解锁后的功能

当司机台解锁后，受电弓控制、高速断路器（HSCB）控制、停放制动控制、自动车钩解钩、列车车门控制、列车照明控制、列车空调控制、PIS 系统控制、列车牵引/制动控制等所有的功能均能在激活端实现操作。

三、换端操作

当司机完成一趟运输任务后折返运行时，需进行换端操作，即关闭当前操作的司机台，解锁另外一端的司机台，操作方法如下。

（一）司机台关闭（在当前操作端司机室里）

（1）按下司机台上的“停放制动施加”按钮 27-S01 使列车施加停放制动。

（2）旋转司机控制器上的钥匙开关（22-A01）到“OFF”位，使该司机台锁闭。

此时有如下状态。

① 蓄电池保持接通（列车仍保持激活）。

② 受电弓保持原来的状态（升弓状态）。

③ 高速断路器 HSCB 保持接通。

④ 列车客室车门保持原来状态。

⑤ 列车照明及空调系统保持原来状态。

（二）司机台激活（在另一端司机室）

（1）把钥匙插入司机控制器上钥匙开关（22-A01），把主控制器上的钥匙开关旋转到位置“ON”，使司机台解锁。

（2）通过“停放制动缓解”按钮 27-S02 缓解列车停放制动进行列车的下一步相应操作（如启动列车牵引运行）。

第五节　受电弓的控制与监视

当列车激活并解锁了相应的司机台确定了列车的操作端后，如果要对列车进行相应的操作（如照明、空调、牵引、制动），必须先设置列车相应的初始条件。其中，最重要的是进行升弓和闭合高速断路器，使列车获得供给照明、空调、牵引、制动等系统工作工况的电能。如果要实现列车牵引，还要设置牵引方向、缓解停放制动等。

一、受电弓控制

（一）概　述

目前，城市轨道交通车辆使用的受电弓都是气动型受电弓，由气动型受电弓的工作原理可知，给受电弓的工作气缸或气囊通入压缩空气，受电弓将升弓，将气缸或气囊中的压缩空气泄放，受电弓在弹簧和自重的作用下降弓。控制工作气缸或气囊中压缩空气的输入和排放由则电空阀（电磁阀）实现。受电弓的控制由升降弓空气系统和控制电路两部分组成。

1. 升降弓控制原理

（1）当升降弓控制电路发出升弓信号时，电磁阀得电打开气源与供风单元的通路，气囊充风，克服降弓弹簧反力及重力，使受电弓升起，受流器碳滑板与接触网接触，把接触网的直流 1 500 V 高压传导到车辆内部。

（2）当升降弓控制电路发出降弓信号时，电磁阀断电将气囊与大气连通，气囊内空气排出后，受电弓在重力及降弓弹簧作用下降落。

受电弓控制原理框图如图 4-5-1 所示。

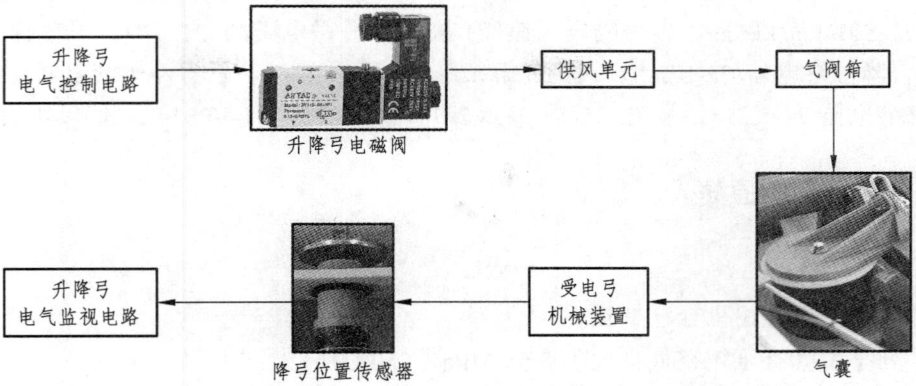

图 4-5-1　受电弓控制与监视原理框图

2. 升降弓空气系统

升降弓空气系统的作用是管理控制进入和排出气缸或气囊中的压缩空气，使其达到受电弓升降所要求的洁净度、进排气速度、压力等。升降弓空气系统由供风单元、气阀箱、气囊组成，如图 4-5-2 所示。

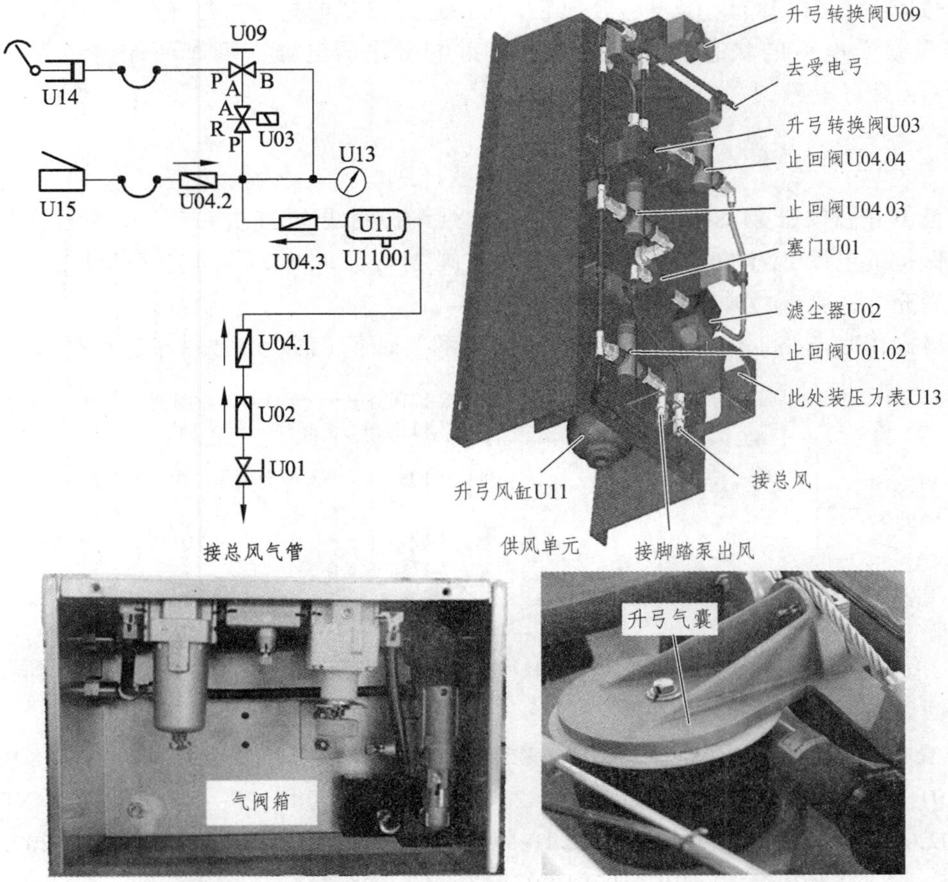

图 4-5-2　升降弓空气系统

3. 控制电路组成

受电弓的升降弓控制电路见电路图册图 2201，器件有升弓按钮 21-S02（带绿灯）和降弓按钮 21-S01（带红灯），本弓隔离旋钮 21-S205，升弓电磁阀 21-Y01，升弓保持继电器 21-K205，降弓继电器 21-K210，司机台解锁继电器 22-K151，紧急停车继电器 22-K108，升弓允许继电器 21-K215，隔离二极管 21-V201、21-V202、21-V203，通信模块 DXMe 等。

（二）升弓控制原理

1. 升弓条件

（1）列车激活且司机台已解锁。
（2）列车主管有压缩空气且大于 0.55 MPa（550 kPa）。
（3）三位置开关置于运行位（升弓位）。
（4）紧急停车按钮未被按下。
（5）受电弓未被隔离。

2. 升弓操作

操作方法：按下司机台上的“升弓”按钮 21-S02，使列车的两台受电弓同时升起，受电弓升弓应在 8 s 内升起。受电弓升起后，可以通过按钮的指示灯灯光颜色（绿色）和 HMI 显示器观察受电弓的状态。升弓后，电路得电工作的电器有列车两端升弓保持继电器 21-K205 和升弓电磁阀 21-Y01。

3. 电路工作原理

当按下升弓按钮 21-S02 时，“升弓命令”列车控制线 210175 被接通，列车两端 Mp 车的升弓保持继电器 21-K205 得电，使升弓电磁阀 21-Y01 得电，压缩空气经升弓电磁阀向受电弓气囊充气，受电弓升弓。

升弓操作时电路工作过程（器件的动作关系）如下（假设在 Tc1 车进行操作）。

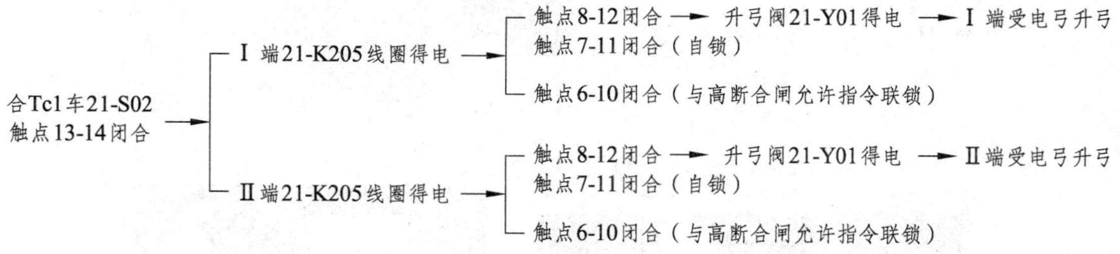

（1）按下升弓按钮 21-S02 时，Tc1 车和 Tc2 车升弓保持继电器 21-K205 线圈同时得电。其工作回路如下：

① Tc1 车 21-K205 线圈工作回路：（Tc1 车）320211→22-K151$_{43\text{-}44}$→22-K108$_{53\text{-}54}$→XT102.01-35→XT100.1-24→21-S01$_{21\text{-}22}$→21-S02$_{13\text{-}14}$→XT100.1-25→XT102.1-28→XP179.11→XT202.01-17→二极管端子 XT202.01-19（防迂回二极管 21-V203）→XT202.01-20→21-S205$_{11\text{-}12}$→21-K205$_{13\text{-}14}$→PW210101.201→XT202.02-6。

② Tc2 车 21-K205 线圈工作回路：（Tc1 车）320211→22-K151$_{43-44}$→22-K108$_{53-54}$→XT102.01-35→XT100.1-24→21-S01$_{21-22}$→21-S02$_{13-14}$→XT100.1-25→XT102.1-28→XP179.11→XT202.01-17→XP279.11→XT302.1-16→XP379.11→（Tc2 车）→XT302.1-16→XP279.11→XT202.01-17→二极管端子 XT202.01-19（防迂回二极管 21-V203）→XT202.01-20→21-S205$_{11-12}$→21-K205$_{13-14}$→PW210101.201→XT202.02-6。

（2）Tc1 车和 Tc2 车升弓电磁阀 21-Y01 得电工作回路。

320321.101→320321.102→21-K215$_{6-10}$→21-K210$_{2-10}$→21-K205$_{8-12}$→21-V202→21-S205$_{21-22}$→XT202.01-65→21-Y01$_{1-2}$→PW210101.202→XT202.02-14。

（3）升弓保持继电器 21-K205 自锁工作回路。

320321.101→21-K215$_{5-9}$→21-K210$_{1-9}$→21-K205$_{7-11}$→21-V201→21-S205$_{11-12}$→21-K205$_{13-14}$→PW210101.201→XT202.02-6。

（4）与高速断路器合闸允许指令联锁。

受电弓必须处于升弓状态，才允许闭合高速断路器，受电弓升弓后，升弓保持继电器 21-K205 得电，常开触点 6-10 闭合，高断合闸控制电路才获得允许合闸指令（见电路图册图 2104）。

（三）降弓控制原理

1. 降弓操作

操作方法：按下司机台上的“降弓”按钮 21-S01，使列车的两台受电弓同时降下。受电弓应在 7 s 内降下。受电弓降下后，可以通过按钮的指示灯灯光颜色（红色）和 HMI 显示器观察受电弓的状态。按下降弓按钮时电路得电工作的电器有列车两端降弓继电器 21-K210。

注意：降弓前需先分断高速断路器。

2. 电路工作原理

当按下降弓按钮 21-S01 时，“降弓命令”列车控制线 210173 被接通，列车两端 Mp 车的降弓继电器 21-K201 得电；其常闭触点 2-10 和 1-9 断开使升弓保持继电器 21-K205 和升弓电磁阀 21-Y01 失电，这样受电弓气囊中的压缩空气排出，受电弓降弓。

降弓操作时电路工作过程（器件的动作关系）如下（假设在 Tc1 车进行操作）。

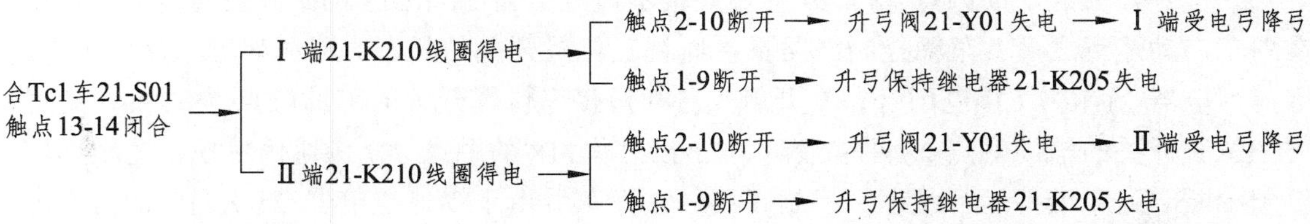

（1）按下降弓按钮 21-S01 时，Tc1 车和 Tc2 车降弓继电器 21-K210 线圈同时得电。其工作回路如下。

① Tc1 车 21-K210 线圈工作回路：（Tc1 车）320211→22-K151$_{43-44}$→22-K108$_{53-54}$→XT102.01-35→XT100.1-24→21-S01$_{13-14}$→XT100.1-26→XT102.1-27→XP179.11→XT202.01-

18→XT202.01-11→21-K210$_{13-14}$→PW210101.203→XT202.02-8。

② Tc2 车 21-K210 线圈工作回路：（Tc1 车）320211→22-K151$_{43-44}$→22-K108$_{53-54}$→XT102.01-35→XT100.1-24→21-S01$_{13-14}$→XT100.1-26→XT102.1-27→XP179.11→XT202.01-18→XP279.11→XT302.1-17→XP379.11→（Tc2 车）XT302.1-17→XP279.11→XT202.01-18→XT202.01-11→21-K210$_{13-14}$→PW210101.203→XT202.02-8。

（2）紧急停车时的降弓控制。

当按下紧急停车按钮时，紧急停车继电器 22-K108 断电，其常闭触点 61-62 闭合，DC 110 V 直流电直接通过该触点接入“降弓命令”列车控制线 210173，列车两端 Mp 车的降弓继电器 21-K201 得电；从而切断升弓保持继电器 21-K205 和升弓电磁阀 21-Y01 供电，这样受电弓气囊中的压缩空气排出，受电弓执行紧急停车降弓。

（四）升弓允许控制

1. 允许升弓控制电路

三位置隔离开关（刀开关）是列车不同工作状态的配电及隔离开关，三位置隔离开关只有处于“运行位”时列车才允许升弓。如果位置不正确，受电弓升弓控制被封锁，受电弓将无法升弓。

三位置隔离开关监控电路见电路图册图 2105。电路由三位置开关的辅助触点 28、29，允许升弓旁路旋钮 31-S103，允许升弓继电器 21-K215，零速继电器 21-K218，列车激活继电器 72-K209，司机台激活继电器 22-K154，车尾闭路继电器 72-K304，隔离二极管 21-V113、21-V204 组成。

2. 电路工作原理

1）正常工作原理

列车激活后，如果两台三位置开关位置处于运行位置，三位置开关 28、29 间触点接通，电路形成以下工作环路：电源+→（非激活端）320311.101→XT202.01-3521-V204→72-K209$_{1-9}$→XT202.01-35→三位置开关（28-29）→XT202.01-36→XP279.11→XT302.01-22→XP379.11→（激活端）XT302.01-22→XP279.11→XT202.01-36→三位置开关（28-29）→XT202.01-35→72-K209$_{5-9}$→XT202.01-33→激活端和非激活端 21-K205$_{13-14}$。列车两端升弓允许继电器 21-K205 得电，允许升弓。

三位置开关的辅助触点 28、29 两端并接零速继电器 21-K218 的常开触点 5-9 的作用是在列车启动运行之后，车辆控制电路不再监视三位置开关的状态。即在列车速度大于 0 时，零速继电器 21-K218 得电闭合，常开触点 5-9 短接三位置开关的辅助触点 28、29，此时即便三位置开关的辅助触点 28、29 故障，由于 21-K218 的触点 5-9 接通仍然使得监视回路不至于中断，列车维持运行状态。但是在第一次停车后由于零速继电器 21-K218 的常开触点 5-9 断开，环路信号中断将使得列车降弓并阻止再次升弓，司机显示屏上也将显示受电弓无法升弓，必须在车站调查和消除造成监视回路中断的原因，并恢复后才能够正常运行。

2）升弓允许旁路工作原理

当由于三位置开关触点 28-29 故障使允许升弓继电器 21-K205 无法得电时，可以合上升弓允许旁路旋钮 21-S103，强行使允许升弓继电器 21-K205 得电，再在司机室按升弓按钮，此时是可以升起受电弓。闭合升弓允许旁路旋钮 21-S103 后，允许升弓继电器 21-K205 得电的工作回路是：电源+→320212.103→22-$K154_{33\text{-}34}$→21-$S103_{13\text{-}14}$→21-V113→XP179.11→XT202.01-33→激活端和非激活端 21-$K205_{13\text{-}14}$。

3）只有一个单元车时电路工作原理（列车在 M-M 车解钩分离）

当列车在 M-M 车解钩分离后，刀开关的监视回路被切断使允许升弓继电器 21-K205 无法得电时，只要本单元车启动了车尾闭路，72K-304 的触点 63-64 闭合形成新的监视回路，以使得本单元车允许升弓继电器 21-K205 重新得电。其形成的工作回路如下：320471.101→72-$K304_{63\text{-}64}$→XT302.01-22→XP279.11→XT202.01-36→三位置开关（28-29）→XT202.01-35→72-$K209_{5\text{-}9}$→XT202.01-33→21-$K205_{13\text{-}14}$。

（五）受电弓故障条件下的升弓操作方法

1.“有电无气”的升弓办法

升弓气压不小于 0.4 MPa 时，才能正常升弓。当风压不足时，可以采用“有电无气”的办法升弓，用脚踏泵进行升弓。

（1）按下升弓按钮 21-S02，使升弓电磁阀 21-Y01 得电。

（2）拉出 Mp 车 2 端升弓柜上的脚踏泵 V05，脚踩几十次使受电弓升起。

2.“有气无电”的升弓办法

当蓄电池电压不足（蓄电池欠压继电器 32-K01 失电），但总风压力足够时，采用“有气无电”的办法升弓，此方法必须两人同时操作。

（1）1 人在 Mp 车手动拉起 Mp 车设备柜上的升弓电磁阀（U03）阀杆进行升弓。

（2）受电弓升起之后，另一个人按下司机室继电器柜上的“充电机紧急启动”31-S104 按钮启动蓄电池充电器。

（3）启动蓄电池充电器后，按下升弓按钮 21-S02，直至其指示灯亮，然后放开电磁阀阀杆。

3.“无气无电”的升弓办法

当总风压力低且蓄电池欠压继电器 32-K01 激活（失电）时，采用“无气无电”的办法升弓。此时，也需两人同时操作。

（1）1 人在 Mp 车手动拉起 Mp 车升弓电磁阀 U03 阀芯，并脚踩脚踏泵几十次（在库内也可使用车间辅助供风），进行机械升弓。

（2）受电弓升起之后，另一个人按下司机室继电器柜上的“充电机紧急启动”31-S104 按钮启动蓄电池充电器。

（3）启动蓄电池充电器后，按下升弓按钮 21-S02，直至其指示灯亮，然后放开电磁阀阀杆。

二、受电弓监控

（一）受电弓的状态指示

1. HMI 屏显示

受电弓的控制状态及升降弓状态可以通过 DXMe 通信模块接收并通过 MVB 网络传递到 HMI 屏显示出来，如图 4-5-3 所示。

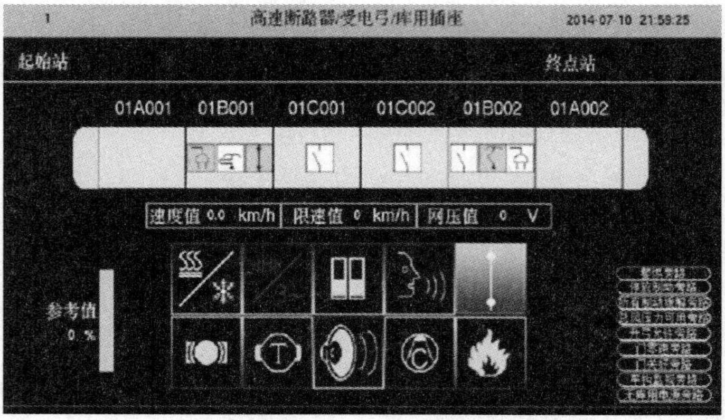

符号	指示状态
	受电弓切除状态
	受电弓弓升故障
	受电弓降弓故障
	弓升
	降弓

图 4-5-3　受电弓在 HMI 屏的显示界面

2. 按钮指示灯显示

受电弓的状态除了可以在 HMI 屏上显示外，还可以通过按钮指示灯的状况来判断。

（1）当升弓按钮绿灯亮时，表示所有受电弓都已升起。

（2）当降弓按钮红灯亮时，表示所有受电弓都已降下。

（3）当升弓按钮绿灯和降弓按钮红灯都不亮时，表示两个受电弓处于不同的状态（如升单弓）。

（二）按钮灯状态监视电路工作原理

受电弓的按钮指示灯监视电路见电路图册图 2102。电路由受电弓位置行程开关 11-X11，降弓状态继电器 21-K208，升弓按钮指示灯 21-S02，降弓按钮指示灯 21-S01，列车激活继电器 72-K110，车尾闭路继电器 72-K304 以及隔离二极管 21-V101 ~ 106 等组成。

1. 升弓时电路工作原理

当两台受电弓均处于升弓状态时，两台受电弓行程开关 11-X11 断开，两端受电弓状态继电器 21-K208 失电。列车两端司机台受电弓升弓按钮指示灯 21-S02 绿灯点亮，工作回路如下。

（激活端）电源+（320211.102）→21-V102→72-K110$_{6\text{-}10}$→XT102.01-43→XP179.11→XT202.01-23→21-K208$_{2\text{-}10}$→XT202.01-25→XP279.11→XT302.01-45→XP379.11→（非激活端）XT302.01-45→XP279.11→XT202.01-25→21-K208$_{2\text{-}10}$→XT202.01-23→XP179.11→XT102.01-43

→72-K110$_{2\text{-}10}$→XT102.01-39→分为以下两路。

（1）21-V101→XT100.1-29→21-S02$_{1\text{-}2}$（非激活端按钮绿灯）→PW210201.101。

（2）XP179.11→XT202.01-71→XP279.11→XT302.01-51→XP379.11→（激活端）XT302.01-51→XT202.01-71→XP179.11→21-V105→XT100.1-29→21-S02$_{1\text{-}2}$（激活端按钮绿灯）→PW210201.101。

2. 降弓时电路工作原理

当两台受电弓均处于降弓状态时，两台受电弓行程开关 11-X11 闭合，两端受电弓状态继电器 21-K208 得电。列车两端司机台受电弓降弓按钮指示灯 21-S01 红灯点亮，工作回路如下。

（激活端）电源+（320211.102）→21-V101→72-K110$_{5\text{-}9}$→XT102.01-42→XP179.11→XT202.01-22→21-K208$_{5\text{-}9}$→XT202.01-24→XP279.11→XT302.01-44→XP379.11→（非激活端）XT302.01-44→XP279.11→XT202.01-24→21-K208$_{5\text{-}9}$→XT202.01-22→XP179.11→XT102.01-42→72-K110$_{1\text{-}9}$→XT102.01-38→分为以下两路。

（1）21-V103→XT100.1-28→21-S01$_{1\text{-}2}$（非激活端按钮红灯）→PW210201.102。

（2）XP179.11→XT202.01-70→XP279.11→XT351.03-50→XP379.11→（激活端）XT302.01-50→XP279.11→XT202.01-70→XP179.11→21-V103→XT100.1-28→21-S01$_{1\text{-}2}$（激活端按钮红灯）→PW210201.102。

3. 两弓状态不同监视原理

当两台受电弓均处于一升一降时，两台受电弓行程开关一断一闭，两端受电弓状态继电器一个闭合一个断开。以上两条指示灯工作回路均无法导通，所以两端司机台受电升弓升降弓按钮灯均不亮。

第六节 高速断路器的控制与监视

高速断路器 HSCB（也称主断）用作牵引主回路 1 500 V 高压电路的线路断路器。能快速分、合高压大电流主电路，并具有完善的保护功能，当流过高速断路器（HSCB）的电流大于 1 500 A 时，高速断路器主触头在自动脱扣器作用下断开。

一、概 述

（一）高速断路器的作用及工作方式

高速断路器是列车牵引主电路的总开关及保护设备，当作为总开关使用时，采用人工分闸和合闸，当作为保护设备使用时，其分闸是自动实现的。

（二）高速断路器的控制

高速断路器的控制主要由 DCU 实现，通过 DCU 对主断路器分合条件进行判断，在备用模式时同样由 DCU 进行控制。

（三）高速断路器的分合闸工作特点

（1）只能够人工合闸。
（2）分闸有人工分闸和自动分闸。
（3）合闸电流大（10 ~ 15 A）。
（4）合闸维持电流较小（1 A 左右）。
（5）分闸后不允许立即重新合闸，必须间隔一定的时间（10 ~ 40 s）才能再次合闸。

（四）电路组成

1. 控制及监视电路

高速断路器控制及监视电路见电路图册图 2103，电路由合闸按钮 21-S04（带绿灯）和分闸按钮 21-S03（带红灯），Mp 车牵引箱（DCU）11-A201，M 车牵引箱（DCU）11-A301，列车激活继电器 72-K110，司机室激活继电器 22-K151，紧急停车继电器 22-K108，车尾闭路继电器 72-K304，隔离二极管 21-V115 ~ 21-V120 等组成。

2. 分合闸执行电路

分合闸执行电路见电路图册图 2104，器件有 Mp 车牵引箱（DCU）11-A201，高速断路器 HSCB；限流电阻 R，合闸允许接触器 HBK1、合闸接触器 HBK2，升弓保持继电器 21-K205，紧急停车继电器 22-K208 等组成。

二、合闸控制原理

（一）合闸条件

（1）司机台已解锁（22-K151 闭合）。
（2）受电弓已升起（通过 DXMe 模块检测并向 VCU 发送，由网络判断，备用模式时无此条件）。
（3）DCU 发送主断允许信号。
（4）高速断路器已分闸。
（5）线路及充电接触器处于断开状态（DCU 判断）。

（二）高速断路器合闸操作

高速断路器只能人工合闸，需要合闸时按下司机台上的高速断路器合闸按钮 21-S04，闭合高速断路器 HSCB，当全车的 4 个高速断路器闭合后，按钮 21-S04 中的绿色指示灯点亮。高速断路器的工作的状态可以通过指示灯按钮的灯光颜色（绿色）和 HMI 显示器观察判断。

（三）电路工作原理

1. 合闸控制指令

当司机室被激活（即 22-K151 得电），列车安全环路没断开，按压司机台上高断合按钮 21-S04 通过高速断路器合闸列车线 210365 给全车的所有牵引箱中的 DCU 一个高电平指令，发出合闸控制指令（见电路图册图 2103）。合闸控制指令回路如下：电源+（320411.101）→ $22\text{-}K151_{53\text{-}54}$→$22\text{-}K108_{23\text{-}24}$→$21\text{-}S03_{21\text{-}22}$→$21\text{-}S04_{13\text{-}14}$→高速断路器合闸列车线 210365→全车的所有牵引箱中的 DCU。

2. 合闸条件判断

合闸条件由 DCU 完成判断（见电路图册图 2104）。当 DCU 接收到司机台发出“合主断”指令（高电平）并满足下述条件时允许合闸。

1）“高断状态”为断开

DCU 通过 HSCB 的辅助触点 B1-B2 的状态判断 HSCB 的闭合状态。当 HSCB 断开时，辅助常闭触点 B1-B2 闭合，使电源+（320441.102）→$HSCB_{B1\text{-}B2}$→DCU-4，DCU 的端口 4 接收到高电平信号，DCU 确认 HSCB 断开。

2）“主断允许”有效

当 DCU 判断电路满足合闸条件，通过其端口 1 发送主断允许的高电平指令，使合闸允许接触器 HBK1 闭合。工作回路如下：DCU-1→XT251.03-24→$21\text{-}K205_{6\text{-}10}$→$22\text{-}K208_{5\text{-}9}$→XT251.03-25→$HBK1_{1\text{-}2}$→电源-（PW210401.101）。

合闸允许接触器 HBK1 闭合后，其常开触点 1-2、3-4、5-6 接通，为高速断路器闭合做准备。同时还使电源+（320441.102）→$HBK1_{1\text{-}2、3\text{-}4、5\text{-}6}$→DCU-3，向 DCU 的端口 3 发送高电平信号反馈允许电路的工作状态，DCU 则确认“主断允许”有效。

注：“主断允许”一旦撤销（分闸）则 DCU 重新判断并至少间隔 10 s 后才允许再次合闸。这是因为高断分断的电流大、电压高，在实际运用中不能频繁的进行分合闸操作，不然会影响高速断路器的使用寿命。

3. 合闸控制原理

合闸条件都满足时，DCU 发出“主断合”指令，用于闭合主断（见电路图册图 2104）。合闸过程如下：

1）大电流合闸过程

DCU 端口 2 发高电平指令使合闸接触器 HBK2 闭合。

HBK2 辅助触点 13-14 闭合，使电源+（320441.102）→$HBK1_{13\text{-}14}$→DCU-5，向 DCU 的端口 5 发送高电平信号反馈合闸接触器 HBK2 的工作状态，DCU 确认“主断合”指令有效。

HBK2 常开触点 1-2、3-4、5-6 接通，使电源+（320441.102）→$HBK1_{1\text{-}2、3\text{-}4、5\text{-}6}$→$HBK2_{1\text{-}2、3\text{-}4、5\text{-}6}$→$HSCB_{1\text{-}2}$→电源-（PW210401.101），大电流闭合主断。在闭合高断时由 HBK2 的三对常开触点串联供电，用以提高可靠性，减少误动作的可能性。

HSCB 闭合后，其辅助触点 B1-B2 断开，DCU 的端口 4 变为低电平信号，DCU 确认 HSCB 闭合。

2）小电流维持合闸过程

“主断合”命令仅保持 1 s 高电平（即发 1 s 合闸脉冲）即撤销。该信号撤销后，电源+（320441.102）→$HBK1_{1-2、3-4、5-6}$→R_{1-2}→$HSCB_{1-2}$→电源-（PW210401.101），回路串入电阻 R 限流，由小电流回路维持主断的闭合。

三、分闸控制原理

高速断路器具有控制和保护双重功能，其控制作用是在正常工作中作为牵引电源总开关，此时需人工分闸。其保护作用是当系统及电路出现故障时又能够自动分闸。

需要分闸时，只要 DCU 撤销主断允许指令，使主断允许继电器 HBK1 失电，就能够切断高速断路器 HSCB 线圈电源使其分闸。

（一）人工分闸

按压司机台上高断分按钮 21-S03 通过列车线 210381 给全车的牵引箱（DCU）一个高电平指令，发出分闸控制指令（见电路图册图 2103）。分闸控制指令回路如下：电源+（320411.101）→22-$K151_{53-54}$→22-$K108_{23-24}$→21-$S03_{13-14}$→高速断路器分闸列车线 210381→全车的所有牵引箱中的 DCU。当 DCU 检测到司机台发出“分主断”指令而且当前主断状态为合闸状态，DCU 即撤销主断允许指令，使高速断路器 HSCB 线圈失电分闸（见电路图册图 2104）。

（二）自动分闸

1. 系统自动分闸

当 DCU 检测到下列原因时且主断状态为合闸状态，DCU 撤销主断允许指令，使高速断路器 HSCB 线圈失电分闸。

（1）高断合闸 1.5 s 未减载。

（2）列车超速（由 VCM 判断）。

（3）列车牵引系统出现故障。

（4）网压过压或欠压。

（5）ATP（列车自动防护）系统故障。

2. 线路过流或短路

当高速断路器本身检测到线路过流或短路时，断路器的脱扣机构动作实现分闸。

3. 紧急停车分闸和降弓分闸

1）紧急停车分闸

当出现紧急状况司机操作任一端司机室紧急停车按钮或者由于某种原因使布置在整列

车上的紧急停车安全回路中断，使 22-K208 失电，其常开触点 5-9 断开，使主断允许继电器 HBK1 失电，切断高速断路器 HSCB 线圈电源使其分闸。

2）降弓分闸

若高速断路器处于合闸状态，在任何情况下使升弓保持继电器 21-K205 失电，其常开触点 6-10 断开，使主断允许继电器 HBK1 失电，切断高速断路器 HSCB 线圈电源使其分闸。

四、分合闸状态监视

（一）高速断路器的状态指示

1. HMI 屏显示

高速断路器的分合闸状态由 DCU 判断，并通过 MVB 网络传递到 HMI 屏显示出来，如图 4-6-1 所示。

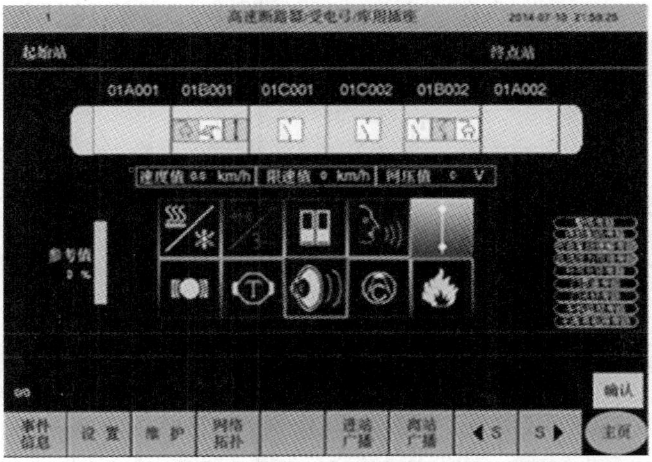

优先级	符号	指示状态
1		HSCB 合上
2		HSCB 断开

图 4-6-1 HSCB 状态在 HMI 屏的显示

2. 按钮指示灯显示

高速断路器的状态还可以从按钮灯上判断。

（1）当主断合按钮绿灯亮时，表示所有高速断路器已处于闭合状态。

（2）当主断分按钮红灯亮时，表示所有高速断路器已处于断开状态。

（3）若主断合按钮绿灯和主断分按钮红灯都不亮，则表示所有高速断路器不处于同一状态（如有 1 ~ 3 个发生跳闸）。这种情况下要准确判断每一个高速断路器的工作状态，必借助 HMI 屏的显示。

（二）分合闸状态指示灯监视原理

列车高速断路器分合闸状态指示灯监视电路见电路图册图 2103。

1. 合闸时电路工作原理

当 4 台高速断路器均处于合闸状态时，4 台高速断路器的辅助常开触点闭合，列车两端司机台高速断路器合闸按钮 21-S04 绿灯点亮。电路工作回路如下：（激活端）电源+（320411.101）→21-V119→72-K110$_{8\text{-}12}$→XP179.11→XT271.2-8→HSCB1$_{B3\text{-}B4}$→HSCB2$_{B3\text{-}B4}$→XP279.11→XT371.2-8→XT379.2-8→XP379.11→（非激活端）XT379.2-8→XT371.2-8→XP279.11→HSCB2$_{B3\text{-}B4}$→HSCB1$_{B3\text{-}B4}$→XT271.2-8→XP179.11→72-K110$_{4\text{-}12}$→到此处分以下两路：

（1）21-V117→21-S04$_{X1\text{-}X2}$→电源-（PW210301.101）。非激活端合闸按钮 21-S04 绿灯点亮。

（2）210362.102→XP179.11→XT271.2-9→XP279.11→XT371.2-9→XT379.2-9→XP379.11→（激活端）XT379.2-9→XT371.2-9→XP279.11→XT271.2-9→XP179.11→21-V117→21-S04$_{X1\text{-}X2}$→电源-（PW210301.101）。激活端合闸按钮 21-S04 绿灯点亮。

2. 分闸时电路工作原理

当 4 台高速断路器均处于分闸状态时，4 台高速断路器的辅助常闭触点闭合，列车两端司机台高速断路器分闸按钮 21-503 红灯点亮，电路工作回路如下：

（激活端）电源+（320411.101）→21-V116→72-K110$_{7\text{-}11}$→XP179.11→XT271.2-7→HSCB1$_{E1\text{-}E2}$→HSCB2$_{E1\text{-}E2}$→XP279.11→XT371.2-7→XT379.2-7→XP379.11→（非激活端）XT379.2-7→XT371.2-7→XP279.11→HSCB2$_{E1\text{-}E2}$→HSCB1$_{E1\text{-}E2}$→XT271.2-7→XP179.11→72-K110$_{3\text{-}11}$→到此处分以下两路：

（1）21-V120→21-S03$_{X1\text{-}X2}$→电源-（PW210301.102）。非激活端分闸按钮 21-S03 红灯点亮。

（2）210352.102→XP179.11→XT271.2-10→XP279.11→XT371.2-10→XT379.2-10→21052.304→XP379.11→（激活端）XT379.2-10→XT371.2-10→XP279.11→XT271.2-10→XP179.11→21-V120→21-S03$_{X1\text{-}X2}$→电源-（PW210301.102）。激活端分闸按钮 21-S03 红灯点亮。

3. 高速断路器状态不同监视原理

当 4 台高速断路器的工作状态不同时（如有 1～3 台分断），这些断路器的辅助常开、常闭触点有分有合，以上两条指示灯工作回路均无法导通，所以两端司机台高速断路器分合闸按钮灯均不亮。

第七节　列车牵引与制动控制

列车牵引和制动的控制是通过向列车牵引控制单元 DCU 和制动控制单元 BCU 发送控制命令来实现的，牵引和制动的控制命令有以下几种。

（1）方向指令（包括向前和向后）。

（2）牵引指令（包括牵引和紧急牵引）。

（3）制动指令（包括常用制动、快速制动、紧急制动）。三种制动指令中，紧急制动优先级最高。

（4）牵引/制动参考值。

所有指令中，控制指令决定列车是否牵引或制动，参考值决定牵引力或制动力的大小。这些指令由 ATO 或列车相关的控逻辑控制电路生成，并通过列车网络系统或列车硬线进行传递。列车牵引/制动控制设备在列车上的分布如图 4-7-1 所示。

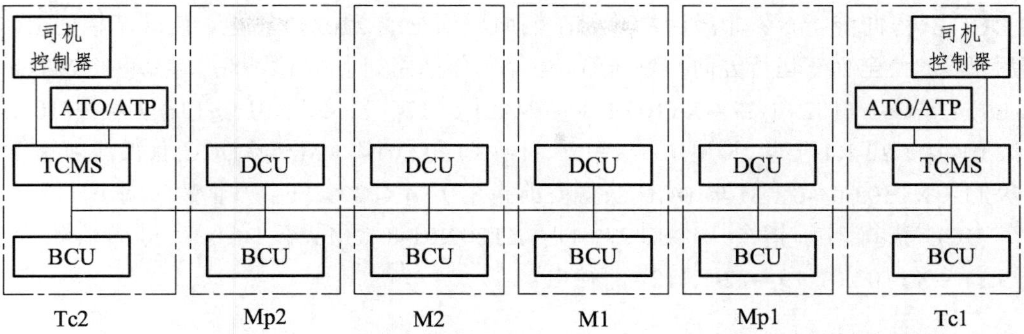

图 4-7-1　牵引/制动控制设备在列车上的分布

一、列车方向控制

列车的牵引方向由司机控制器方向手柄给定（列车自动折返模式除外）。要设定运行方向，在激活的司机台将司控器方向手柄推至向前位（F）或向后位（R），通过列车方向控制电路向 DCU 发出“向前”或“向后”指令信号，DCU 控制牵引逆变器输出相序改变即可实现牵引方向的改变。方向指令采用两根贯通全列车的“向前”“向后”列车线（硬线）和网络（MVB）进行传递。

（一）控制电路组成

由司机控制器方向手柄 22-A01 的微动开关 S12、S13，向前继电器 22-K111，向后继电器 22-K112，向前列车线 220281，向后列车线 220282，各车牵引箱（DCU）及通信模块 DIMe 组成，见电路图册图 2202。

（二）列车方向控制方法

（1）列车方向控制的条件：列车处于静止状态、司机驾驶台在激活状态（司控器钥匙开关 22-A01-S1 处于闭合位），才能够设定驾驶方向。如果列车在运行状态（非零速）中改变方向手柄的位置（方向），列车将施加紧急制动，DCU 封锁逆变器并跳开线路主接触器 KM1。

（2）列车方向控制方法：将司机控制器方向手柄。推“向前”（F）位或“后退”（R）位。

（三）列车方向控制原理

1. 全列车方向统一原理

由于列车是由两个相同单元的车辆反向连挂在一起的，司机在一端操作时，另一单元车辆必须做相反的运行方向。为了统一在全列车方向，列车的方向列车线在两台 M 车之间交叉连接，使两个单元相对应的反向列车控制线被接通，并将相应的信息通过列车线传递给牵引控制单元和电子制动单元。

2. 列车向前控制

在停车状态下，在激活的司机台将司控器方向手柄推至“向前”（F）位时，即设定了列车的牵引方向为向前运行。此时，列车激活端单元车辆向前列车线 220281 得电，该端车辆的 DCU 获得向前指令；非激活端单元车辆向后列车线 220282 得电，该端车辆的 DCU 获得向后指令，使全列车运行方向一致向前。电路工作回路如下：（激活端）电源+（320321.103）→22-K154$_{43\text{-}44}$→XT102.01-17→XT100.1-3→22-A01（S12$_{1\text{-}2}$）→22-A01（S13$_{3\text{-}4}$）→ XT100.1-4→XT102.01-18（22-K111$_{13\text{-}14}$得电）→XP179.11→XT202.01-7（Mp 车 DCU 获得向前指令）→XP279.11→XT302.01-6（M 车 DCU 获得向前指令）→XP379.11→（非激活端）XT302.01-7（M 车 DCU 获得向后指令）→XP279.11→XT202.01-8（Mp 车 DCU 获得向后指令）→XP179.11→XT102.01-19→22-K112$_{13\text{-}14}$得电。

3. 列车向后控制

在停车状态下，将主控手柄拉回“0”位，再将方向手柄拉“向后”位，则将列车设定为向后运行方式。此时，列车激活端单元车辆向后列车线 220282 得电，该端车辆的 DCU 获得向后指令；非激活端单元车辆向前列车线 220281 得电，该端车辆的 DCU 获得向前指令，使全列车运行方向一致向后。电路工作回路如下：（激活端）电源+（320321.103）→22-K154$_{43\text{-}44}$→XT102.01-17→XT100.1-3→22-A01（S12$_{3\text{-}4}$）→22-A01（S13$_{1\text{-}2}$）→XT100.1-5→XT102.01-19（22-K112$_{13\text{-}14}$得电）→XP179.11→XT202.01-8（Mp 车 DCU 获得向后指令）→XP279.11→XT302.01-7（M 车 DCU 获得向后指令）→XP379.11→（非激活端）XT302.01-6（M 车 DCU 获得向前指令）→XP279.11→XT202.01-7（MP 车 DCU 获得向前指令）→XP179.11→XT102.01-18→22-K111$_{13\text{-}14}$得电。

4. 自动折返工作原理

在特殊操作模式（自动运行时的折返）情况下，运行方向是由 ATC 系统通过继电器 91-K03（触点 5-9）进行预定模式程序控制。

二、列车警惕控制

列车警惕控制主要是用来防止司机在人工驾驶途中精神不集中或失去意识、神志不清等原因引起列车失控超速、冒进甚至冲撞等事故。

（一）警惕控制电路组成

警惕控制电路见电路图册图 2203。由警惕按钮 22-A01-S00$_{3\text{-}4}$、方向手柄 22-A01-S10$_{1\text{-}2}$、主控手柄 22-A01-S20$_{3\text{-}4}$、警惕时间继电器 22-K110、警惕旁路开关 22-S120、零速继电器 22-K118、ATO 模式继电器 91-K04、自动折返继电器 91-K03 等组成。

（二）警惕电路工作原理

警惕控制电路的警惕时间继电器22-K110的延时断开常开触点6-8与列车紧急制动继电

器 22-K125、126、127 联锁。列车在牵引和制动过程中，只要列车处于运行状态（非零速）时警惕时间继电器断电超过设定的时限（3～5 s），将使紧急制动继电器 22-K125、126、127 断电，列车将立即启动紧急制动并报警直至列车停止。

1. 人工驾驶时的警惕控制原理

在人工驾驶状态下，随着列车激活、列车处于静止状态，列车设定了运行方向后，司机只要开始操纵列车，就需要按下司机控制器的警惕按钮 22-A01-S00，此时列车在静止情况下，零速继电器 22-K118 处于失电状态，警惕时间继电器 22-K110 通过零速继电器 22-K118 的常闭触点 2-10 得电并通过自身延时断开常开触点 1-3 自锁（自持）。电路回路如下：电源+（220251.106）→XT100.1-6→22-A01（-$S00_{3\text{-}4}$）→22-A01（-$S10_{1\text{-}2}$）→22-A01（-$S20_{3\text{-}4}$）→XT100.1-9→XT102.01-21→22-$K118_{2\text{-}10}$→22-V104→22-$K110_{2\text{-}7}$→电源-（PW220301.101）

当启动列车运行后，零速继电器 22-K118 得电，其常闭触点 2-10 断开，警惕时间继电器 22-K110 只通过其自身常开触点 1-3 保持得电。此时司机只要松开警惕按钮，列车将发出报警，同时切断牵引指令信号；如果在设定的时限内（3～5 s）重新按下警惕按钮，警惕时间继电器由于其延时触点未断开会重新得电，列车将恢复原来状态；如果超过设定的时限未按下警惕按钮，那么 22-K110 就会失电断开，启动紧急制动。

警惕回路失电后，警惕时间继电器 22-K110 失去自持，必须等待列车停稳后使零速继电器 22-K118 常闭触点 2-10 重新闭合，才能够再次启动警惕回路重新启动列车。

2. 警惕旁路原理

当司机控器警惕按钮 22-A01（-$S00_{3\text{-}4}$）触点故障时，把警惕旁路旋钮 22-S120 打到合位时，警惕继电器 22-K110 能通过警惕旁路旋钮 22-S120 的常开触头 23-24 引入 DC 110 V，再通过零速继电器 22-K118 的常闭触头 2-10 使其得电并自锁，从而旁路了警惕按钮的作用。工作回路如下：电源+（220251.103）→22-$S120_{23\text{-}24}$→XT102.1-20→XT100.1-8→22-A01（-$S20_{3\text{-}4}$）→XT100.1-9→XT102.01-21→22-$K118_{2\text{-}10}$→22-V104→22-$K110_{2\text{-}7}$→电源-（PW220301.101）。22-K110 得电后通过其自身常开触点 1-3 自锁。

3. 列车自动运行和自动折返时的警惕原理

当列车在自动运行和自动折返模式工作时，警惕时间继电器 22-K110 将通过 ATO 模式继电器 91-$K04_{4\text{-}12}$ 或自动折返继电器 91-$K03_{43\text{-}44}$ 保持得电。

三、列车牵引指令控制

列车由司机控制器或 ATO 系统发出经牵引指令联锁电路联锁控制后将指令信号通过牵引指令列车线（硬线）送到车辆的牵引控制单元（DCU）和制动控制单元（BCU）。

（一）牵引指令联锁电路组成

牵引指令联锁电路见电路图册图 2203。由警惕按钮 22-A01-$S00_{3\text{-}4}$、主控手柄

22-A01-$S20_{1\text{-}2}$、ATC 车载设备 91-A01、ATO 模式继电器 91-K04、自动折返继电器 91-K03、所有停放制动缓解继电器 27-K108、停放制动旁路开关 27-S103、列车左右门关好继电器 81-K109、81-K110、车门关好旁路开关 81-S110、零速继电器 22-K118、紧急制动继电器 27-K125、牵引指令线 220385 组成。

（二）牵引指令控制

1. 人工驾驶时的牵引指令控制

当列车进行人工驾驶时，司机按下警惕按钮并将主控手柄往前推，使牵引指令线 220385 输出高电平，信号回路如下：牵引指令电源+（220251.106）→XT100.1-6→22-A01-$S00_{3\text{-}4}$→22-A01-$S20_{1\text{-}2}$→XT100.1-10→XT102.01-22→91-$K04_{3\text{-}13}$→27-$K108_{8\text{-}12}$→81-$K109_{7\text{-}11}$→81-$K110_{7\text{-}11}$→27-$K125_{5\text{-}9}$→牵引指令线 220385。高电平牵引指令通过 220385 列车线传递到各个车的 DCU 和 BCU。

1）牵引指令启动联锁

列车要牵引必须满足停放制动缓解，列车左侧和右侧车门关闭的基本条件。因此在牵引指令回路中，专门设置了一条有触点保护电路，用于实现上面所述启动联锁保护功能，该电路习惯称为牵引指令启动联锁电路。

在故障情况下，如各监测联锁继电器（27-K108、81-K109、81-K110）出现故障烧损不能正确传递检测信息而列车实际上处于正常状态时，为了避免对列车正常运营造成影响可通过启动旁路开关（27-S103、81-S110），取消启动联锁保护功能维持列车运行。

2）车门状态监视联锁

列车启动之后，在速度大于 0 时，列车不再监视车门的状态（利用零速继电器 22-K118 的常开触点 5-9 实现）。如果列车运行时开关故障使得车门监视回路中断，则列车维持原状态，但第一次停车后牵引指令信号中断将使得列车无法运行。必须在车站调查和消除造成车门监视回路中断的原因，并恢复后才能正常运行。

2. ATO 自动驾驶时的牵引指令控制

当列车采用 ATO 自动驾驶时，ATO 模式继电器 91-K04 得电闭合，触点 3-13 切断司机控制器的人工驾驶信号，触点 3-11 接通 ATC 车载设备 91-A01 的牵引指令信号，使牵引指令线 220385 输出高电平，信号回路如下：91-A01→91-$K04_{3\text{-}11}$→27-$K108_{8\text{-}12}$→81-$K109_{7\text{-}11}$→81-$K110_{7\text{-}11}$→27-$K125_{5\text{-}9}$→牵引指令线 220385。高电平牵引指令通过 220385 列车线传递到各个车的 DCU 和 BCU。

3. 列车自动折返时的牵引指令控制

当列车自动折返时，列车无人工驾驶信号，自动折返继电器 91-K03 得电闭合，触点 33-34 接通 ATC 车载设备 91-A01 的牵引指令信号，使牵引指令线 220385 输出高电平，信号回路如下：91-A01→91-$K03_{33\text{-}34}$→27-$K108_{8\text{-}12}$→81-$K109_{7\text{-}11}$→81-$K110_{7\text{-}11}$→27-$K125_{5\text{-}9}$→牵引指令线 220385。高电平牵引指令通过 220385 列车线传递到各个车的 DCU 和 BCU。

四、列车制动控制

列车制动指令由列车制动指令电路发出，根据制动模式不同，制动指令有常用制动（220386 线）、快速制动（220436 线）、紧急制动（220423 线）三个制动指令。制动指令为低电平有效（断电启动，通电缓解）。制动指令通过相应的指令列车线（硬线）和 MVB 网络（由 DIMe 输入模块采集相应信号）分别送到车辆的牵引控制单元（DCU）和制动控制单元（BCU）。

（一）电路组成

列车常用制动指令电路见电路图册图 2203，它由主控手柄 22-A01-$S21_{3-4}$、22-A01-$S22_{3-4}$、紧急制动继电器 22-$K125_{5-9}$、常用制动指令线 220386 组成。

列车快速制动和紧急制动指令电路见电路图册图 2204，它由司机台解锁继电器 22-$K101_{53-54}$、方向手柄 22-A01-$S11_{3-4}$、主控手柄 22-A01-$S23_{3-4}$、22-A01-$S24_{3-4}$、VCM 紧急制动继电器 22-$K88_{1-9}$、紧急牵引继电器 22-$K45_{1-9}$、紧急牵引旁路开关 22-S08、紧急停车继电器 22-$K108_{13-14}$、总风缸压力可用继电器 34-$K101_{3-11}$、总风缸压力可用旁路开关 34-S101、零速继电器 22-$K118_{3-11}$、警惕继电器 22-$K110_{8-6}$、ATC 切除继电器 91-K09、ATC 车载设备 EBRD、紧急制动继电器 22-K125、22-K126、22-K127、快速制动指令线 220436、紧急制动指令线 220423 组成。

（二）制动解除（缓解）控制

制动指令是低电平有效（即施加制动），要缓解列车制动状态，则需要通过相应的制动指令线向 DCU 和 BCU 发高电平信号。

当司机室占有后，如果列车设定了牵引方向（无论向前或向后），列车将解除所有制动指令（常用制动 220386、快速制动 220436、紧急制动 220423 指令线得电）。由于所有制动指令是按照紧急制动→快速制动→常用制动的优先层级执行的，要缓解所有制动，必须首先缓解紧急制动。

1. 缓解紧急制动

（1）紧急制动继电器得电回路：电源+（320321.104）→22-$K101_{53-54}$→XT102.01-6→22-A01-$S11_{3-4}$→XT100.1-13→XT102.01-25→22-$K88_{1-9}$→22-$K45_{1-9}$→22-$K108_{13-14}$→34-$K101_{8-12}$→22-$K118_{3-11}$→ATC 车载设备 EBRD→91-$K09_{1-2}$→22-$K125_{13-14}$、22-$K126_{13-14}$、22-$K127_{13-14}$ 线圈得电。

列车运行后，零速继电器 22-K118 得电，触点 3-11 断开，紧急停车继电器通过 22-$K126_{8-12}$、22-$K127_{5-9}$、22-$K110_{8-6}$ 保持供电。

（2）紧急制动指令线 220423 得电回路：电源+（320321.104）→22-$K101_{53-54}$→XT102.01-6→22-A01-$S11_{3-4}$→XT100.1-13→XT102.01-25→22-$K126_{7-11}$→22-$K126_{6-10}$→22-$K126_{5-9}$→紧急制动指令线 220423（列车紧急制动指令线输出高电平，列车紧急制动缓解）。

2. 缓解快速制动

快速制动指令线 220436 得电回路：电源+（320321.104）→22-K101$_{53\text{-}54}$→XT102.01-6→22-A01-S11$_{3\text{-}4}$→XT100.1-13→XT102.01-25→22-K126$_{7\text{-}11}$→22-K126$_{6\text{-}10}$→22-K126$_{5\text{-}9}$→22-K101$_{43\text{-}44}$→22-A01-S23$_{3\text{-}4}$→22-A01-S24$_{3\text{-}4}$→快速制动指令线 220436（列车快速制动指令线输出高电平，列车快速制动缓解）。

3. 缓解常用制动

常用制动指令线 220386 得电回路：电源+（320321.104）→22-K101$_{53\text{-}54}$→XT102.01-6→22-A01-S11$_{3\text{-}4}$→XT100.1-13→XT100.1-7→22-A01-S21$_{3\text{-}4}$→22-A01-S22$_{3\text{-}4}$→22-K125$_{5\text{-}9}$→常用制动指令线 220386（列车常用制动指令线输出高电平，列车常用制动缓解）。

4. 缓解保压制动

如果列车缓解了上述三个制动指令以及停放制动，当列车未发牵引指令及牵引参考值时，为了防止列车溜动，BCU 自动施加保压制动，直至列车发出牵引指令且列车发生牵引运动时保压制动才解除。保压制动只有在满足以下条件下才能缓解。

（1）每个牵引系统将牵引力实际值发送给主 VCU。

（2）VCU 计算列车牵引力实际值的总和。

（3）牵引力实际值的总和足以起动列车（不会引起列车后溜）。

（4）主 VCU 向 BCU 发出“缓解保压制动”信号。

空气制动的状态信号将反馈给 VCU，VCU 通过该信号确认制动是否缓解。如果空气制动在某一时间段内没有完全缓解，则主 VCU 将向各牵引系统发出中断牵引的指令，并再次施加保压制动。

（三）制动施加控制

1. 常用制动施加控制

当司机将牵引/制动手柄拉到常用制动位，22-A01-S21、22-A01-S22 的常闭触点 3-4 断开，则使制动指令线 220386 失电，该指令信号通过列车线 220386（硬线）和网络将传递给 DCU 和 BCU，使列车施加常用制动。

2. 快速制动施加控制

当牵引/制动手柄拉到快速制动位，22-A01-S23、22-A01-S24 的常闭触点 3-4 断开，使快速制动列车线 220436 失电，该指令信号通过列车线 220436（硬线）和网络将传递给 DCU 和 BCU，列车施加快速制动。由于手柄的位置关系，此时常用制动列车线仍然还处于断电状态。

3. 紧急制动控制

列车在运行过程中，紧急制动继电器的得电回路为：电源+（320321.104）→22-K101$_{53\text{-}54}$→XT102.01-6→22-A01-S11$_{3\text{-}4}$→XT100.1-13→XT102.01-25→22-K88$_{1\text{-}9}$→22-K45$_{1\text{-}9}$

→22-K108$_{13-14}$→34-K101$_{8-12}$→22-K126$_{8-12}$→22-K127$_{5-9}$→22-K110$_{8-6}$→ATC 车载设备 EBRD→91-K09$_{1-2}$→22-K125$_{13-14}$、22-K126$_{13-14}$、22-K127$_{13-14}$。此时，不管任何原因使得该回路断电，紧急继电器 22-K125、22-K126、22-K127 线圈失电。

紧急继电器 22-K125、22-K126、22-K127 线圈失电后，其常开触点断开，使紧急制动列车线 220423、快速制动列车线 220436、常用制动列车线 220436 全部断电，该指令信号通过列车线硬线和网络将传递给 DCU 和 BCU，则使列车施加紧急制动（紧急制动优先）。

五、牵引制动列车线电路

（一）牵引制动指令列车线作用

牵引/制动指令列车线是将牵引/制动控制电路发出的控制指令通过硬线及网络采集传递到列车的每一个 DCU 和 BCU 的连接线，以实现全列车牵引和制动的统一控制。

（二）电路组成

电路见电路图册图 2205，电路由以下几个部分组成。

（1）指令列车线：紧急牵引、牵引、制动、快速制动、紧急制动共 5 条指令线。

（2）DCU：安装在动车的牵引箱 11-A201 和 11-A301 中，每单元列车有两个牵引箱。

（3）BCU：EP2002 制动系统安装在网关阀中，每个单元车辆使用 2 个 EP2002 网关阀和 4 个 EP2002 智能阀。列车拖车及动车 M 车各有一个 EP2002 网关阀 28-A101、28-A302 和一个 EP2002 智能阀 28-A102、28-A301，而动车 Mp 车则有两个 EP2002 智能阀 28-A201、28-A202。

（4）指令采集模块 DIMe：用于网络采集相关指令值。

（三）电路工作原理

所有指令可通过列车线（硬线）传递给全列车的 DCU 和 BCU（指令信号还经采集模块采集后通过 MVB 网络传输）。为了保证紧急制动的可靠性，所有 DCU 和 BCU 模块的信号负端串接紧急停车继电器 22-K127 的常开触点 6-10、7-11、8-10，这样能够确保在紧急停车继电器断电时所有模块均获得可靠的低电平信号。

六、列车牵引/制动参考值

参考值是确定列车牵引力和制动力大小的量值。在人工模式下由列车网络控制和诊断系统的 AXMe 模块采集司机控制器电位器模拟信号级位值（自动模式下由 DXMe 模块采集 ATO 数字量值）通过 MVB 网络传给 DCU 和 BCU。并由列车的 VCU 和 DCU 针对列车的不同工况综合计算形成。人工驾驶模式下司机控制器牵引参考值采集电路见电路图册图 2207（列车牵引和制动状态下参考值的处理流程见本章第二节的相关内容）。

（1）牵引工况时，参考值由司机控制器或 ATO 提供级位信号，通过网络传递给 DCU，由DCU综合轮径、车重等参数计算出给定牵引力以控制逆变器的驱动输出并驱动列车运行。

（2）制动工况时，TCMS根据MVB传输的级位进行整车制动力的计算，将整车制动力和制动级位发送给BCU。同时TCMS将级位信号转发给DCU。DCU根据级位信号自行施加电制动力，并将电制动实际值反馈给BCU。BCU根据总制动力和实际电制动力作减法，进行空气制动的补充，实现空电联合制动。

七、列车紧急牵引控制

当参考值故障或传输故障、相关数据采集模块故障或列车控制网络故障时，为了列车能够继续运行到下一站，列车设置了紧急牵引按钮，司机可以通过操作紧急牵引按钮来进入紧急牵引模式。列车牵引采用紧急牵引模式，由继电器逻辑电路和列车硬线来实现列车的牵引和制动控制。

（一）紧急牵引的工作模式

紧急牵引模式下BCU、DCU通过接收硬线的指令和硬线编码级位来实现列车的牵引和制动控制，忽略TCMS的网络信号。列车将工作在降级模式下，以事先设定的参考值进行牵引和制动。在紧急牵引模式下，DCU以固定的基准值（最大加速度70%）使列车加速至45 km/h，并转换到惰行模式。制动（减速）按固定值进行（最大减速度70%）。

（二）紧急牵引的操作方法

当列车因通信故障导致不能动车时可使用紧急牵引功能，在司机台解锁的情况下，按“合主断”按钮闭合高速断路器，将Tc车继电器框中的紧急牵引开关22-S08旋至“合”位，再将方向手柄置“前”位后，司机通过操作主控手柄置“牵引”位，并根据司机室速度表速度进行牵引操作使列车向前牵引运行，或操作主控手柄置“常用制动”位，使列车制动，制动仅采用空气制动。

（三）紧急牵引控制电路原理

紧急牵引控制电路见电路图册图22001、2205、2206。

当需要进行紧急牵引时，合紧急牵引开关22-S08，使紧急牵引列车线220143得电，并将紧急牵引信号传输到DCU和BCU，同时给DXMe模块一个反馈信号，保证列车能以限速 45 km/h 动车的运行模式。紧急牵引的信号传输回路如下：电源+（320321.101）→ $22\text{-}K101_{12\text{-}14}$→XT102.01-13→$22\text{-}S08_{13\text{-}14}$→XT102.01-14→列车线220143→列车DCU、BCU、DXMe。

对于紧急牵引模式下的换端操作，当在一端激活紧急牵引后，换到另一端操作时，只需将激活端司机室的22-S08打到合位后，列车即可以紧急牵引模式运行。

注意：当两个Tc车的DXMe都故障时，列车不能实现紧急牵引。为了保证紧急牵引时列车有足够大的牵引力，最好在启动时应将手柄打到100%牵引位。另外，合紧急牵引开关会使列车强行合高速断路器。

第八节　列车紧急停车监控及零速监控

一、列车紧急停车监控

(一) 概　述

1. 紧急停车环路的作用

紧急停车环路贯穿 6 节车，除了用来监视列车连挂的完整状态之外，它还将两个司机室的紧急停车按钮串联在电路中监视其工作状态。在司机发现紧急状况需要紧急停车时，按下紧急停车按钮将会使环路断开，列车马上施加紧急制动（使紧急制动回路断电），并断开 HSCB，降弓。

2. 紧急停车控制设备

紧急停车控制设备为安装在司机操纵台上的两个紧急停车按钮（见图 4-8-1），它串接在紧急停车监控环路中。

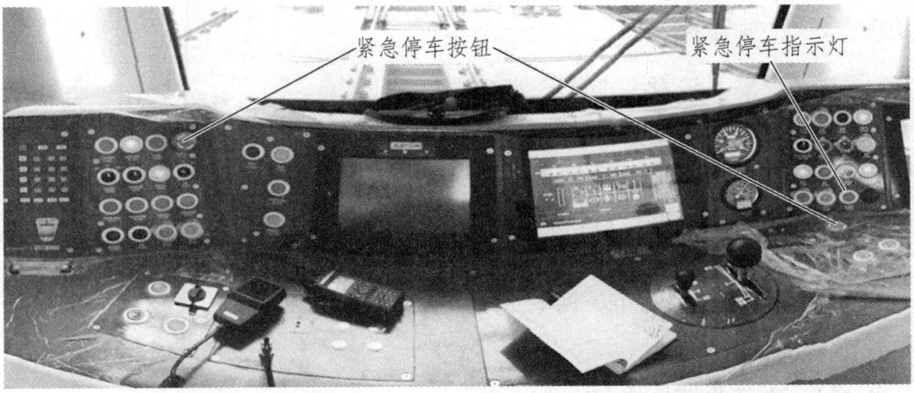

图 4-8-1　紧急停车按钮及指示灯位置

3. 紧急停车的人工控制和恢复

（1）当发现紧急情况需要紧急停车时，按下紧急停车按钮，启动紧急制动。

（2）列车在运行过程中不管何种原因使紧急停车控制环路断路，列车将立即施加紧急制动。

（3）紧急停车按钮按下后必须手动操作才能回复到未按下时的初始位置，控制环路才能重新再次接通。但是控制环路接通后并不能马上缓解紧急制动，只有在列车完全停止时紧急制动才重新缓解。

4. 电路组成

紧急停车控制电路见电路图册图 2206，它由紧急停车按钮 22-S07、22-S19，紧急停车继电器 22-K108、22-K208，VCM 紧急制动继电器 22-K88，紧急停车牵引超速继电器 22-K45，紧急停车指示灯 22-H01 组成。

（二）紧急停车电路工作原理

1. 电路初始状态

当列车激活时，即操作 72-S101（激活旋钮）接通 72-K109 激活继电器，通过其常闭和常开触头，使列车紧急停车控制环路列车线 220662-220672 被接通（紧急停车按钮未被按下）。即电压从非激活端的 72-K109 常闭触头 1-9，到激活端的 72-K109 常开触头 6-10，使 4 个蘑菇按钮串联起来，再从激活端回来到非激活端形成紧急停车安全环路。同时，它还使紧急停车继电器 22-K108、22-K208 得电，进而控制紧急制动相关电路。紧急停车安全环路如下：电源+（非激活端 320221.105）→72-K109$_{1\text{-}9}$→XT102.01-31→XT100.01-16→22-S07$_{41\text{-}42}$→XT100.01-17→XT100.01-18→22-S19$_{41\text{-}42}$→XT100.01-19（220662 列车线）→XT102.01-32→XP179.11→XT201.01-14→XP279.11→XT302.01-13→XP379.11→（激活端）XT302.01-13→XP279.11→XT202.01-14→XP179.11→XT102.01-32→XT100.01-19→22-S19$_{41\text{-}42}$→XT100.01-18→XT100.01-17→22-S07$_{41\text{-}42}$→XT100.01-16→XT102.01-31→72-K109$_{6\text{-}10}$→经 220672 列车线→使列车两端 22-K108、22-K208 得电。

2. 紧急停车触发原理

（1）操作方法：按下任意一个紧急停车按钮。

（2）紧急停车环路工作状态：由于 4 个紧急停车按钮的常闭触点串接在紧急停车环路中，按下任意一个紧急停车按钮均会使得紧急停车环路断路，从而使紧急停车继电器 22-K108、22-K208 失电。

（3）紧急制动指令电路工作状态：紧急停车继电器失电将引起列车常用制动、快速制动、紧急制动三根指令线全部失电（低电平）而触发列车紧急制动（见本章第七节相关内容）。

二、VCM 紧急制动监控

（一）触发原因

VCM 检测到需紧急制动因素（超速、主电路故障等）。

（二）电路组成

电路由 41-A104.04 的 DXMe 模块（与 VCM 通信）、紧急停车继电器 22-K88 组成，电路参见电路图册图 2206。

（三）电路工作原理

当 VCM 监测到任何需要紧急制动的因素，VCM 通过 41-A104.04 的 DXMe 模块输出高电平触发 VCM 使紧急制动继电器 22-K88 得电。该继电器常闭触点切断紧急制动指令线启动紧急制动，列车常用制动、快速制动、紧急制动 3 根指令线全部断电（见本章第七节相关内容）。

三、列车零速监控

零速作为列车安全停稳的状态指示，是列车安全导向的重要信号之一，是多个重要系统功能实现的前提条件。因此，零速信号对列车的电气控制至关重要，被广泛应用于牵引允许建立、紧急牵引、车门控制、紧急制动缓解及保压制动施加等多个重要控制回路中。

（一）零速的定义

严格意义上说，列车处于静止状态被定义为零速状态，但受传感器等硬件精度制约，列车实际的零速判定标准通常为运行速度小于 0.5 km/h，非零速的判定标准通常为运行速度大于 1.0 km/h。列车上，用零速继电器的得电表示非零速状态，用其失电表示零速状态。由于多个系统需要使用零速信号，列车一般会设置多个零速继电器。这些继电器触点的动作是同步的。

（二）零速信号的来源

列车零速信号通常可由信号系统、制动系统及牵引系统输出。这 3 个系统的零速判断不尽相同。按照系统设计的安全等级，三者的选择存在优先级顺序。在实际使用时，零速信号优先选择信号系统输出，如信号系统输出不可用，则选择制动系统输出，如制动系统输出也不可用，则选择牵引系统输出。当信号系统隔离后，列车可综合使用制动系统和牵引系统的零速信号，以保证列车的零速输出安全可靠。

（1）在 ATP（列车自动保护）模式下，零速继电器仅由 ATP 输出驱动。考虑到 ATP 通常仅一端激活并输出信号，所以设计了列车线，以保证两端的零速继电器都能同时动作。

（2）当列车因故障切除 ATP 模式时，零速继电器由列车的牵引系统和制动系统同时输出驱动。制动系统的零速继电器可由 2 个单元的网关阀同时输出，以驱动 2 个不同的继电器。牵引系统零速继电器可由全车所有的牵引控制单元同时输出，以驱动 1 个继电器。为保证列车零速状态控制的可靠性及可用性，车辆对这 3 个继电器进行“3 取 2”的设计，任意 2 个继电器励磁，即可驱动列车的零速继电器。

（3）列车的零速继电器使用系统较多且复杂，通过设置 2 个零速继电器分为 2 组，以防止由于某个继电器发生短路故障，而对列车其他所有零速继电器及所控制的电路造成影响。

目前，株机生产的地铁列车零速信号采用制动系统 2 个单元的网关阀同时输出驱动 2 个不同的零速继电器。

（三）列车零速监控电路的作用

（1）与警惕回路互控。

（2）紧急制动回路互控。

（3）与刀开关监视回路互控。

（4）与牵引指令回路车门状态互控。

（5）与车门允许回路互控。

（6）给车门控制提供零速信号。

（四）零速监控电路组成

零速监控电路由网关阀 28-A101、28-A302，零速继电器 22-K118、22-K218 组成，电路见电路图册图 2207。

（五）电路工作原理

当合 72-S101 使蓄电池接通后，列车各个系统正常工作，列车可以被牵引。列车一旦牵引，网关阀检测到列车处于非静止状态，则网关阀会发出一个高电平使零速继电器 22-K118、22-K218 得电，进而控制相关电路。从电路图中可以看出，只要一列车中有任意一个网关阀检测到列车处于非零速状态，则马上会发出一个高电平信号，通过隔离二极管使所有零速继电器得电。

第九节　列车空气制动监控

在列车运用过程中，当车辆供风单元及空气制动单元（智能阀、网关阀）对相应空气管路压力调节时，管路气压变化信号通过压力开关进行转换，并通过相应的监控电路被列车通信控制系统识别和施加控制。

一、空气制动压力监视

如果空气制动控制单元中的相应压力开关探测到管路压力值变化到一定值后，则可使其对应开关发生状态变化，并输出电压控制对应的监控继电器，如停放制动的监控主要是依据压力开关的动作，使不同的继电器得电，从而反馈给 VCU，告知停放制动的状态。

（一）电路组成

空气制动压力监视电路见电路图册图 2704（以 Tc 车为例，Mp、M 车类同），它由停放制动压力开关 27-B12，空气制动 1 压力开关 28-A101，空气制动 2 压力开关 28-A102，停放制动缓解继电器 27-K101，空气制动 1 缓解继电器 27-K102，空气制动 2 缓解继电器 27-K103，网络检测模块 41-A204.01 的 DXMe1 等组成。

（二）工作原理

以 Tc 车为例（Mp、M 车类同），电路中压力开关的工作原理见第一章第二节的相关内容，具体的状态信息则如下。

（1）当停放制动压力开关 27-B12 的 1-3 接通时，27-K101 得电闭合，表示 Tc 车缓解停放制动；当 1-3 断开 1-2 接通时，27-K101 失电，表示 Tc 车施加停放制动。

（2）当空气制动 1 压力开关 28-A101 的 T-H 接通时，27-K102 得电闭合，表示 Tc 车缓解转向架 1 的空气制动；当 T-H 断开 T-U 接通时，27-K102 失电，表示 Tc 车施加转向架 1 的空气制动。

（3）当空气制动 2 压力开关 28-A102 的 T-H 接通时，27-K103 得电闭合，表示 Tc 车缓解转向架 2 的空气制动；当 T-H 断开接 T-U 通时，27-K103 失电，表示 Tc 车施加转向架 2 的空气制动。

注意：27-K101、27-K102、27-K103 继电器得电后，都有一个信号给 DE 模块，反馈给 VCU，告知 VCU 当时制动的状态。

二、停放制动控制及监视

（一）概　述

1. 停放制动的应用环境

停放制动是列车在库内停放或在线上临时停放时，为防止列车由于非正常原因而产生溜动（溜车）而施加的一种机械制动。施加停放制动可保证 AW3 载荷的列车停放在不超过 35‰的坡道上不会产生溜动。停放制动只能在列车静止状态下使用。

2. 停放制动的作用方式

停放制动采用弹簧制动方式，停放制动气缸充气时，停放制动缓解，停放制动气缸排气时，停放制动施加。

3. 停放制动的监视

正常状态下，停放制动未缓解时，禁止列车牵引，只有在所有 6 节车的停放制动全部缓解后，列车才能进行牵引。如果列车运行中检测到停放制动施加时，列车将封锁牵引，以最大常用制动减速度停车。列车是通过监测停放制动气缸中的压力来监测停放制动的工作状态。

（二）停放制动的控制

1. 控制设备及控制方法

（1）通过“停放制动”施加或缓解按钮及控制电路，控制双脉冲电磁阀动作，进而控制停放制动气缸的充气和排气，施加或缓解停放制动。

图 4-9-1 所示为停放制动按钮及指示灯面板，图 4-9-2 所示为控制停放制动气缸充气和排气的双脉冲电磁阀。双脉冲电磁阀由脉冲信号控制，其工作原理参见制动系统的相关内容。

（2）通过车侧手动缓解装置进行缓解操作。

当停放制动不能通过司机台控制面板上的“停放制动缓解”按钮（27-S02）或者使用双稳态（脉冲）电磁阀按钮进行缓解时（如线路失电或管路没有空气压力），则必须手动来缓解。停放制动手动缓解装置如图 4-9-3 所示。

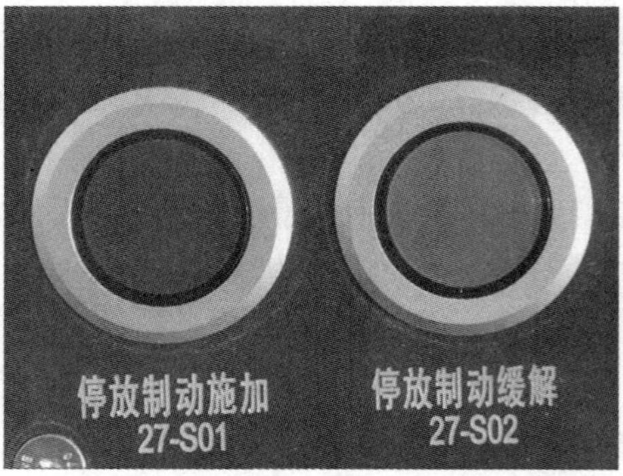

图 4-9-1　停放按钮操作面板

图 4-9-2　双脉冲电磁阀

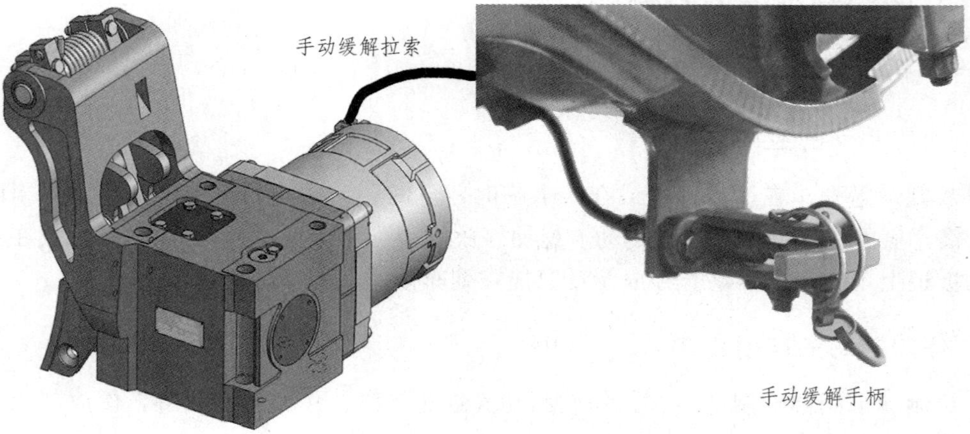

图 4-9-3　停放制动手动缓解装置

2. 停放制动控制电路

控制电路见电路图册图 2701，它由停放施加按钮 27-S01（带指示灯），缓解按钮 27-S02（带指示灯），双脉冲电磁阀 27-B19、27-B29、27-B39，停放制动施加列车线 270165 和缓解列车线 270164 组成。

3. 电路工作原理

停放制动的施加/缓解，是通过给双脉冲电磁阀相应的线圈脉冲信号进而使停放制动气缸充、放气来控制停放制动的施加或缓解。

1）施加停放制动

列车要施加停放制动时，按压停放施加按钮 27-S01，使列车线 270165 得电，该列车线控制整列车的停放制动脉冲电磁阀，脉冲电磁阀施加线圈得电后给停放制动气缸排气，使停放制动施加。电路工作回路如下：320341（电源+）→22-$K153_{83\text{-}84}$→27-$S01_{13\text{-}14}$→27-$S02_{21\text{-}22}$→270165 列车线→（27-B19、27-B29、27-B39 的施加线圈）→电源-。

2）缓解停放制动

列车要缓解停放制动时，按压停放缓解按钮 27-S02，使列车线 270164 得电，脉冲电磁阀缓解线圈得电后给停放制动气缸充气，使停放制动缓解。电路工作回路如下：320341（电源+）→22-K153$_{83-84}$→27-S01$_{21-22}$→27-S02$_{13-14}$→270164 列车线→（27-B19、27-B29、27-B39 的缓解线圈）→电源-。

当两列车救援联挂时，通过全自动车钩的触点可使两列车的停放制动施加和缓解列车线连在一起，来控制两列车的停放制动的缓解和施加。

（三）全列车停放制动监视

1. 监视方式

1）HMI 屏显示

全列车停放制动施加/缓解状态监视是通过 41-A204.1 的 DXMe 模块接收停放制动缓解继电器的工作状态并通过 MVB 网络传递到 HMI 屏显示出来的。显示界面如图 4-9-4 所示。

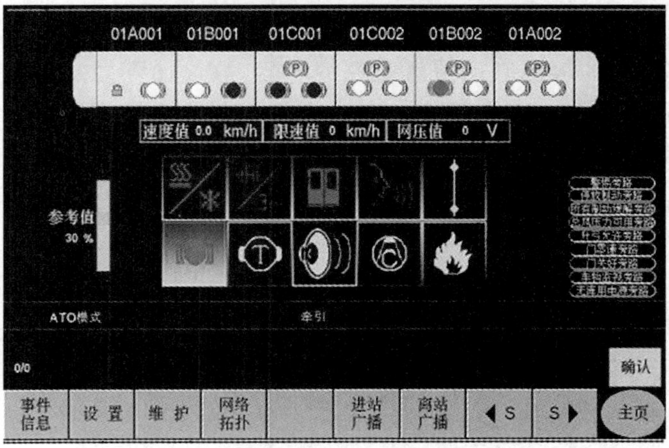

优先级	符号	指示状态
1		停放制动施加
2		停放制动未施加

图 4-9-4　停放制动在 HMI 屏的显示界面

2）按钮指示灯显示

停放制动的状态除了可以在 HMI 屏上显示外，还可以通过司机台操作面板的指示灯的状况来判断。

（1）当缓解绿色指示灯亮时，表示列车全部停放制动已经缓解。

（2）当施加红色指示灯亮时，表示列车全部停放制动已经施加。

2. 停放制动按钮灯监视原理

1）电路组成

全列车停放制动施加/缓解按钮指示灯状态监视电路见电路图册图 2702，它由司机台解锁继电器 22-K153，停放制动缓解检测继电器 27-K101、27-K201、27-K301，所有停放缓解继电器 27-K108，停放制动旁路旋钮 27-S103，停放制动施加按钮指示灯 27-S01，停放制动缓解按钮指示灯 27-S02，以及隔离（防迂回）二极管 27-V101 ~ 27-V106 等组成。

列车停放制动施加和缓解指示灯回路，是通过非激活端的司机室占有继电器 22-K153 的常闭触点和激活端的司机室占有继电器 22-K153 的常开触点供电的。

2）停放制动施加时电路工作原理

列车停放制动施加时，整列车中的停放制动施加监控继电器都失电。由非激活端 Tc 车 22-K153 的常闭触点供电，串联整列车的停放制动施加监控继电器 27-K101、27-K201、27-K301 的常闭触点以及激活端的司机室占有继电器 22-K153 的常开触点来给停放制动施加红色灯点亮。电路工作回路如下（假如在 Tc1 车激活）：非激活端（电源+）27-V101→XT102.01-56→22-$K153_{61-62}$→27-$K101_{3-11}$→XT102.01-62→XP179.11→XT202.01-38→27-$K201_{3-11}$→XT202.01-39→XP279.11→XT302.01-25→27-$K301_{3-11}$→XT302.01-26→XP379.11→（激活端）XT302.01-26→27-$K301_{3-11}$→XT302.01-25→XP279.11→XT202.01-39→27-$K201_{3-11}$→XT202.01-38→XP179.11→XT102.01-62→27-$K101_{3-11}$→22-$K153_{13-14}$→XT102.01-57（27-V102）→XT102.01-58→XT100.01-35→ 270-$S01_{1-2}$→PW270202.102（电源-）。

3）停放制动缓解时电路工作原理

列车停放制动缓解时，整列车中的停放制动缓解监控继电器都得电。由非激活端 Tc 车 22-K153 的常闭触点供电，串联整列车的停放制动缓解监控继电器 27-K101、27-K201、27-K301 的常开触点以及激活端的司机室占有继电器 22-K153 的常开触点来给停放制动缓解绿色灯点亮；同时还给所有停放缓解继电器 27-K108 供电，从而使列车解除停放制动牵引指令连锁。电路工作回路如下（假如在 Tc1 车激活）：非激活端（电源+）27-V101→XT102.01-56→22-$K153_{71-72}$→27-$K101_{5-9}$→XT102.01-63→XP179.11→XT202.01-40→27-$K201_{5-9}$→XT202.01-41→XP279.11→XT302.1-27→27-$K301_{5-9}$→XT302.01-28→XP379.11→（激活端）XT302.01-28→27-$K301_{5-9}$→XT302.01-27→XP279.11→XT202.01-41→27-$K201_{5-9}$→XT202.01-40→XP179.11→ XT102.01-63→27-$K101_{5-9}$→22-$K153_{53-54}$→分以下两条支路：

（1）XT102.01-61→27-$K108_{13-14}$→PW270201.101（电源-），使所有停放缓解继电器得电。

（2）27-$K108_{7-11}$（与 27-$S103_{13-14}$ 并联）→XT102.01-59（27-V103）→XT102.01-60→XT100.01-35→270-$S02_{1-2}$→PW270202.102（电源-）。停放制动缓解绿色灯点亮。

4）停放缓解旁路原理及注意事项

当停放制动检测及监视电路故障使停放缓解继电器 27-K108 失电时，停放缓解指示灯不亮（见电路图册图 2702），牵引指令将被封锁（见电路图册图 2203），列车无法动车。此时，可以通过合停放缓解旁路 27-S103 解决以上问题。在合旁路动车之前，应确认列车停放制动是否已经全部缓解，如果列车停放制动确实已经全部缓解，而只是因为电路故障导致停放缓解指示灯不亮及 27-K108 无法得电，则可以进行旁路动车。若不进行确认，而合旁路动车列车将会抱闸牵引。

三、全列车空气制动监控

（一）监视方式

1. HMI 屏显示

全列车空气制动施加/缓解状态监视，是通过 41-A204.1 的 DXMe1 模块接收空气制动缓解继电器的工作状态，并通过 MVB 网络传递到 HMI 屏显示出来的。显示界面如图 4-9-5 所示。

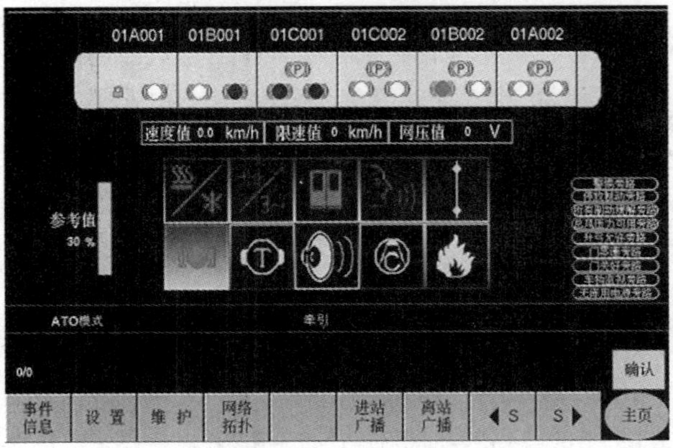

优先级	符号	指示状态
1		制动切除
2		制动故障
3		制动警告
4		控制制动施加
5		空气制动释放

图 4-9-5　空气制动在 HMI 屏的显示界面

2. 指示灯显示

空气制动的状态除了可以在 HMI 屏上显示外，还可以通过司机台操作面板的指示灯的状况来判断（司机台制动状态指示灯见图 4-9-6）。

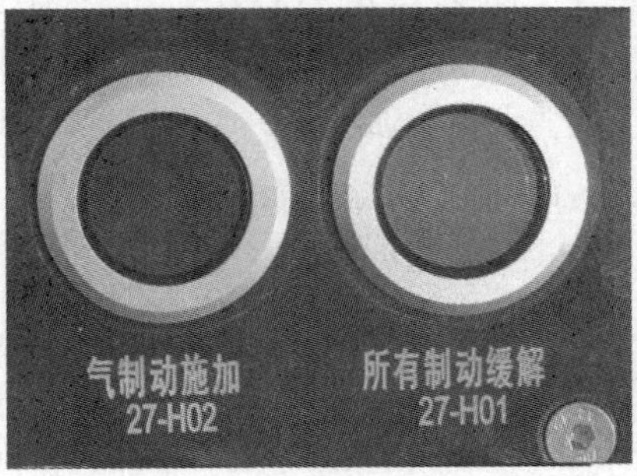

图 4-9-6　司机台制动状态指示灯

（1）当所有制动缓解指示灯绿灯亮时，表示列车全部制动都已经缓解（包括停放制动）。

（2）当空气制动施加指示灯红灯亮时，表示列车全部空气制动已经施加。

（二）空气制动监控电路原理

1. 电路组成

全列车空气制动指示灯状态监视电路见电路图册 2703，电路由司机台解锁继电器 22-K152、22-K153，所有停放缓解继电器 27-K108，停放制动旁路旋钮 27-S103，所有制动缓解旁路旋钮 27-S104，灯测试按钮 73-S105，所有制动缓解指示灯 27-H01，空气制动施加指示灯 27-H02，空气制动缓解 1 检测继电器 27-K102、27-K202、27-K302，空气制动缓解 2 检测继电器 27-K103、27-K203、27-K303，牵引单元 11-A201、11-A301，输入模块 DIMe，以及隔离（防迂回）二极管等组成。

列车空气制动施加和所有制动缓解指示灯回路，是通过非激活端的司机室占有继电器

22-K154 的常闭触点和激活端的司机室占有继电器 22-K154 的常开触点供电的。

2. 空气制动施加时电路工作原理

列车空气制动施加时，整列车中的空气制动施加监控继电器都失电。由非激活端 Tc 车 22-K154 的常闭触点供电，串联整列车的空气制动施加监控继电器 27-K102、27-K202、27-K302、27-K103、27-K203、27-K303 的常闭触点以及激活端的司机室占有继电器 22-K154 的常开触点来给空气制动施加红色指示灯点亮。电路工作回路如下（假如在 Tc1 车激活）：非激活端（电源+）270261.101→22-K154$_{71-72}$→27-K102$_{4-14}$→27-K103$_{4-14}$→XT115.01-34→XP179.11→XT371.02-8→27-K202$_{4-14}$→27-K203$_{4-14}$→XT371.02-7→XP279.11→XT351.03-25→27-K302$_{4-14}$→27-K303$_{4-14}$→XT351.03-24→XP379.11→（激活端）XT351.03-24→27-K303$_{4-14}$→27-K302$_{4-14}$→XT351.03-25→XP279.11→XT371.02-7→27-K203$_{4-14}$→27-K202$_{4-14}$→XT371.02-8→XP179.11→XT115.01-34→27-K103$_{4-14}$→27-K102$_{4-14}$→22-K154$_{23-24}$→73-S105$_{21-22}$→XT115.01-44（27-V111）→27-H02$_{X1-X2}$→PW2700301（电源-）。

3. 所有制动缓解时电路工作原理

列车所有制动缓解时（包括停放制动），整列车中的空气制动缓解监控继电器都得电。由非激活端 Tc 车 22-K153 的常闭触点供电，串联整列车的空气制动缓解监控继电器 27-K102、27-K202、27-K302、27-K103、27-K203、27-K303 的常开触点以及激活端的司机室占有继电器 22-K154 的常开触点，再串联所有停放缓解继电器 27-K108 的常开触点来给空气制动缓解绿色指示灯点亮，此绿色灯点亮表示真正意义上的所有制动缓解。电路工作回路如下（假如在 Tc1 车激活）：非激活端（电源+）270261.101→22-K154$_{61-62}$→27-K102$_{3-11}$→27-K103$_{3-11}$→XT115.01-33→XP179.11→XT371.02-6→27-K202$_{3-11}$→27-K203$_{3-11}$→XT371.02-5→XP279.11→XT351.03-27→27-K302$_{3-11}$→27-K303$_{3-11}$→XT351.03-26→XP379.11→（激活端）XT351.03-26→27-K303$_{3-11}$→27-K302$_{3-11}$→XT351.03-27→XP279.11→XT371.02-5→27-K203$_{3-11}$→27-K202$_{3-11}$→XT371.02-6→XP179.11→XT115.01-33→27-K103$_{3-11}$→27-K102$_{3-11}$→22-K154$_{13-14}$→27-K108$_{4-12}$（与 27-S103$_{43-44}$ 并联）→到此处分两路，一路通过 27-V109→XT115.01-43→27-H01$_{X1-X2}$→PW2700301（电源-）点亮所有制动缓解绿色指示灯；另一路通过 27-V113→270382 列车线→向全车所有牵引系统 DCU 以及通过 DIMe 模块向列车网络控制系统发送所有制动缓解指令（高电平）。

4. 旁路所有制动原理及注意事项

当所有制动缓解监视及检测电路故障时，列车所有制动缓解指示灯不亮，列车得不到缓解信号将无法动车。此时，可以通过合停放缓解旁路 27-S104 解决以上问题。在合旁路动车之前，应确认所有空气制动是否全部缓解，如果列车已经缓解全部空气制动，而只是因为电路上故障导致所有制动缓解灯不亮，且无缓解信号，则可以进行旁路动车。若不进行确认而合旁路动车，列车将会抱闸牵引。旁路时电路工作回路如下：激活端（电源+）270261.101→22-K152$_{23-24}$→27-S104$_{23-24}$→270382 列车线→向全车所有牵引系统 DCU 以及通过 DIMe 模块向列车网络控制系统发送所有制动缓解指令（高电平）。

课后练习题

1. 高速断路器闭合的条件是什么？
2. 哪些情况会导致高速断路器断开？
3. 简述正常升弓需要具备什么条件。
4. 哪些情况会导致降弓？
5. 在什么条件下司机室被激活？
6. 简述激活端与非激活端的向前与向后继电器得电的情况。
7. 人工驾驶时，需要满足哪些条件才能获得牵引指令？
8. 警惕电路的作用是什么？如何实现？
9. 零速继电器、紧急停车继电器在什么情况下得电？
10. 必须满足哪些条件列车才能够起动运行？
11. 列车运行中若出现总风压力低启动联锁，列车还能运行吗？
12. 旁路车门启动联锁应注意哪些？
13. 简述停放制动控制及监视工作原理。
14. 简述所有制动监视原理。

第五章

列车照明系统

【学习目标】

1. 了解照明系统的组成。
2. 掌握照明系统的显示意义。
3. 掌握内部照明系统的设备布置。
4. 掌握列车照明系统的控制电路图。
5. 掌握列车照明系统控制电路的工作原理。

城市轨道交通列车照明系统是列车在运用中所需的基本照明及列车运行状态显示的系统，是辅助供电系统负载的一部分，它包括外部照明和内部照明。外部照明主要包括前照灯、尾灯、运行灯；内部照明包括司机室照明、客室照明、车内设备柜照明等。

第一节　列车外部照明

外部照明是列车正常运行中至关重要的照明灯具，它除了能给列车运行提供轨道照明，还显示列车的运行状态，如前进、后退、停发、制动施加等重要信息，是列车安全、正点运行的保证。外部照明由前照灯（头灯）、标志灯（尾灯）、运行灯（行车灯）组成。外部照明灯光布置如图 5-1-1 所示。

一、前照灯

前照灯又称为头灯，能在光照条件不好的情况下，为列车运行提供轨道照明。有“亮”和“暗”两种照明强度，即头灯有远光与近光之分。在视觉清晰的天气情况下（没有其他照明），头灯选择“亮”位时，离列车前端 215 m 处照度应不小于 2 lx（包括在直线隧道内）。

前照灯安装在 Tc 车司机室前侧带有嵌装玻璃可调的灯具中，且能从外面更换灯泡。两盏灯能在水平和垂直方向上进行适当调节，以满足运行要求。头灯一般显示白色灯光，采用氙气灯，灯泡电压 DC 24 V，由正常负载列车线提供的 DC 110 V 通过 DC/DC 变换器转换成 DC 24 V 供给。

前照灯的控制与列车的状态（方向）有关，亮度切换则由驾驶台上的三位置开关控制，分“近光”“远光”“关闭”三个位置，默认位为“近光”。列车照明控制旋钮及指示灯如图5-1-2所示。

1—运行灯（红白双色）；2—前照灯（近光）；3—前照灯（远光）；4—标志灯（红色）。

图 5-1-1　外部照明灯光布置

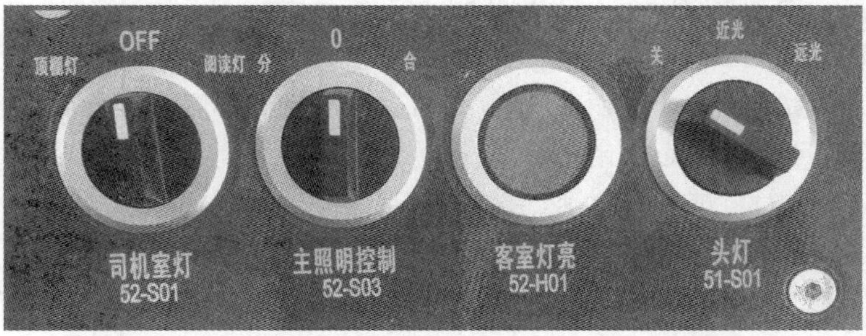

图 5-1-2　列车照明控制旋钮及指示灯

二、标志灯

标志灯又称尾灯，与前照灯安装在同一个框架里，位于Tc车司机室前侧，采用高亮度红色发光二极管矩阵。标志灯作为尾部照明起警示作用，要求在距车辆300 m远处能清晰地看到标志灯（视觉清晰的天气状况下，包括在直线隧道内）。

标志灯采用DC 110 V供电，由正常负载列车线供电。标志灯的点亮与熄灭不能通过开关来控制，而与列车状态（方向）有关，在列车设定运行方向后点亮或熄灭。

三、运行灯

运行灯是用来显示列车运行状态的指示灯，每盏运行灯由两组不同颜色的LED灯具组成，一组显示红光，一组显示白光，两盏运行灯安装在Tc车司机室前侧上部。红色灯亮表示本车为列车尾端或本车反向行驶。白色灯亮表示本车为列车前进方式或主控制室端。运行灯和标志灯一样，也要求在距车辆 300 m 远处能清晰地看到运行灯（视觉清晰的天气状况下，包括在直线隧道内）。

运行灯一般使用 DC 110 V 电源，由正常负载列车线供电。运行灯的红色和白色灯点亮情况也不能通过开关来控制，只与列车运状态（方向）有关，在列车设定运行方向后相应灯光点亮。

四、控制原理

（一）控制逻辑

司机室激活后，操作司控器方向手柄进行模式选择时，列车两端的外部照明灯具按下列情况进行控制。

（1）当司机室激活，且方式方向手柄在“向前”位时，以下得电。

① 列车“前”端的头灯和白色运行灯。

② 在列车“尾”端的尾灯和红色运行灯。

（2）当司机室激活，且方式方向手柄在“向后”位时，以下得电。

① 列车“前”端的尾灯和红色运行灯。

② 列车“尾”端的头灯和白色运行灯。

（3）当司机室激活，方向手柄在“0”位时，前后端的尾灯和红色运行灯都点亮。

（4）当列车处于停机状态（未激活），前照灯、运行灯和尾灯保持熄灭状态。

头灯、尾灯、运行灯的点亮情况，见表 5-1-1。

表 5-1-1　头灯、尾灯及运行灯的点亮情况

司控器手柄位置	激活端				非激活端			
	前照灯	标志灯红灯	运行灯白灯	运行灯红灯	前照灯	标志灯红灯	运行灯白灯	运行灯红灯
向前	○	×	○	×	×	○	×	○
0	×	○	×	○	×	○	×	○
向后	×	○	×	○	○	×	○	×
未激活	×	×	×	×	×	×	×	×

（二）控制电路组成

控制电路见电路图册图 5101。电路由向前继电器 22-K111、头灯开关 51-S01、远光接触器 51-K101、近光接触器 51-K102、头灯供电模块 51-G01、头灯和尾灯光源组件 51-A01 和 51-A02、标志灯光源组件 51-A05 和 51-A06 组成。

（三）控制原理

1. 前照灯

（1）列车向前行驶时，激活端的前照灯由激活端的向前继电器 22-K111 的常开触点 7-11

接通头灯接触器 51-K101、51-K102 来实现；此时，非激活端向前继电器 22-K111 不得电，非激活端前照灯不亮。

当头灯旋钮旋至“近光”挡时，头灯旋钮旋 51-S01 的触点 1-2 接通，3-4 断开，近光接触器 51-K102 得电，其触点 1-2 闭合，使头灯供电模块 51-G01 通过 $51\text{-}K102_{1\text{-}2}$ 向激活端两侧近光灯泡供电，头灯近光点亮。

当头灯旋钮旋至“远光”挡时，头灯旋钮旋 51-S01 的触点 1-2 断开，3-4 接通，远光接触器 51-K101 得电，其触点 1-2 闭合，使头灯供电模块 51-G01 通过 $51\text{-}K101_{1\text{-}2}$ 向激活端两侧远光灯泡供电，头灯远光点亮。

当头灯旋钮旋至“关”挡时，头灯旋钮旋 51-S01 的触点 1-2、3-4 均断开，远光和近光接触器 51-K101 和 51-K102 均失电，头灯远光和近光均熄灭。

（2）列车向后行驶时前照灯通是由非激活端的向前继电器 22-K111 的常开触点接通头灯接触器 51-K101、51-K102 来实现的（头灯控制的工作原理与向前时相同）；此时，激活端向前继电器 22-K111 不得电，激活端前照灯不亮。

2. 标志灯

列车标志灯是由向前继电器 22-K111 的常闭触点 4-12 接通来实现的。

列车向前行驶时激活端的向前继电器 22-K111 得电，常闭触点 4-12 断开，激活端标志灯不亮。此时，非激活端向前继电器 22-K111 不得电，常闭触点 4-12 接通，非激活端标志灯亮红灯。

列车向后行驶时激活端的向前继电器 22-K111 不得电，常闭触点 4-12 接通，激活端标志灯亮红灯。此时，非激活端向前继电器 22-K111 得电，常闭触点 4-12 断开，非激活端标志灯不亮。

3. 运行灯

列车运行灯白灯是由向前继电器 22-K111 的常开触点 7-11 接通来实现的，红灯是由向前继电器 22-K111 的常闭触点 4-12 接通来实现的。

列车向前行驶时激活端的向前继电器 22-K111 得电，常开触点 7-11 闭合，运行灯白灯亮；常闭触点 4-12 断开，运行灯红灯不亮。此时，非激活端向前继电器 22-K111 不得电，常闭触点 4-12 接通，非激活端标运行灯红灯亮，常开触点断开，运行灯白灯不亮。

列车向后行驶时激活端的向前继电器 22-K111 不得电，常开触点 7-11 断开，运行灯白灯不亮；常闭触点 4-12 闭合，运行灯红灯亮。此时非激活端向前继电器 22-K111 得电，常开触点 7-11 闭合，运行灯白灯亮。常闭触点 4-12 断开，运行灯红灯不亮。

第二节　车辆内部照明

客室照明灯和司机室顶棚照明灯均采用 DC 110 V 供电。为了保证在紧急情况下能保留一定的照明，客室照明分两路，一路为普通照明，另一路为紧急照明。当接触网供电故障、两台蓄电池充电机均有故障等情况发生时，普通照明即断开，而紧急照明在任何时候都保持供电。

一、司机室照明

司机室照明包括司机室顶棚灯、司机阅读灯。

（一）概　述

顶棚灯与阅读灯均布置在司机室顶棚上，采用 LED 光源。顶棚灯为泛光灯，由 3 个安装在天花板的顶灯组成，分别布置在司机台左右两侧和司机室两个电气柜之间；阅读灯为射灯，其布置如图 5-2-1 所示。当司机室顶棚灯打开时，司机台上的照度不小于 150 lx。

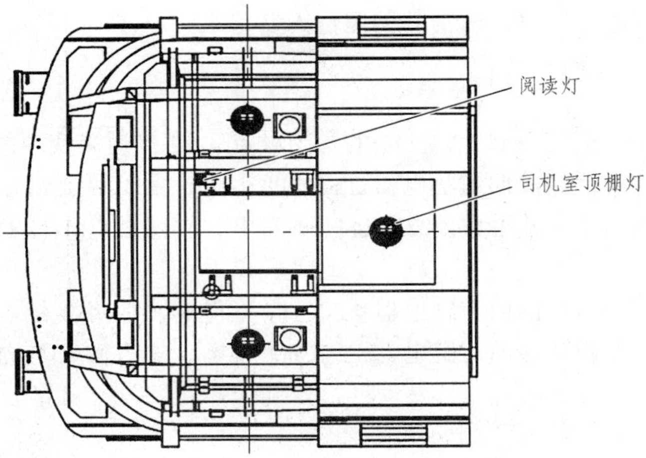

图 5-2-1　顶棚灯与阅读灯布置

司机室照明线路及控制独立于客室的线路，由 DC 110 V 正常负载列车线供电（列车激活即供电），不必解锁司机台。

（二）控制电路组成

顶棚灯与阅读灯控制电路见电路图册图 5203，由顶棚与阅读灯控制旋钮 52-S01，顶棚灯光源组件 52-E41、52-E42、52-E43，阅读灯光源组件 52-E01 组成。顶棚灯与阅读灯控制旋钮 52-S01 安装在司机台上（见图 5-1-2）。

（三）控制原理

三位自锁旋钮 52-S01 共有三个作用位置，顶棚灯位、阅读灯位和关闭位。当 52-S01 旋至阅读灯位时，触点 1-2 闭合，3-4 断开，阅读灯点亮，顶棚灯不亮；当 52-S01 旋至顶棚灯位时，触点 1-2 断开，3-4 闭合，顶棚灯点亮，阅读灯不亮；当 52-S01 旋至关闭位时，触点 1-2、3-4 均断开，两种灯都不亮。

二、客室照明

（一）客室照明概述

（1）客室照明灯具纵向分列客室两侧。目前，国内地铁列车客室照明灯具有两种：一种是普通三基色荧光灯（早期生产的车辆普遍采用），使用 AC 220 V 电源供电；另一种是 LED 灯，使用 DC 110 V 电源供电，这种光源具有色温好、效率高、节能环保、寿命长的特点，在近年生产的地铁列车中普遍采用。

（2）客室照明由 110 V 直流正常负载母线供电，可在 DC 77 ~ 137.5 V 电压范围内正常工作。在列车失去 DC 1 500 V 高压时正常照明将被关断，仅保留由蓄电池供电的紧急照明（功率约为正常照明的 1/3），并能维持至少 45 min。

（3）照度：正常照明时，在距地板面高 800 mm 处，高于 200 lx；紧急情况下，在距地板面高 1 m 处，高于 30 lx。

（二）客室照明布置

株机生产的地铁列车的客室照明使用节能环保的 LED 平面照明灯具，其中 Tc 车布置 24 套灯具，Mp 车和 M 车分别布置 26 套灯具。这些灯具沿客室天花板纵向排列分列客室两侧的灯带内（见图 5-2-2），为了充分考虑故障条件下灯光照明的均匀性，照明电路分为 4 路（每侧 2 路），每侧灯带内的 2 路灯具交叉排列（见图 5-2-3），如果一条电路故障，贯穿全车厢的其他电路的照明是均匀分布的。整个照明系统的设计合理，灯带布置美观、均匀。客室照明灯具立面安装如图 5-2-4 所示。

图 5-2-2　客室照明灯具布置

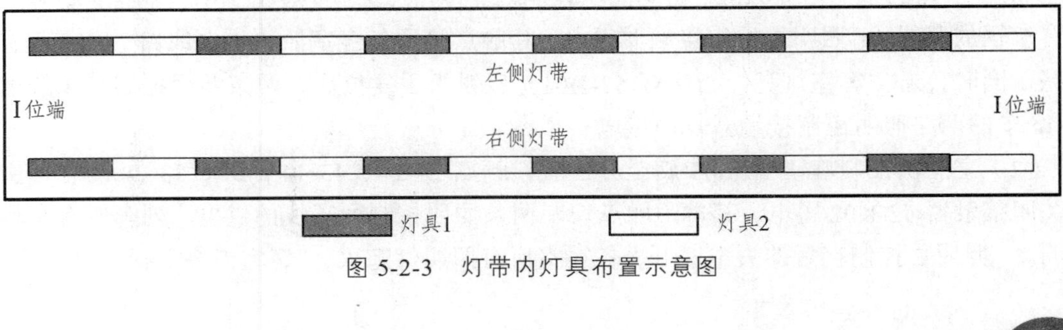

图 5-2-3　灯带内灯具布置示意图

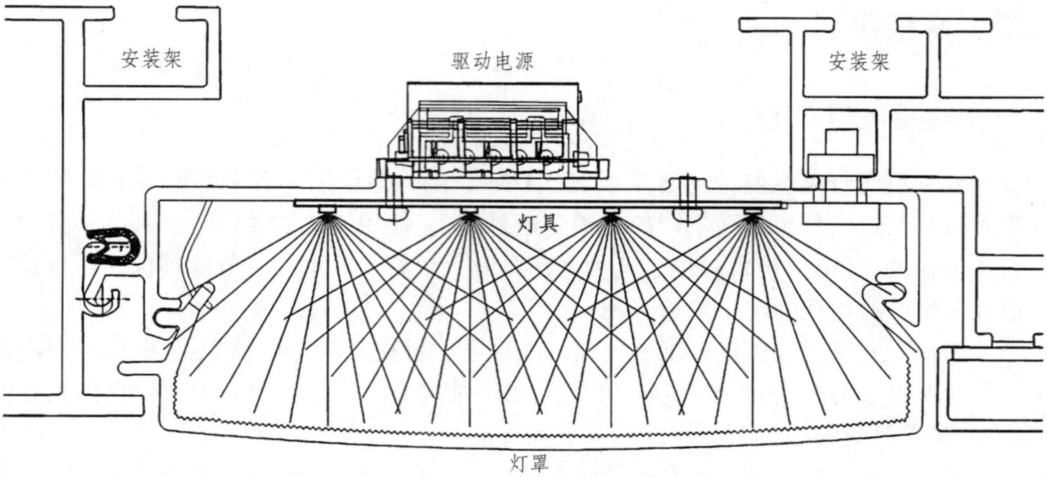

图 5-2-4　灯具立面安装图

（三）控制原理

客室照明通过位于司机台上的自复位旋钮开关来控制，当该旋钮打到“合”，客室照明灯具点亮；当该旋钮打到“分”，客室照明灯具熄灭。当客室灯点亮时，司机台上的客室灯亮指示灯 52-H01（绿色）点亮。列车客室照明控制旋钮及指示灯如图 5-1-2 所示。

1. 全列车客室照明控制

列车激活后，旋转主照明控制旋钮，全列车所有客室主照明即可工作（未升弓前仅启动紧急照明）。

1）电路组成

全列车客室照明控制电路见电路图册图 5201，它由主照明控制旋钮 52-S03，Tc 车左侧照明控制接触器 52-K103、右侧照明控制接触器 52-K101，Mp 车左侧照明控制接触器 52-K203、右侧照明控制接触器 52-K201，M 车左侧照明控制接触器 52-K303、右侧照明控制接触器 52-K301，主照明关闭接触器 52-K02，左侧照明控制列车线 520162、右侧照明控制列车线 520153、照明关闭列车线 520181 组成。

2）控制原理

（1）当主照明控制旋钮 52-S03 旋至合位时，触点 23-24、43-44 闭合，33-34 断开，此时左侧照明控制列车线 520262、右侧照明控制列车线 520253 接通主照明控制电源，全列车所有车辆的照明 1、照明 2 控制接触器得电，其触点接通各客室照明供电线路，客室所有照明亮，同时接通“客室灯亮”指示灯 52-H01。旋钮松手复位后，两条照明控制列车线继续由 Tc 车的两路照明控制接触器自锁供电。

（2）主照明控制旋钮 52-S03 旋至分位时，触点 23-24、43-44 断开，33-34 闭合，主照明关闭接触器 52-K02 得电，其常闭触点切断两条照明控制列车线的供电，列车所有车辆的照明 1、照明 2 控制接触器失电断开，各客室所有照明灯熄灭，“客室灯亮”指示灯也熄灭。

2. 各客室主照明控制

1）电路组成

控制电路见电路图册图 5202（电路以 Tc 车客室左侧主照明控制电路为例，其他侧控制电路均相同）。电路由驱动电源 1（52-E101），驱动电源 2（52-E102），客室左侧灯 52-A101 ~ 52-A112 共 12 套灯具组成。其中，驱动电源 1（52-E101）给该侧单数灯具供电，驱动电源 2（52-E102）给该侧双数灯具供电。

2）控制原理

（1）当列车主照明控制旋钮 52-S03 旋至合位时，Tc 车的照明 1 控制接触器 52-K103 得电，其常开触头接通了驱动电源 1（52-E101）和驱动电源 2（52-E102）的供电，使 Tc 车左侧两路照明灯具均得电工作，左侧所有照明灯亮。

（2）当意外造成地铁列车高压供电中断或低压电源故障时（或列车未升弓仅由蓄电池供电时），列车两台充电机故障继电器 31-K104 得电闭合（此时列车判断为充电机故障），其常开触点 13-14 闭合，给两个驱动电源发高电平信号，客室照明系统驱动电源自动降低输出功率至原来的 1/3 左右，从而使车内所有灯具照度降低到紧急照明要求的照度，以减少车内蓄电池电力消耗。

（3）当列车主照明控制旋钮 52-S03 旋至分位时，Tc 车的照明 1 控制接触器 52-K103 失电，其常开触头断开了驱动电源 1（52-E101）和驱动电源 2（52-E102）的供电，使 Tc 车左侧两路照明灯具均不得电，左侧所有照明灯熄灭。

课后练习题

1. 列车照明系统主要由哪些部分组成？
2. 简述客室应急照明与正常照明的差别。
3. 简述列车内部照明的分布情况。
4. 试画出城市轨道交通车辆内部照明供电框图。
5. 简述头灯、尾灯及运行灯的主要作用。
6. 简单分析头灯的点亮控制原理。
7. 当列车（两单元车）向前行驶时，列车的前照灯、运行灯和尾灯是何种状态？
8. 当列车（两单元车）处于停车状态时，列车的外部照明灯是何种状态？
9. 列车各节车的室内照明在什么条件下会启动紧急照明？
10. 在什么条件下能打开照明？

第六章 列车客室车门控制系统

【学习目标】

1. 了解地铁列车客室车门的类型及特点。
2. 掌握地铁列车塞拉门的组成及控制原理。
3. 掌握门使能电路、指令电路的组成及工作原理。
4. 掌握 EDCU 控制电路的组成及控制原理。
5. 掌握车门监控电路的组成及控制原理。

在城市轨道交通列车中，客室车门是涉及行车安全的重要设备，其数量多、开度大、开关门动作频繁、故障发生率较高。列车车门受 ATP 系统监控，列车牵引系统受车门联锁控制，车门工作状况对列车的正常运行有很大影响。本章主要介绍电控电动车门控制系统的主要电气部件、开关门工作原理、车门安全回路、特殊情况下车门的控制等内容。

第一节 车门概述

一、客室车门的特点

城市轨道车辆具有运载客流量大，乘客上下车频繁等特点，为了方便乘客上下，缩短停站时间，客室车门的布置一般有以下几个特点：

（1）要有足够的有效宽度。

（2）要均匀布置，以便站台乘客能均匀分配，上下车方便迅速。

（3）要有足够的数量。

（4）车门附近要有足够面积，以缓和上下车时的拥挤，缩短上下车时间。

（5）确保乘客上下安全。

对于车门的数量，应使车门承担的地板面积相等，乘车效率最高，且车门位置应该在承担面积的中央。增加车门的数量，会使上下车效率提高，但会减少座位数。要考虑高峰期与平峰期，站立面积与客室面积比要适当。另外，大宽度的车门必然削弱车体强度。一般 16 ~ 18 m 长的车体采用 3 对门，门的宽度一般为 1 400 mm 左右。

车门可由压缩空气作为开关的动力，也可采用电机驱动。与气动门相比，电动门具有结构简单、易于控制、故障率低、少维修等优点，现代城市轨道交通车辆客室车门广泛采用电控电动门。

二、客室车门的类型

客室车门按照开启方式及结构形式主要可以分为移动门和塞拉门。移动门又可分为内藏式滑动移门、外挂式滑动移门。

（一）内藏式滑动移门

内藏式滑动移门开关门时门页在车辆侧墙的外墙与内护板之间的夹层内移动，传动机构设于车厢内侧车门的顶部，装有导轮的门页可在导轨上移动并与传动装置的钢丝绳或皮带相连接，借助风缸或电机驱动传动机构，从而使钢丝绳或丝杆螺母机构带动门页动作。

（二）外挂式滑动移门

外挂式滑动移门的车门驱动结构工作原理与内藏式滑动移门相同，外挂式滑动移门开关门时门页均位于车辆侧墙的外侧。外挂门的结构较简单。

（三）塞拉门

塞拉门借助于车门上端的传动机构和导轨，使车门在开启状态时门页贴靠在侧墙的外侧，车门在关闭状态时，门页外表面与车体外墙成同一平面。

以上类型的车门各具自身特点。从安全可靠性来讲，移动门一般适用于速度低于 100 km/h 的列车。特别是外挂门，由于外挂门属于外吊悬挂式结构，下部悬空无支承。当列车在隧道中运行时，随着速度的提高，其空气的阻塞比大大增加，对外吊的悬挂门产生较大的压力。当门的结构及强度不随速度的提高而改进设计的话，车门会产生晃动等不稳定因数，影响车门的可靠性。

由于移动门的结构决定车门与车体之间必须保证一定的间隙，因此移动门的密封性差。当列车达到一定的行驶速度时（超过 100 km/h）便会产生车厢内窜风，给乘客带来不适；在车辆进出隧道等外界压力变化时，车内压力随着变化，舒适性下降。由于移动门的密封性差，车辆走行部件产生的噪声很容易传入车内；同时由于移动门或凹或凸于车体，列车在行驶中会使附近的空气产生涡流，空气阻力大，这些都限制了移动门的使用速度。

塞拉门由于与车体在同一平面内，保持了列车较好的流线型，所以具有密封性好，空气阻力小等特点，但塞拉门的结构较移动门复杂，且造价较高。

车门的形式种类虽然各不相同，但实现的功能却大同小异，性能参数也差不多。

第二节 客室车门的组成

一、车门布置

株机生产的地铁列车客室车门采用的是电动双页塞拉门。在乘客车厢的每一侧有 4 个车门，每个车门配有两个电动塞拉门页，在客室的长度方向平均分布。每节车的车门布置如图 6-2-1 所示。

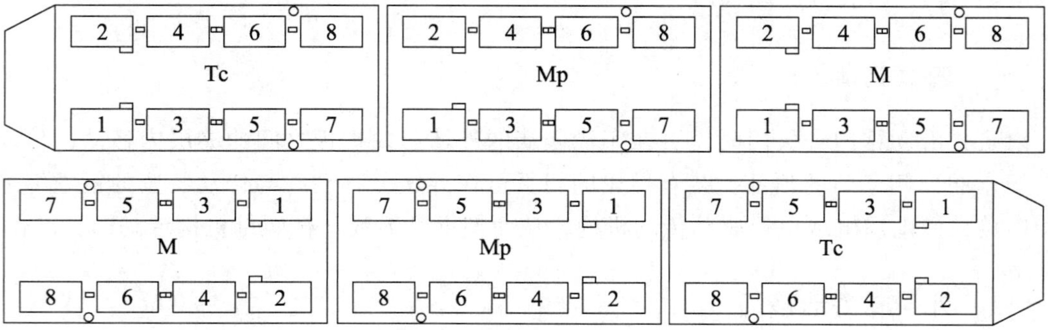

图 6-2-1 客室车门分布

二、客室车门的组成

塞拉门主要由车门组件（门页、托架组件、导杆和导轨等）和车门控制系统（电子门控单元 EDCU、车门驱动单元、门关好/锁好行程开关、紧急解锁开关、门锁闭/切除开关等）两大部分组成。塞拉门的结构如图 6-2-2 所示。

（一）车门组件

每套车门有左右各 1 扇门页，采用铝制夹层结构制造，门页上均安装有玻璃，与外表面平齐。每个门页均由橡胶条环绕密封，具有良好的隔音隔热功能。门叶通过托架组件安装在导杆导轨上，并通过驱动机构的控制进行横、纵向的组合运动。

（二）车门控制系统

1. 电子门控单元（EDCU）

电子门控单元（EDCU）是车门控制系统的核心。EDCU 通过 MVB 总线与 TCMS 进行信息交换，完成对车门的控制、监测、调整，并传递车门的不同状态信息和诊断信息。其中，每节车 1 门和 2 门的门控器为主电子门控器（MDCU），其余门的门控器为本地电子门控器（LDCU）。主电子门控器与 MVB 列车总线相连，本地电子门控器通过 RS 485 总线（或 CAN 总线）与主电子门控器相连。车门的开关指令可通过列车线（硬线）传递给每个车门的 EDCU，也可由列车控制系统 TCMS 通过 MVB 总线传输到主电子门控器 MDCU，MDCU 再通过 RS 485 总线把指令传输到各个 LDCU，通过 MVB 总线和 RS 485 总线，电子门控器与列车控制系统进行信息交换。客室车门网络拓扑如图 6-2-3 所示。

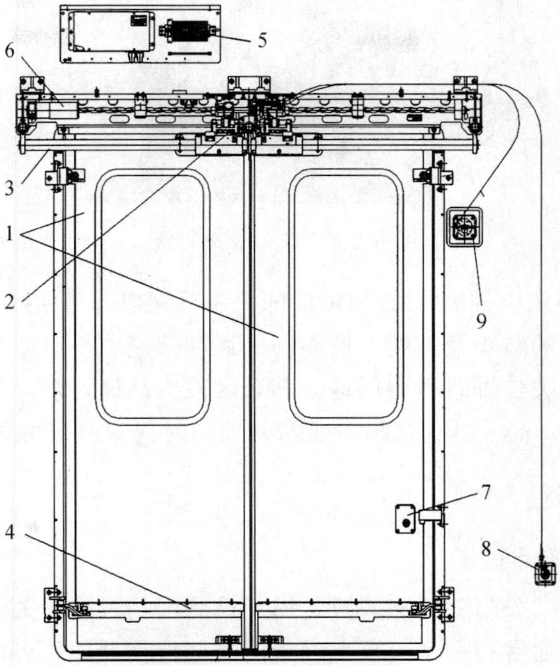

1—门叶；2—托架组件；3—导杆；4—导轨；5—电子门控单元 EDCU；6—驱动装置；
7—门锁闭/切除开关；8—紧急解锁开关（车外）；9—紧急解锁开关（车内）。

图 6-2-2　塞拉门的结构

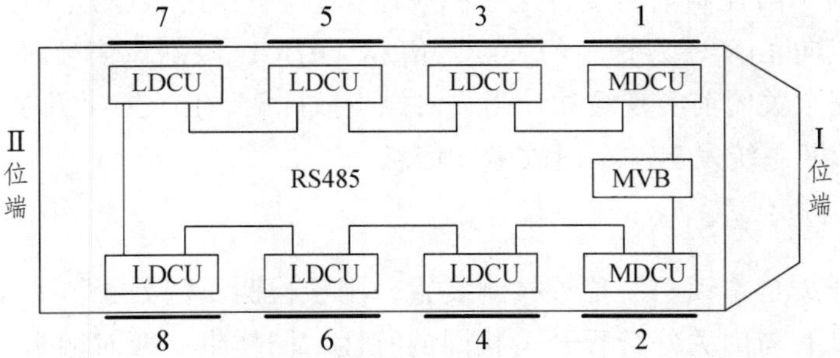

图 6-2-3　客室车门网络拓扑

EDCU 是可编程控制器，使用 DC 110 V 电源，它安装于客室车门顶上的门驱盖板内，对相应车门进行控制。

EDCU 接收零速信号、开门信号和关门信号，处理后输出控制车门电机完成开/关门动作、障碍物探测等信号。同时，EDCU 根据车门状态向列车控制系统发出“车门关好”“车门紧急解锁”“车门锁闭/切除”和“车门故障”等信息。通过 EDCU 的接口，可以对车门开关速度、车门关门压力等参数进行调整。

2. 车门驱动单元

城市轨道交通车辆车门驱动单元主要由门驱动电机、丝杆和携门架组成，如图 6-2-4 所示。驱动电机通常采用永磁无刷直流电动机，DC 110 V 供电。

图 6-2-4　车门驱动单元

车门驱动电机受 EDCU 控制，在 EDCU 的控制下完成开/关门动作。EDCU 输出 PWM 信号稳定地控制电动机的转矩及速度，使车门的运动快速、平稳。开关门均具有二级缓冲功能，在接近全开或全关位置时转为低速，其余区段为高速运动。车门具有防夹功能，通过检测电机电流来判断。高、低速区段，正常开关门时间等参数可通过 EDCU 接口修改。

3. 门关好/锁好行程开关

1）门关好行程开关 S4

门关好行程开关是“关门”检测装置，用于检测门是否处于关闭状态。两门页的动作具有对称性及同步性，通常在一个门页上设置门关好行程开关，可以检测到整个门页是否处于关闭状态。

门关好行程开关有两对触点，利用车门门页运动到位后碰撞行程开关，使其触头动作来实现接通或分断车门控制电路或传递车门状态信息。一对触点用于向列车安全回路传送信号，另一对触点向 EDCU 发送“门关好”信号。EDCU 收到该信号后，控制电机降低转速，以使车门在完全关闭前实现缓冲。当一对触点故障时，EDCU 收不到“门关好”信息，EDCU 将向列车诊断系统发出“车门故障”信息。

2）门锁好行程开关 S1

门锁好行程开关是“锁门”位置检测装置，用于检测车门处于“关闭并锁好”位置。门锁好行程开关具有与门关好行程开关相同的特性，同样带有两对触头。当其动作后，向 EDCU 送出车门已锁信号，同时向列车安全回路传送信号。门关/锁好行程开关及紧急解锁行程开关在车门上的安装位置如图 6-2-5 所示。

4. 紧急解锁开关

1）内部紧急解锁开关

在车辆内部，每个车门都设有一个可供乘客在紧急情况下使用的紧急解锁开关。紧急解锁开关一般安装于车辆内部车门顶部操纵机构上或车体内部靠近车门的地方。在紧急情况下，通过操作内部紧急解锁开关打开客室车门对乘客实施紧急疏散。内部紧急解锁开关如图 6-2-6 所示。

图 6-2-5　门关好/锁好行程开关及紧急解锁行程开关

图 6-2-6　内部紧急解锁开关

2）外部紧急解锁开关

每节车的两侧各设一套外部解锁装置，一般安装于侧墙外侧中部位置。外部紧急解锁装置原理与内部紧急解锁装置的类似，但需要司机用方孔钥匙操作。

紧急解锁开关的状态受 EDCU 监控。操作该装置将启动“门解锁”行程开关 S3，车门解锁时，通过行程开关 S3 向 EDCU 发出“紧急解锁”信号。列车运行状态不同的情况下，操作该装置所得结果不同。

（1）列车静止时，车门可以手动打开。

（2）列车运行时，电机保持一定的维持电流，使门页保持关闭状态。

5. 门锁闭/切除开关

在车辆运行过程中，当出现单个客室车门故障影响到列车运行时，可通过操作门锁闭/切除开关，把故障客室车门隔离，以使列车尽快恢复运行。

故障客室车门隔离后，被隔离客室车门实现电气隔离和机械隔离，它将脱离控制系统，不影响其他车门及其他系统的正常工作。同时，被隔离客室车门处于机械锁闭状态，不能被打开，相应的门锁闭/切除行程开关 S2 被触发，向 EDCU 发送该车门的锁闭/切除信号。门锁闭/切除开关如图 6-2-7 所示。

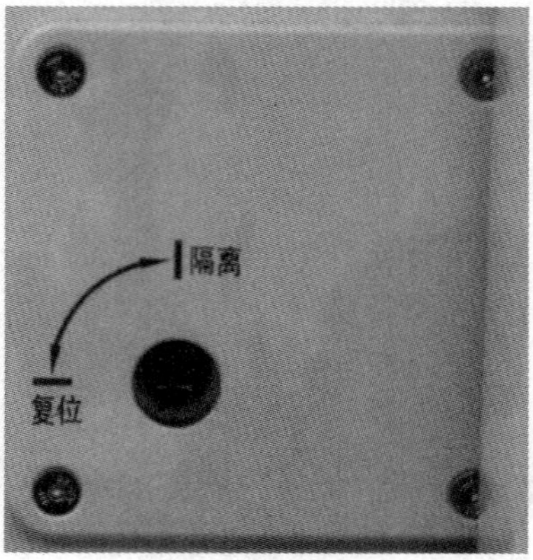

图 6-2-7　门锁闭/切除开关

6. 车门模式选择开关

车门模式选择开关安装在司机台右侧的按钮板上，用于选择客室车门开关门方式。

车门模式选择开关一般有 3 个工作位。

（1）手动位：手动开门/手动关门。

（2）自动位：自动开门/自动关门。

（3）半自动位：自动开门/手动关门。

在 ATC 被切除时，必须将车门模式选择开关置于手动位；正线运行时，车门模式选择开关一般统一置于自动开门/手动关门位。车门的自动开/关门功能只能在 AM-CTC 模式下才能实现。

第三节　客室车门控制

一、客室车门控制系统的功能

客室侧门控制系统具有如下功能：

（1）集中开、关门功能，包括车门开、关状态显示。

（2）单门故障切除功能。

（3）列车车门监控旁路功能。

（4）车门故障显示、存储和诊断功能。故障指示、诊断和记录功能并可通过 PTU 读出记录数据，每一个客室车门控制器都与列车监控系统连接以显示状态及故障。

（5）强行开门功能（在信号控制状态下手动给出车门开门使能信号）。

（6）车内紧急解锁功能（部分车门）。

（7）障碍物自动检测和防夹功能，未关闭好的车门再开闭功能，已关好的车门不再打开。

（8）零速保护：门控单元须确保在有零速信号时才可考虑开门。正常操作时，零速信号由车载信号系统提供。当车载信号系统不工作时，零速信号由列车制动系统或牵引系统提供。

二、客室车门的控制原理

（一）塞拉门的控制过程

每个客室门均由一个独立的 EDCU（车门控制单元）进行控制。当司机（或 ATC 系统）发出开关门指令，控制系统将指令传递给 EDCU，EDCU 得到指令并综合开关门条件后，接通驱动电机的电源，由电机带动车门驱动装置工作，完成车门开关门运动。

塞拉门机械工作分为三个步骤：平移运动、塞拉运动、门的锁闭。

（二）EDCU 门控系统的功能详述

1. 初次上电自检关门

（1）门控器上电自检时间控制在 18 s 以内。

（2）门控器初上电时，先检测门是否关到位，如果门没有关好，车门将自动关门到位。

（3）上电自检关门时，若门超过时限（约 5 s）不能完全关闭，则该门开关门指示灯常亮。此时可继续对该门进行开关操作，操作时伴有蜂鸣提示。经过再次关门操作后，只要门被完全关闭，该开关门指示灯即灭。

（4）门完全关闭好后，门控器即处于待命状态。

2. 紧急解锁

（1）只要门隔离锁未锁闭，在车内紧急解锁可实现机械手动开门操作。

（2）当有零速信号时，操作紧急解锁，可以手动开门，此时电机不加力。

（3）当没有零速信号时，电机应保持一定的维持电流，操作紧急解锁，此时需要克服一定的力（≥300 N），才能实现手动开门。

3. 电控开门

（1）只有在车辆处于静止状态下（即有零速信号），门隔离锁未锁闭，无紧急解锁时才可以进行电控开门操作。

（2）开门操作可通过集控开门、服务按钮之一来打开相应的门，开门信号为脉冲信号。门控器收到开门信号蜂鸣器开始鸣叫，门控器收到开门信号延时 0 ~ 3 s 门开始动作，车门开启，开关门指示灯点亮。

（3）开门信号生效后，超时门没有打开（闭锁信号不消失），则该门的门控器报警，这时仍可对该门再进行开关操作。

（4）开门操作需保持 200 ms，开门信号才能生效，操作时间短暂会被忽略。

（5）被隔离的门，该门门控器的任何电控信号失效。

4. 电控关门

（1）只有在车辆处于静止状态下，门隔离锁未锁闭，无紧急解锁时才可以进行电控关门操作。

（2）关门操作可通过集控关门、服务按钮之一来关闭相应的门。门控器收到关门信号蜂鸣器开始鸣叫，门控器收到关门信号延时 0 ~ 3 s 门开始动作。同时，门控器接收到关门指令后，橙色指示灯开始闪烁，直至门完全关闭灯灭。

（3）在门扇正常关闭的过程中，如果发生受阻信号时，门会停止关闭并自动开启（此时没有蜂鸣声响），车门打开 350 mm 后，车门自动再次关闭。若门不断受阻，该门重复 3 次上述过程。如果车门仍未关好，车门将处于全开位置，门控器报警。此时，需要再次操作关门动作才能进行关门。

（4）门关闭时没有受阻信号，且门被关闭，但是门控器没有收到完全关闭信号，又超过时限，此时门控器将停止该次关门动作，门控器报警。但对该门可继续进行电控开关门操作。

（5）关门操作需保持 200 ms，关门信号才能生效，操作时间短暂会被忽略。

5. 列车行驶自动锁闭功能（零速信号保护功能）

列车运行时，当零速信号丢失时，没有完全关闭的车门将自动关闭，关好的车门保持关闭状态，车门完全关好并锁闭后，此时门控器不再响应任何开关门信号对车门的操作。

6. 隔离功能

当该车门不投入运行或车门出现故障而不能及时修理时可锁闭隔离锁。当隔离锁锁闭后，隔离锁将车门机械锁闭，同时将隔离信号传至门控器，门控器自动切断该车门的控制回路，点亮红色隔离指示灯，并向车辆计算机报告该车门退出服务，保证车辆的正常运行工作。

7. 防夹功能

防夹功能最小检测障碍物大小为 30 mm×60 mm（宽×高），在正常关门时如果遇到障碍物，最大关门力持续 0.5 s 后，车门重新打开至 350 mm，再重新关闭。如果障碍物仍旧存在，则将再循环一次。当障碍物探测达到 3 次，车门处于全打开状态，由司机再次操作关门按钮尝试将门关闭。

8. 车门自动适应调节开关门力功能

为适应每个门由于机械上的不同，造成的开关门力不同，门控器能根据每个门机械开门力的大小，进行自我调节，以达到各个门开关动作统一稳定。

（三）车门控制原理

1. 开门的工作原理

1）开门条件

（1）有门使能（允许、授权）信号。
（2）有开门指令信号。
（3）列车为静止状态（有零速信号）。
（4）没有操作机械隔离装置。
（5）没有操作紧急解锁装置。
（6）门处于关闭状态或未开到位状态。

（7）没有关门指令信号。

2）开门原理

列车控制系统发出开门指令（按压开门按钮或者自动运行模式下的自动开门指令）→列车控制系统检测列车状态→EDCU 接收到开门指令（综合判断所有开门条件）→EDCU 控制电路接通电机电源→电机通电并工作→中间解锁装置解锁→携门架上的滚轮、上滑道、摆臂、下滑道及短导柱配合，实现塞拉→携门架、长导柱、上下滑道配合，实现平移→车门开启直到完全打开。列车开门控制逻辑框图如图 6-3-1 所示。

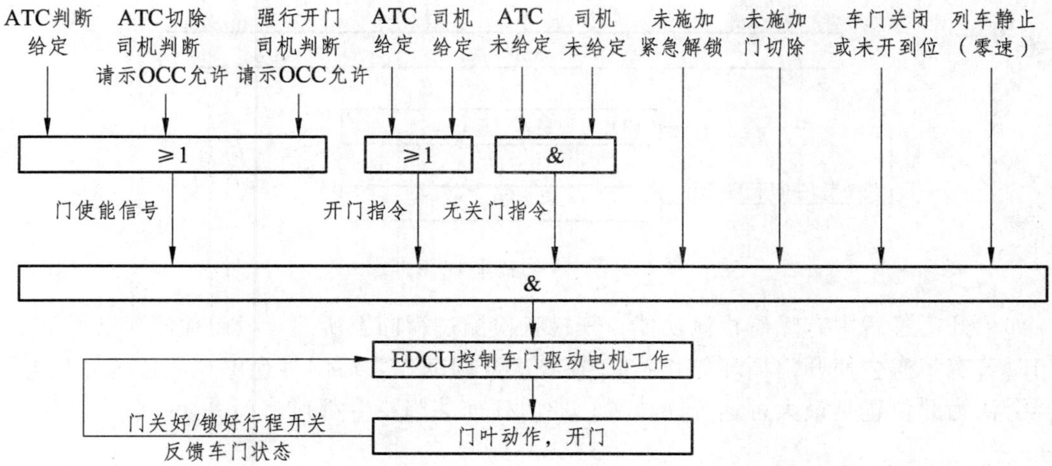

图 6-3-1　开门控制逻辑框图

2. 关门的工作原理

1）关门条件

（1）有关门指令信号。
（2）没有操作机械隔离装置。
（3）没有操作紧急解锁装置。
（4）列车为静止状态（有零速信号）。
（5）门处于开启状态或门未关/锁到位。

2）关门原理

列车控制系统发出关门指令（按压关门按钮或者自动运行模式下的自动关门指令）→EDCU 接收到关门指令→EDCU 控制电路接通电机电源→电机通电并工作→车门开始关闭→检测车门状态（由关到位开关 S4 和锁到位开关 S1 检测、障碍检测等）→进行下一步动作→直到门完全关闭。列车关门控制逻辑框图如图 6-3-2 所示。

3. 开关门过程的障碍检测

如果关门时障碍检测被激活，将会施加一个持续 0.5 s 的最大关门力（≤150 N）。之后门自动打开 350 mm（打开距离可调）左右，停止 1 s 后，再次关闭，以便清除障碍物。这个循环将重复 3 次（循环次数可调），且在 3 次连续关门顺序中如果障碍检测都被激活，门将运动到开门终点位置并停留在这一位置，该门的车门橙黄色指示灯常亮，以引起司机注意。任何关门、开门指令都可使门重新启动。

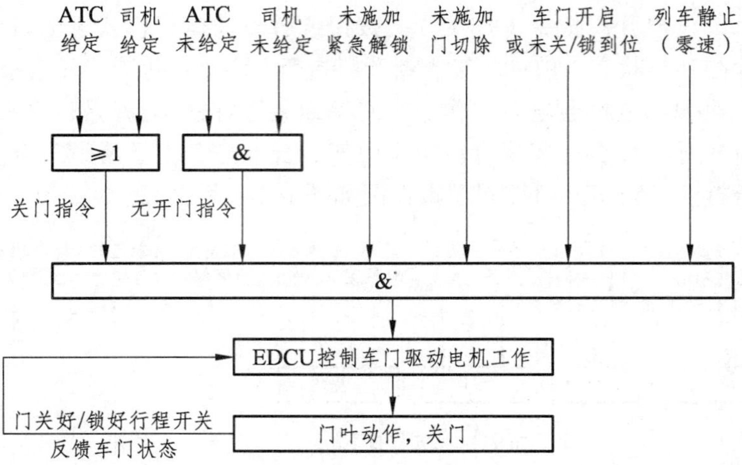

图 6-3-2　关门控制逻辑框图

如果开门过程中有障碍检测功能，其检查检测过程同上所述。障碍检测可被激活 3 次。开门时若有障碍会使开门循环停止 1 s，在 3 次开门动作之后门将会停在此位置并且电子门控器会认为此位置是最大可达开门位置，此时任何关门指令都可将门关闭。

4. 门隔离的工作原理

在车门关闭状态下，操作门隔离开关，可以使车门机械锁住，门隔离行程开关 S3 向 EDCU 反馈该车门隔离信号，并在电气上从安全环路上隔离。该门即从列车控制系统中隔离开来，不受列车控制系统的控制及监视。

5. 紧急解锁操作的工作原理

操作内、外紧急解锁开关→钢丝绳带动中间解锁装置滑轮→滑轮转动→带动解锁装置解锁，并启动紧急解锁行程开关 S3→门控器 EDCU 收到相应信号→门控器根据列车状态进行下一步动作（若零速信号有效，则车门解锁，可手动打开车门；若零速信号无效，则电机朝关门方向施加一个 300 N、持续 3 min 的力，以阻止车门被打开）。

第四节　列车开关门控制电路

一、门允许（使能）信号电路

（一）电路组成

门使能信号即开门允许（授权）信号，门使能信号电路如电路图册图 8101 所示，它由司机台激活继电器 22-K151，ATC 车载设备 91-A01，零速继电器 22-K118，DCS 切除继电器 91-K113，ATC 切除继电器 91-K09、91-K12，ATC 切除旋钮 91-S105，强行开门旋钮 91-S10，门网络/硬线开关门切换旋钮 91-S107，门零速旁路旋钮 91-S109，网络输入/输出接口模块 DIMe 等组成。

（二）电路原理

根据开门需要具备的条件，该控制电路提供 3 个信号：左门允许信号——810123 线（高电平有效）、右门允许信号——810132 线（高电平有效）、网络/硬线开门切换信号——810122 线（高电平网络控制有效）。

1. 门允许信号的获取方式

1）ATC 授权（由网络判断授权条件）

当列车 ATC 信号有效时，列车开门使能（允许）信号由 ATC 给定。

左门允许信号：（电源+）320271.101→XT102.01-100→81-V128→XT115.01-56→91-A01→91-S105$_{21\text{-}22}$→91-S10$_{31\text{-}32}$→XT102.01-103→810123（左门允许列车线）→EDCU。

右门允许信号：（电源+）320271.101→XT102.01-100→81-V128→XT115.01-57→91-A01→91-S105$_{31\text{-}32}$→91-S10$_{41\text{-}42}$→XT102.01-104→810132（右门允许列车线）→EDCU。

2）ATC 切除（由司机判断请示 OCC 允许）

列车特殊情况下切除 ATC 运行时，DCS 切除继电器 91-K113 得电，车门允许信号通过 91-K113 输出给定（受零速监控）。

左门允许信号：（电源+）320271.101→XT102.01-100→22-K118$_{51\text{-}52}$（与 91-S109 并联）→91-K113$_{13\text{-}14}$→XT102.01-103（81-V103）→810123（左门允许列车线）→EDCU。

右门允许信号：（电源+）320271.101→XT102.01-100→22-K118$_{51\text{-}52}$（与 91-S109 并联）→91-K113$_{11\text{-}12}$→XT102.01-104（81-V104）→810132（右门允许列车线）→EDCU。

3）强行开门（由司机判断请示 OCC 允许）

当列车以 ATO 模式或 SM 模式对标停车时，如果车门和屏蔽门不能打开（或需强行开门的其他条件），此时司机判断请示 OCC 允许启用强行开门给定允许信号。

左门允许信号：（电源+）320271.101→XT102.01-100→22-K118$_{51\text{-}52}$（与 91-S109 并联）→91-S10$_{13\text{-}14}$→XT102.01-103（81-V103）→810123（左门允许列车线）→EDCU。

右门允许信号：（电源+）320271.101→XT102.01-100→22-K118$_{51\text{-}52}$（与 91-S109 并联）→91-S10$_{23\text{-}24}$→XT102.01-104（81-V104）→810132（右门允许列车线）→EDCU。

2. 网络/硬线开门切换信号

默认采用硬线开门模式（810122 线低电平），如果选择网络开门模式，通过操作网络/硬线开门旋钮 81-S107 使 810122 线输出高电平。

二、门指令及门零速信号电路

（一）电路组成

门指令及门零速信号电路是输出手动开关门控制信号及门零速信号的电路，见电路图册图 8102。电路主要由开门按钮 81-S06、81-S02、81-S05、81-S01，关门按钮 81-S16、81-S12、81-S15、81-S11，门零速旁路开关 81-S109，零速继电器 22-K118，网络接口模块 DXMe1 等组成。

（二）电路原理

根据电路可知电路提供 5 个信号：开左门信号——810223 线（高电平有效）；开右门信号——810253 线（高电平有效）；关左门信号——810233 线（高电平有效）；关右门信号——810263 线（高电平有效）；门零速信号——810281 线（高电平有效）。

1. 开左门指令

按压开左门按钮 81-S06 或 81-S02，接通 810121.104（电源+）→81-V101→81-$S16_{21\text{-}22}$→81-$S12_{21\text{-}22}$→81-$S06_{13\text{-}14}$ 或 81-$S02_{13\text{-}14}$→开左门指令列车线 810223（高电平），同时通过网络接口模块 DXMe1 发送开左门指令。

2. 开右门指令

按压开右门按钮 81-S05 或 81-S01，接通 810121.104（电源+）→81-V102→81-$S15_{21\text{-}22}$→81-$S11_{21\text{-}22}$→81-$S05_{13\text{-}14}$ 或 81-$S01_{13\text{-}14}$→开右门指令列车线 810253（高电平），同时通过网络接口模块 DXMe1 发送开右门指令。

3. 关左门指令

按压关左门按钮 81-S16 或 81-S12，接通 810121.104（电源+）→81-V101→81-$S16_{13\text{-}14}$ 或 81-$S12_{13\text{-}14}$→关左门指令列车线 810233（高电平），同时通过网络接口模块 DXMe1 发送关左门指令。

4. 关右门指令

按压关右门按钮 81-S15 或 81-S11，接通 810121.104（电源+）→81-V101→81-$S16_{13\text{-}14}$ 或 81-$S12_{13\text{-}14}$→关右门指令列车线 810263（高电平），同时通过网络接口模块 DXMe1 发送关左门指令。

5. 门零速信号

车门零速信号由零速继电器 22-K118 或旋转门零速旁路开关 81-S109 获得，接通 320271.106（电源+）→81-$V124_{13\text{-}14}$→22-$K118_{33\text{-}34}$ 或 81-$S109_{33\text{-}34}$→810281 零速指令列车线（高电平），同时通过网络接口模块 DXMe1 发送零速信号。

三、车门指令列车线

列车车门指令列车线的作用是将门使能电路发出的左右门允许信号、门指令及门零速信号电路发出的开关门信号、门零速信号通过列车线（硬线）传递到列车的每一节车的EDCU，以实现全列车的硬线统一开关门控制。

为了统一全列车两侧车门的开关门状态（由于列车的连挂规定，列车同侧车门实际上是一个单元的左侧车门和另一个单元的右侧车门），由电路可知，列车的开关门列车线、门允许列车线必须在两台 M 车连接处交叉连接。

网络控制开关门时，则将指令通过列车网络系统传递到车门每节车的主门控器 MDCU，主门控器 MDCU 再通过 RS485 总线（或 CAN 总线）与本地门控器 LDCU 通信，以实现统一开关门控制。列车车门网络拓扑如图 6-2-3 所示。

四、门 EDCU 控制电路

（一）电路组成

EDCU 是车门控制中心，它接收控制指令以控制车门电机，监控车门状态，向 TCMS 发送车门状态信息。EDCU 控制电路见电路图册图 8105。

（二）电路原理

EDCU 由 DC 110 V 电源供电，EDCU 接收零速信号、开门允许信号、开关门信号、网络/硬线开关门切换信号，监控车门锁闭/切除、紧急解锁、门关好/锁好等行程开关的状态，综合以上所有信息控制车门电机工作及安装在车门顶上的门工作指示灯的显示。门工作指示灯由门状态指示灯（橙黄色）和门切除指示灯（红色）组成，如图 6-4-1 所示。

图 6-4-1　门工作指示灯

第五节　列车车门状态监控电路

列车运行过程中全部车门正常关好锁闭，才能确保行车安全。为了确定每一个车门是否处于完全关好锁闭状态，将同侧所有车门的门关/锁好行程开关的常闭触点串联，形成关门安全联锁电路，即车门安全回路。当列车两侧的车门安全回路接通后，即列车所有车门均关好并锁闭，司机室门关好指示灯亮，列车方可启动。只要检测到有一个车门没有正确关好/锁闭，列车将无法启动。在运行过程中，如果有乘客将紧急解锁手柄拉下，车门安全回路断开，列车将触发紧急制动并停车。

列车车门的状态除了与列车牵控制系统联锁外，还通过 HMI 屏和按钮指示灯显示其工作状态，HMI 屏的车门状态显示如图 6-5-1 所示。

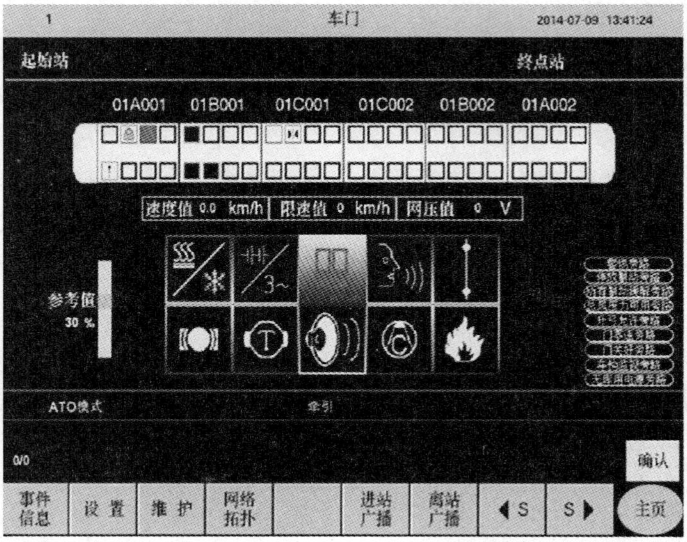

优先级	符号	指示状态
1		门紧急解锁
2		门切除
3		门严重故障
4		门中等故障
5		门检测到故障物
6		门开，无故障
7		门关，无故障

图 6-5-1 HMI 屏的车门状态显示

一、单个车门状态监控电路

单个车门状态监控电路见电路图册图 8105，它由门关到位行程开关 S4、门锁到位行程开关 S1、门紧急解锁行程开关 S3、门切除行程开关 S2、门控制单元 EDCU 组成。

单个门的门关到位行程开关 S4、门锁到位行程开关 S1、门紧急解锁行程开关 S3 串联到 EDCU，当单个车门关好锁好且没有操作紧急解锁，这些开关串联形成通路，EDCU 判断门处于正常关门状态。单个车门的串联回路为 $EDCU_{13} \rightarrow S4_{1\text{-}2} \rightarrow S1_{1\text{-}2} \rightarrow S3_{1\text{-}2} \rightarrow EDCU_{14}$。当该车门被切除时，门切除行程开关 S2 将短接由 S4、S1 和 S3 串联的通路，该车门的状态将不再被安全回路监控。

二、单节车单侧门状态监控电路

单节车单侧门状态监控电路见电路图册图 8106。

在所有的车厢中，每个车门都需要监控，实际上就是在一节车厢中，将按照不同车侧将该侧 4 个车门的行程开关全部串联，当该车厢的所有车门都关好锁好且没有操作紧急解锁时，该节车两侧的这两条串联回路将各自形成通路，如果回路上有某一车门未关好锁好或操作了紧急解锁，对应回路将会断路。

三、全列车车门状态监控电路（车门安全环路）

（一）电路组成

车门安全环路见电路图册图 8107，它由司机台解锁继电器 22-K152，所有左门关好继电器 81-K109，所有右门关好继电器 81-K110 以及每个车门的门关到位行程开关 S4、门锁到位行程开关 S1、门紧急解锁行程开关 S3、门切除行程开关 S2、门控制单元 EDCU 组成。

（二）电路原理

全列车车门状态监控实际上是将全车每一侧所有车门的监控电路都串联起来，这样每一侧所有车门的行程开关全部串联各自形成环路。当这两条环路上的所有车门都关好锁好且没有操作紧急解锁时，环路连通使所有左门关好继电器 81-K109 和所有由门关好继电器 81-K110 得电闭合。此时司机室所有车门关好指示灯亮，列车方可启动，只要检测到有一个车门没有正确关好锁闭，列车将无法启动。

由电路可见，为了监控全列车同一侧车门的状态，两侧车门的安全环路线必须在 2 个 M 车连接处交叉连接。

四、车门指示灯控制电路

利用司机台上车门有关的指示灯通过监测列车车门允许指令、车门开关状态等显示出来，供司机直观判断车门的总体工作状态。

（一）电路组成

车门指示灯控制电路由车门开门按钮指示灯 81-S06、81-S02、81-S05、81-S01、关门按钮指示灯 81-S16、81-S12、81-S15、81-S11，列车所有车门关好指示灯 81-H04 及所有左门关好继电器 81-K109 和所有由门关好继电器 81-K110 组成。电路见电路图册图 8103。

（二）电路工作原理

由图可知，当列车有车门使能信号，则左右门开门按钮指示灯红灯将点亮，此时进行开门操作才有效，当车门开启后，指示灯仍然点亮；当列车没有车门使能信号，开门指示灯熄灭，车门无法开启。关门按钮中的绿灯则是在开门时熄灭，门关好时点亮。只有全车所有车门全部关好，两侧车门的安全环路线接通使列车所有左门关好继电器 81-K109 和所有右门关好继电器 81-K110 得电时，所有车门关好指示灯 81-H04 才点亮。

五、车门安全回路对列车的影响

（一）车门安全回路对车载 ATC 系统的影响

（1）当列车处于静止状态（零速信号有效时，列车运行速度小于 3 km/h）时，如果车门安全回路断开，所有左门关好继电器 81-K109 和所有右门关好继电器 81-K110 则失电。车载 ATC 系统接收到所有门关好继电器失电信息后，将对列车施加紧急制动。

（2）当列车运行速度快于 3 km/h、零速信号失效时，车载 ATC 系统接即使收到门关好继电器失电信号，列车仍正常运行，不施加紧急制动。

（二）车门安全回路对牵引指令的影响

（1）牵引指令既可以通过硬线的方式给出，也可以由车载 ATP/AT0 系统给出。不论哪种方式给出牵引指令，为了保证安全，在车门未关好之前不允许牵引，不给出牵引指令。

（2）当列车处于静止状态（零速信号有效时，列车运行速度小于 3 km/h）时，只有所有门关好继电器得电，也就是在所有车门正常关闭的情况下，列车才会给出牵引指令。

（3）当列车运行速度高于 3 km/h、零速信号失效时，牵引指令与车门安全回路状态无关。当有车门打开时，车门安全回路断开，即使所有门关好继电器失电，列车仍然可以正常牵引；但是在列车第一次停车后，牵引指令将被封锁。

（三）车门安全回路对门关好指示灯的影响

当车门安全回路接通、所有门关好继电器得电时，门关好指示灯绿灯亮，表示所有车门已经正常关闭。当车门安全回路断开，所有门关好继电器失电时，门关好指示灯熄灭，表示有车门未正常关闭。

课后练习题

1. 车门系统的主要部件有哪些？
2. EDCU 的主要功能是什么？
3. 车门模式选择开关有哪几个工作位置？
4. 开门的基本条件是什么？
5. 关门的基本条件是什么？
6. 城市轨道交通车辆有哪几条重要的车门控制线？
7. 哪些情况下门使能信号有效？
8. 简述车门开关的过程。
9. 车门安全回路断开会对列车产生什么影响？
10. 车门切除后会出现哪些情况？
11. 车门切除/隔离和车门紧急解锁的目的有什么不同？

第七章 列车网络控制系统

【学习目标】

1. 了解列车网络控制系统的组成。
2. 了解列车网络控制系统的功能。
3. 掌握 DTECS 网络控制系统主要设备及作用。

列车网络控制系统，是一种专门用于轨道列车的计算机系统，该系统功能强大，可以对列车进行全面的控制和监控，包括牵引、制动、乘客信息设备以及状态显示、信息记录和读取等。网络技术引入列车控制系统后，各国都根据本国国情并依托本国资源优势，开发出不同的列车网络控制系统（TCMS），比较典型的有德国西门子的 SIBAS 系统、加拿大庞巴迪的 MITRAC 系统、法国阿尔斯通的 AGATE 系统、日本新干线列车信息系统 TIS，以及我国株洲时代电气集团公司的 DTECS 系统等，本章主要介绍 DTECS 系统。

第一节　列车网络控制系统概述

DTECS 是中车株洲电力机车研究所有限公司（简称株洲所）自主研制的分布式地铁列车网络控制系统（Distrute Train Electric Control System，DTECS），目前国内大部分地铁公司的国产化地铁列车都采用该系统。DTECS 是基于列车通信网络（TCN）的分布式控制系统，列车通信网络由绞线式列车总线和多功能车辆总线组成，与控制微机、现场设备构成列车网络控制系统，具有控制、状态监视和故障诊断功能，是列车的控制中枢。

一、DTECS 的构成

DTECS 作为整车控制系统，通过信号采集模块，采集司机的操作指令及列车各个工况下的状态信号，经过运算及逻辑处理，给出操作列车各个部件的控制指令，通过 MVB 总线实现与牵引控制系统、制动控制系统、辅助供电系统、信号系统、车门系统、广播和视频监控系统等部件的数据交换。DTECS 与第三方控制系统的数据交互原理如图 7-1-1 所示。

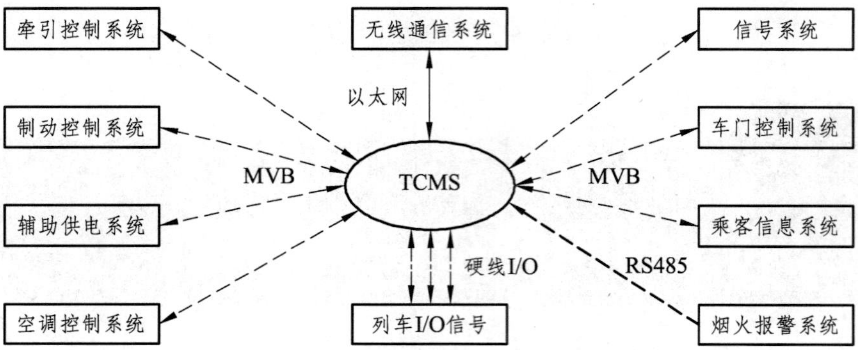

图 7-1-1　DTECS 与第三方系统的交互

（一）DTECS 网络配置情况

基于 DTECS 的地铁列车采用 4 动 2 拖 6 辆编组，每列车包含冗余的列车总线网络控制和车辆总线控制系统，其中列车中央控制单元 VCMe 位于 Tc 车。列车的 TCMS 网络拓扑结构如图 7-1-2 所示。

（二）DTECS 的核心部件

DTECS 采用分布式控制技术，划分为列车控制级和车辆控制级两级。列车控制总线和车辆控制总线均采用 EMD 电气中距介质的 MVB 多功能车辆总线。列车级总线和车辆级总线之间通过中继模块 REP 作为桥接器，实现列车级总线到车辆级总线的数据转发功能，其中车辆控制模块与列车通信网络是 DTECS 的两大核心部件。

1. 车辆控制模块

对于关键的车辆控制模块 VCMe，由于其主要实现重要的车辆控制和总线管理，因此在整个列车网络中也对 VCMe 做了热备冗余配置。正常情况下两个 VCMe 通过底层协议芯片的竞争机制自动选取一个 VCMe 为总线管理主，另外一个 VCMe 为备用主。当主 VCMe 出现故障时，备用 VCMe 将接管主 VCMe 的职责，行使所有的总线管理和控制功能。但是不论哪个 VCMe 为总线管理主，在控制逻辑上都以司机钥匙激活端的控制指令为准，总线管理主权的交换不会导致控制指令来源的切换。

2. 列车通信网络

DTECS 的列车通信网络作为与车辆控制模块并称为 TCMS 的两大核心之一，整体网络架构采用 A/B 线单独铺设的双通道冗余设计，当某一路通信线出现故障时，系统可以自动切换到另一路通信线路。每节车辆各配置两个中继器 REP（一个 REP 转发 A 通道数据，另一个 REP 转发 B 通道数据），同时每节车辆的 DCU/SIV 作为车辆总线的终端。DCU/SIV 的网卡设计为 MVB 三类设备，可以对所在 MVB 网段的线路通信状态进行监视，并将诊断结果以设备状态字的方式通过 MVB 发送给车辆控制模块 VCMe。

不论是列车级总线还是车辆级总线，均采用通信线路双通道冗余设计，以提高可利用性，当某一路通信线路出现故障时，系统可以自动切换到另一路通信线路。

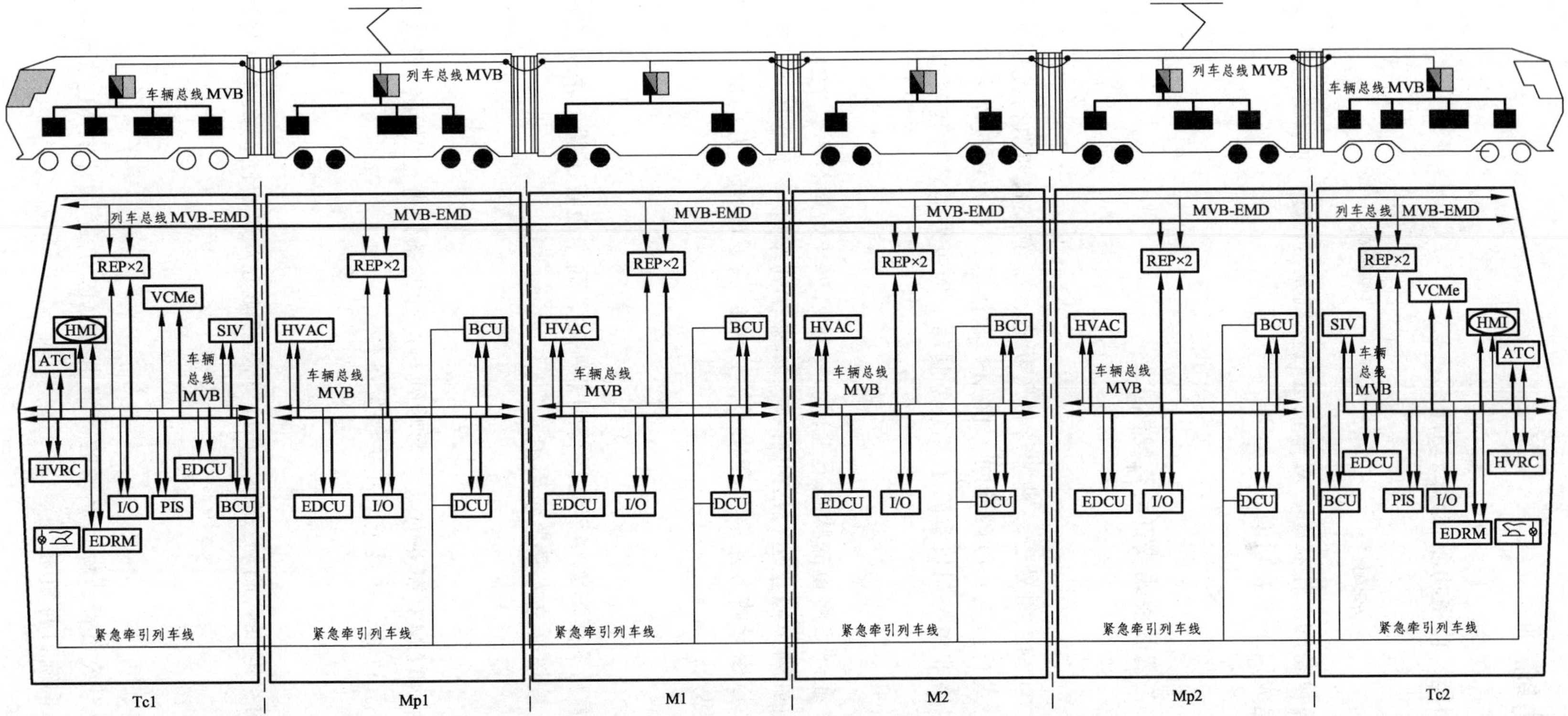

VCMe：车辆控制模块
EDRM：事件记录模块
REP：中继模块
I/O：输入输出模块

ATC：信号系统
BCU：制动系统
DCU：牵引系统
EDCU：门控系统
HVAC：空调系统

PIS：旅客信息系统
SIV：辅助供电系统
HMI：显示器
MVB-EMD：多功能车辆总线-电气中距离介质

图 7-1-2　列车的 TCMS 网络拓扑结构

二、TCMS 系统功能

TCMS 主要具有控制功能、监视功能和诊断功能。

（一）控制功能

综合车辆运行工况及各设备的工作状态，对车辆进行控制是 TCMS 的主要功能之一，根据系统设计需求，主要完成以下控制功能。

1. 模式控制

TCMS 判断列车处于人工驾驶模式或自动驾驶模式。

2. 司机室激活控制

当司机室没有激活时，TCMS 将处于一种“待机”状态，拒绝接收和执行控制指令，但可以对全列车的状态信息进行监视和故障诊断。TCMS 激活后，只允许接收来自主控司机室的各种控制指令，而忽略非主控司机室除了“紧急制动”指令外的各种控制指令。

3. 方向控制

列车的换向操作只允许在列车静止的状态下进行。一旦列车开始运行后，TCMS 将锁定当前列车的方向信号，直到列车停止运行后才解锁。如果在列车运行过程中，不管是人为操作原因还是司控器故障原因导致方向信号变化了，TCMS 会诊断出“方向信号丢失故障”，并在显示器上做故障提示。

4. 紧急牵引控制

为了保证 TCMS 故障情况下列车能够继续运行到下一站，列车设置了紧急牵引按钮，司机可以通过操作紧急牵引按钮来进入紧急牵引模式。

5. 紧急制动控制

为了保证列车行车安全，TCMS 需要对某些影响列车运行的条件进行监视，当这些条件发生时，TCMS 将触发紧急制动，并且记录相关触发条件。

6. 空电联合制动控制

TCMS 参与地铁列车的空电混合制动控制，并计算总制动力发送给制动系统由制动系统分配完成。

7. 保持制动控制

保持制动的施加由制动系统负责，保持制动的缓解由 TCMS 负责。当 TCMS 故障时，保持制动的管理全部由制动系统自身负责。

8. 牵引封锁

为了保证列车行车安全，TCMS 需要对某些影响列车运行的条件进行监视，当这些条件不满足时，TCMS 将封锁列车的所有牵引指令，同时在 HMI 上报“牵引封锁”提示信息，以及在显示器上显示引起牵引封锁的条件。

9. 加减速度测试

TCMS 根据显示器设置的起始速度、目标速度测试开始信号，计算列车的平均加速度、平均减速度、制动距离。

10. 空调启动控制

为了防止各节车辆的空调机组的压缩机同时启动，对辅助供电系统造成的交流负载严重过载，因此需要对空调机组压缩机进行错时启动控制。

11. 扩展供电控制

当列车上一台 SIV 发生严重故障，不能正常工作时，TCMS 控制扩展供电接触器，由另一台 SIV 提供整列车的负载需求。

12. 车地通信控制

TCMS 通过 EDRM 以太网接口与具有无线传输功能的设备（车载 PIS）相连，实现列车故障数据的传输。

13. 超速保护控制

TCMS 对列车速度进行监视、报警和保护。

14. 空气压缩机管理

TCMS 按单双日启停不同的空气压缩机来对制动系统空压机进行管理，以确保每台空压机损耗均匀，提高单台空压机的使用寿命。

15. 制动系统自检功能

TCMS 显示器界面设置制动系统自检按钮（由制动系统做安全防护），触发制动系统自检命令至少维持高电平 2 s。

（二）监视功能

车辆的监视功能由智能显示器 HMI 完成。

每列车辆配有 2 个 HMI，分别安装于 2 台 Tc 车的司机控制台上，向司机和检修人员提供其所需的必要信息。

HMI 提供两种用户模式：运行模式和检修模式。

控制电源 DC 110 V 接通后，两个司机室的 VCMe 和 HMI 同时开启。激活端司机室的智能显示单元 HMI 正常显示且可进行亮度调节，非激活端司机室的 HMI 显示为黑屏。

（三）故障诊断

车载故障诊断系统是 TCMS 的一个重要组成部分，它主要完成车载各部件故障数据的采集、分析、转储和显示功能。故障信息在司机台上通过 HMI 显示，并且通过 PTU 上传到地面维修和服务系统中，供长期的储存和深入的地面分析。

TCMS 的诊断功能可以协助司机和检修人员进行工作。当故障发生时，协助司机采取适当的操作，并使维护人员更容易地查找并解决故障。

第二节　DTECS 通信控制系统结构

一、DTECS 的结构

株机地铁列车采用由两个完全一样的单元车组对称编组而成，每个单元编组又由 1 节拖车、2 节动车构成。对应于列车编组结构，其列车通信控制（TCMS）系统也采用同样对称的结构方式，半组车的 TCMS 系统结构如图 7-2-1 所示，通过该结构图可以看到单元车组 TCMS 系统中主要部件及其连接方式。列车通信控制（TCMS）系统与列车控制配置原则为：有微机控制的子系统应尽量通过 MVB 接口与 MVB 车辆总线直接连接，用于传递控制、诊断及辅助信息；没有微机控制的子系统可通过 I/O 与 MVB 车辆总线相连接，传递控制和状态信号。

Tc、Mp、M 车的 TCMS 系统主要部件配置见表 7-2-1。

二、DTECS 部件介绍

DTECS 主要由车辆控制模块 VCMe、事件记录模块 EDRM、中继器 REP、数字量输入输出模块 DXMe、数字量输入模块 DIMe、模拟量输入输出模块 AXMe、通信模块 RCMe、人机接口模块 HMI 和必要的总线终端器构成。

（一）车辆控制模块 VCMe

每节列车装有 2 个车辆控制模块 VCMe 实现冗余，位于司机室的继电器柜内。车辆控制模块 VCMe 主要是完成网络的逻辑控制和网络协议的转换功能，相当于列车网络系统的大脑，其与 DTECS 系统中的其他模块共同组成完整的列车网络控制系统，具备如下功能。

（1）过程控制：执行诸如牵引/制动控制、空电联合制动控制、超速保护和空调顺序启动等一系列控制功能。

（2）通信管理：具有多功能车辆总线 MVB 的管理能力，并且能够进行主权转移以实现热备冗余。

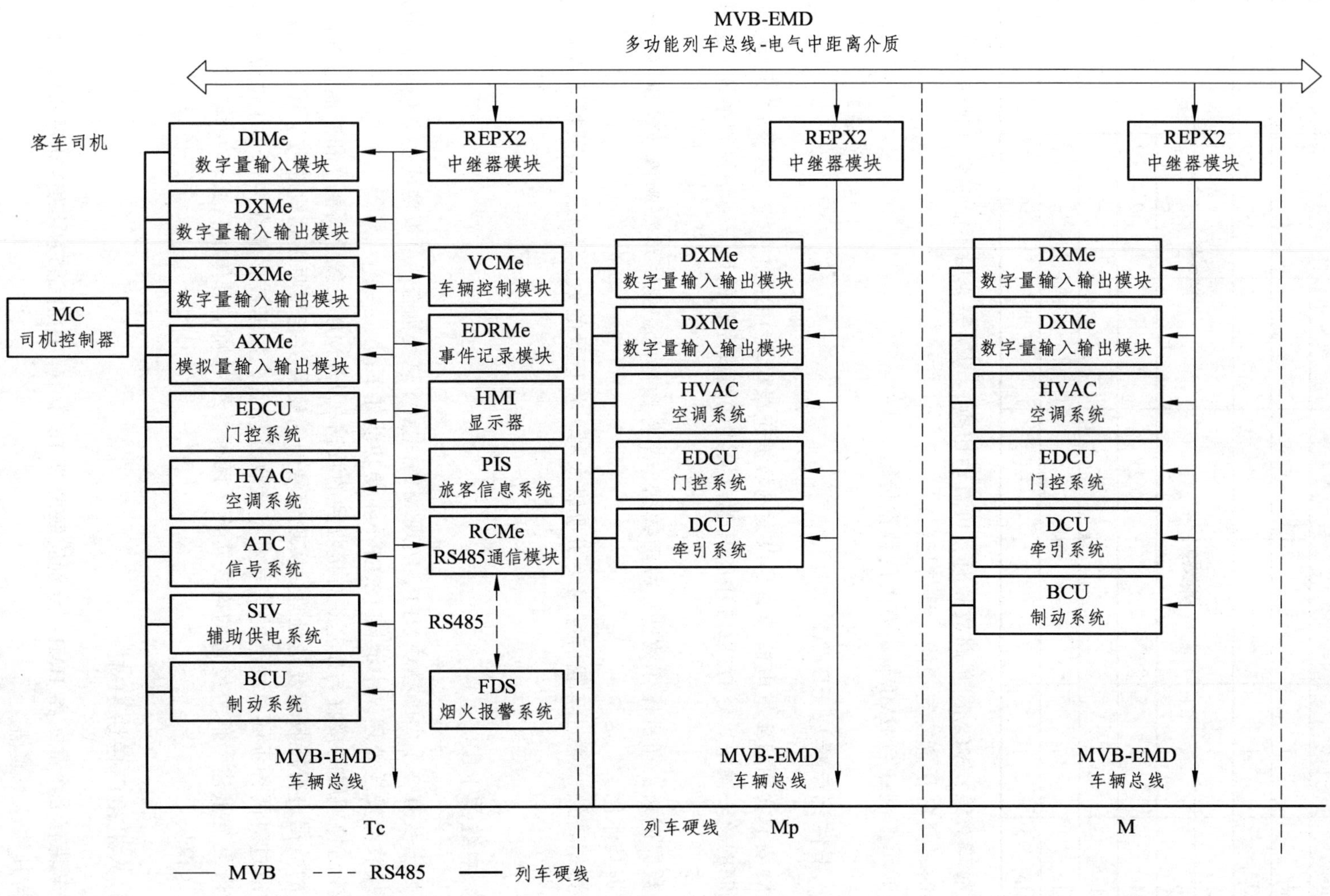

图 7-2-1　一个单元车的 TCMS 网络拓扑结构

表 7-2-1 Tc、Mp、M 车的 TCMS 系统主要部件配置

设备名称	Tc1	Mp1	M1	M2	Mp2	Tc2
VCMe	1	–	–	–	–	1
HMI	1	–	–	–	–	1
EDRM	1	–	–	–	–	1
REP	2	2	2	2	2	2
DXMe	2	2	2	2	2	2
DIMe	2	–	–	–	–	2
AXMe	1	–	–	–	–	1
RCMe	1	–	–	–	–	1

（3）故障对策：VCMe 单路故障时，可自动切换，切换完成后不能损失功能和动力；双路故障时，具备紧急控制功能，维持运行。

（4）显示控制：与 HMI 显示有关的数据传输。

（二）事件记录模块 EDRM

EDRM 安装在司机室继电器柜内，以太网数据记录模块 EDRM 是完成故障诊断、数据记录与转储的核心模块，与 DTECS 中的其他模块共同组成完整的列车网络控制系统。它具备如下功能。

（1）数据记录：司机操作数据、故障数据、事件数据的记录，将车辆控制模块 VCMe 的故障数据具体化。

（2）数据转储：通过车载信息网（工业以太网）将记录的数据下载，供便携式维护工具分析。

（三）中继器 REP

每节列车装有 2 个中继模块 REP，实现 MVB-EMD 总线耦合，单板功能主要包括 EMD 总线信号接收与发送处理，中继器（REP）主要功能如下。

（1）控制物理层的接收与发送，对接收到的数据（从 EMD 总线上得到）和要通过 EMD 总线发送的数据进行接收和发送处理，实现信号中继放大功能和两级总线的数据转化功能。

（2）通过对两种不同总线上的信号进行接收处理后，数据被存储在内部。中继器主要实现信号恢复与重建，信号发送的格式转换（两种总线的帧信号传输格式不一样）后，再传输到发送模块。

（四）人机接口模块 HMI

每列车装有 2 个显示器 HMI，分别安装两节 Tc 车中，HMI 通过多功能车辆总线 MVB（EMD）与其他设备通信。

HMI 是 TCMS 的显示终端设备，是司机和维护人员操作列车的窗口，具备如下功能。

（1）信息显示：向车辆驾驶人员和维护人员提供车辆综合信息，各设备的工作状态，

故障信息的综合与处理等功能。

（2）参数设定：对轮径值、列车重量、站点、时间日期等参数进行更改与设定。

（3）功能测试：进行列车运行时加速度、减速度、制动距离等基本参数的测试。

（4）数据转储：将故障信息转储地面进行统计、分析。

（五）模拟量输入输出模块 AXMe

AXMe 安装于司机室的继电器柜中。AXMe 实现模拟量信号的采集输入和控制输出，通过 MVB 总线与 VCMe 通信。它具备如下功能。

（1）输入信号采集：将车辆间电气信号转换成控制信号，经由列车控制网络传送给车辆控制模块 VCMe，完成各种控制功能。

（2）控制信号输出：将网络控制信号转换成电气信号，控制诸如仪表等设备。

（六）数字量输入模块 DIMe 和数字量输入输出模块 DXMe

DIMe 和 DXMe 安装于司机室的继电器柜中。DIMe 是对外部设备进行数字量输入的接口模块，通过 MVB 总线与 VCMe 连接。DXMe 通过多功能车辆总线（MVB-EMD）与 VCMe 交换数据，实现开关数字量状态的采集处理和网络控制指令输出，并通过 MVB 车辆总线和 MVB 设备互联。

（七）通信模块 RCMe

RS 485 通信模块 RCMe 实现 RS 485 通信接口和车辆总线 MVB 通信接口的转换，将不具有 MVB 通信接口的设备连接到 MVB 网络上。

课后练习题

1. 目前主流的 TCMS 系统有哪些？
2. 列车网络控制系统一般能实现哪些功能？
3. 列车网络控制系统中司机显示单元的作用是什么？
4. DTECS 由哪些部件组成？各有什么作用？

参考文献

[1] 刘海梅，蔡海云．城市轨道交通车辆控制[M]．成都：西南交通大学出版社，2016.
[2] 华平，唐春林．城市轨道交通车辆电气控制[M]．北京：机械工业出版社，2016.
[3] 李瑞荣，童巧新．城市轨道交通车辆电气故障分析与处理[M]．北京：中国铁道出版社 2017.
[4] 张立常. 城市轨道交通车辆电路分析与电气故障处理[M]. 北京：中国铁道出版社 2017.
[5] 上海申通地铁集团有限公司. 城市轨道交通电动列车驾驶[M]. 北京：中国铁道出版社，2010.
[6] 王艳荣．城市轨道交通车辆电气检修[M]．上海：上海科学技术出版社，2010.
[7] 龙志文．电力电子技术[M]．北京：机械工业出版社，2007.
[8] 冯晓云．电力牵引及其控制系统[M]．北京：高等教育出版社，2009.
[9] 陈特放，曾秋芬．列车微机与网络控制技术及应用[M]．北京：科学出版社，2012.
[10] 王磊．列车网络控制系统的分析与研究[D]．成都：西南交通大学，2008.
[11] 彭有根．广州地铁二号线车辆车门系统及其控制原理[J]．电力机车与城轨车辆，2005.

附录　书中常见的英文缩写对照表

序号	英文缩写	英文全称	中文全称
1	AC	Alternating Current	交流
2	ASR	Automatic Speed Regulator	自动调速器
3	APS	Auxiliary Power Supply	辅助电源
4	ATC	Automatic Train Control	列车自动控制
5	ATO	Automatic Train Operation	列车自动驾驶
6	ATP	Automatic Train Protection	列车自动防护
7	ATS	Automatic Train Supervision	列车自动监控
8	BCU	Brake Control Unit	制动控制单元
9	CAN	Controller Area Network	控制器局域网络
10	CACU	Cab Audio Communication Unit	驾驶室音频通信单元
11	CCTV	Closed-Circuit Television	车载视频监控系统
12	CVCF	Constant Voltage and Constant Frequency	恒压恒频
13	DACU	Driver Audio Communication Unit	司机语音控制单元
14	DC	Direct Current	直流
15	DCC	Depot Control Center	车辆段控制中心
16	DCU	Drive Control Unit	牵引（传动）控制单元
17	DMI	Driver Machine Interface	司机人机界面（指信号屏）
18	DTC	Direct Torque Control	直接转矩控制
19	DTECS	Distrute Train Electric Control System	分布式列车网络控制系统
20	ED-brake	Electro Dynamic Brake	电气制动
21	EDCU	Electronic Door Control Unit	电子门控单元
22	EP-brake	Electro-Pneumatic Brake	电空制动（空气制动）
23	EMI	Electro-Magnetic Interference	电磁干扰
24	EDRM	Event Data Recorder Module	以太网事件记录模块
25	GDU	Gate Driver Unit	门极驱动单元
26	HMI	Human Machine Interface	人机界面（指车辆屏）
27	HSCB（HB）	High Speed Circuit Breaker	高速断路器
28	HVAC	Heating Ventilation and Air Conditioning	暖通空调、空调系统

续表

序号	英文缩写	英文全称	中文全称
29	HVB	High Voltage Box	高压箱
30	I/O	Input/Output	输入/输出（模块）
31	IGBT	Insulated Gate Bipolar Transistor	绝缘栅双极型晶体管
32	LCD	Liquid Crystal Display	液晶显示屏
33	LDCU	Local Door Control Unit	本地（从）车门控制单元
34	LED	Light Emitting Diode	发光二极管
35	MDCU	Master Door Control Unit	主车门控制单元
36	MVB	Multifunction Vehicle Bus	多功能车辆总线
37	PA	Passenger Announcement	车载广播系统
38	PI	Proportional Integral controller	比例积分调节器
39	PIDS	Passenger Information DisplaySystem	乘客信息显示系统
40	PIS	Passenger Information System	乘客信息系统
41	PWM	Pulse Width Modulation	脉冲宽度调制
42	REP	Repeater	中继器
43	SIV	Static inverter	静止（辅助）逆变器
44	SPWM	sinusoidal pulse width modulation	正弦脉宽调制
45	SVPWM	Space Vector PulseWidthModulation	空间矢量脉宽调制
46	TCMS	Train Control Monitoring System	列车控制监控系统
47	TCN	Train Communication Network	列车通信网络
48	VC	Vector Control System	矢量控制系统
49	VCMe（VCM）	Vehicle Control Module	车辆控制单元(DTECS 系统）
50	VCU	Vehicle Control Unit	车辆控制单元
51	VVVF	Variable Voltage and Variable Frequency	变压变频

广西城市轨道交通车辆技术示范特色专业系列教材

城市轨道交通列车电气系统图册

主　编　谭广忠

主　审　郑吴富　任旭平

西南交通大学出版社

·成　都·

图书在版编目（CIP）数据

城市轨道交通列车电气系统：含图册，城市轨道交通列车电气系统图册 / 谭广忠主编. —成都：西南交通大学出版社，2023.1
ISBN 978-7-5643-9156-0

Ⅰ. ①城… Ⅱ. ①谭… Ⅲ. ①城市铁路－轨道交通－列车－运行－电气系统－图集 Ⅳ. ①U284.48-64

中国版本图书馆 CIP 数据核字（2022）第 256382 号

前　言

本图册按照中车株洲电力机车有限公司生产的地铁列车电路图的编绘规则，结合地铁车辆控制的基本逻辑关系组织编绘而成。图册主要包含电路图标记说明、列车牵引及辅助主电路、列车牵引/制动控制电路、列车照明电路、列车车门电路等几部分。为了方便阅读及分析，图中关联密切的控制电路均按全列车（2个单元）编绘，这样能较直观地展示电路的控制关系，并与主教材中相关内容对应。

本图册在编绘过程中参考了多位专家的文章和企业的一些培训资料及技术资料，并得到了南宁轨道交通股份有限公司多位专家的大力支持，编者在此对他们表示诚挚感谢。

编　者

2022年8月

目　录

10 主电路	20 控制回路	30 辅助电路	40 列控网络 乘客信息	50 照明	60 空调	70 第二辅助设备	80 车门控制	90 特殊设备
11 主电路/接地	21 主断/受电弓控制	31 辅助电源箱	41 列车控制网络	51 外部照明	61 空调控制		81 客室门列车控制	91 ATO/ATP
	22 列车控制	32 低压电源	42 HMI输入信号	52 内部照明	62 电暖气控制	72 列车激活 车钩控制	82 门控单元	
	23 牵引控制单元	33 设备风扇				73 附属部件		
		33 空气压缩机	44 无线电台					
			45 PIS系统					
			46 安防系统					
	27 摩擦制动							
	28 制动电子控制单元							

GXTSGXJC-ZJJCTC-NNDT	202003T001	
功能组说明	01	01
	01	03

编制说明：

1. 位置

+1 73. 1

- 车辆型式（1~3）
- 位置序号（01~99）
- 子位置号（1~9）

（详细编号请参考位置图及编号表规定）

2. 元件标记

安装区域：位置号　+202. 1

21 - K 2 10 - V1

- 功能组号（11~99）
- 元件、设备字母符号
- 车辆型式（1~3）
- 序号（01~99）
- 分项

3. 元件主辅项参考、信号源目标参考

03 / 01. 1

- 功能组（11~99）
- 组内页序号 （1~99）
- 图幅X向分区号 （1~8）

4. 线号说明

32 01 02 . 1 02

- 功能组（11~99）
- 组内页序号（01~99）
- 导线序号（01~99）
- 车辆型式（1~3）
- 导线分段序号（01~99）

4. 屏蔽线线号说明

28 06 S 4 . 2 02

- 功能组（11~99）
- 组内页序号（01~99）
- 屏蔽
- 导线序号（1~9）
- 车辆型式（1~3）
- 导线分段序号（01~99）

屏蔽线的表示及处理方法

屏蔽在设备端接地（在插件接地）　　屏蔽在设备端接地（在端子接地）

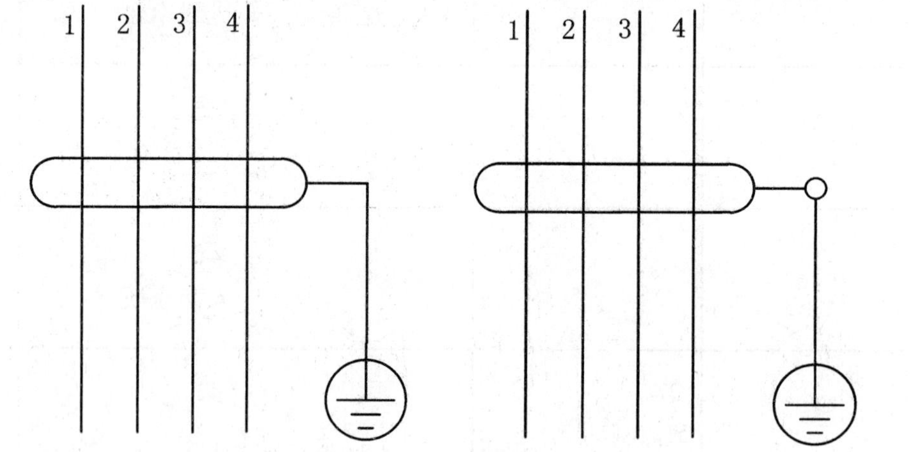

带灯按钮、继电器、接触器表示方法

1. 带灯按钮：灯为主元件，触点为辅助元件 。
2. 按钮/灯旋/转开关：在描述2里表示它们的颜色 。
3. 继电器和接触器：线圈为主元件，触点为辅助元件 。

GXTSGXJC-ZJJCTC-NNDT	202003T001		
命名系统		01	02
		02	03

元件	说明	元件	说明	元件	说明	元件	说明
	受电弓		交-直流变换模块		电压表		自复位旋钮（常闭）
	避雷器		直-直流变换模块		压力表		自锁旋钮
	接地		蓄电池		常开触点		紧急按钮（蘑菇）
	熔断器		微型断路器		常闭触点		位置开关（行程开关）
	电阻器		接触器、继电器线圈		通电延迟常开触点		凸轮触点（或以凸轮驱动复杂触点）
	二极管		接插件、连接器		通电延迟常闭触点		三极刀开关
	发光二极管		断电延迟时间继电器线圈		断电延迟常开触点		钥匙开关
	电抗器		通电延迟时间继电器线圈		断电延迟常闭触点		指示灯
	变压器		欠压检测继电器线圈		自复位按钮（常开）		接线端子
	三相电动机		电磁阀		自复位按钮（常闭）		带二极管接线端子
	压敏电阻		喇叭		自锁按钮（常开）		汇入导线

GXTSGXJC-ZJJCTC-NNDT	202003T001	
元件符号说明	01	03
	03	03

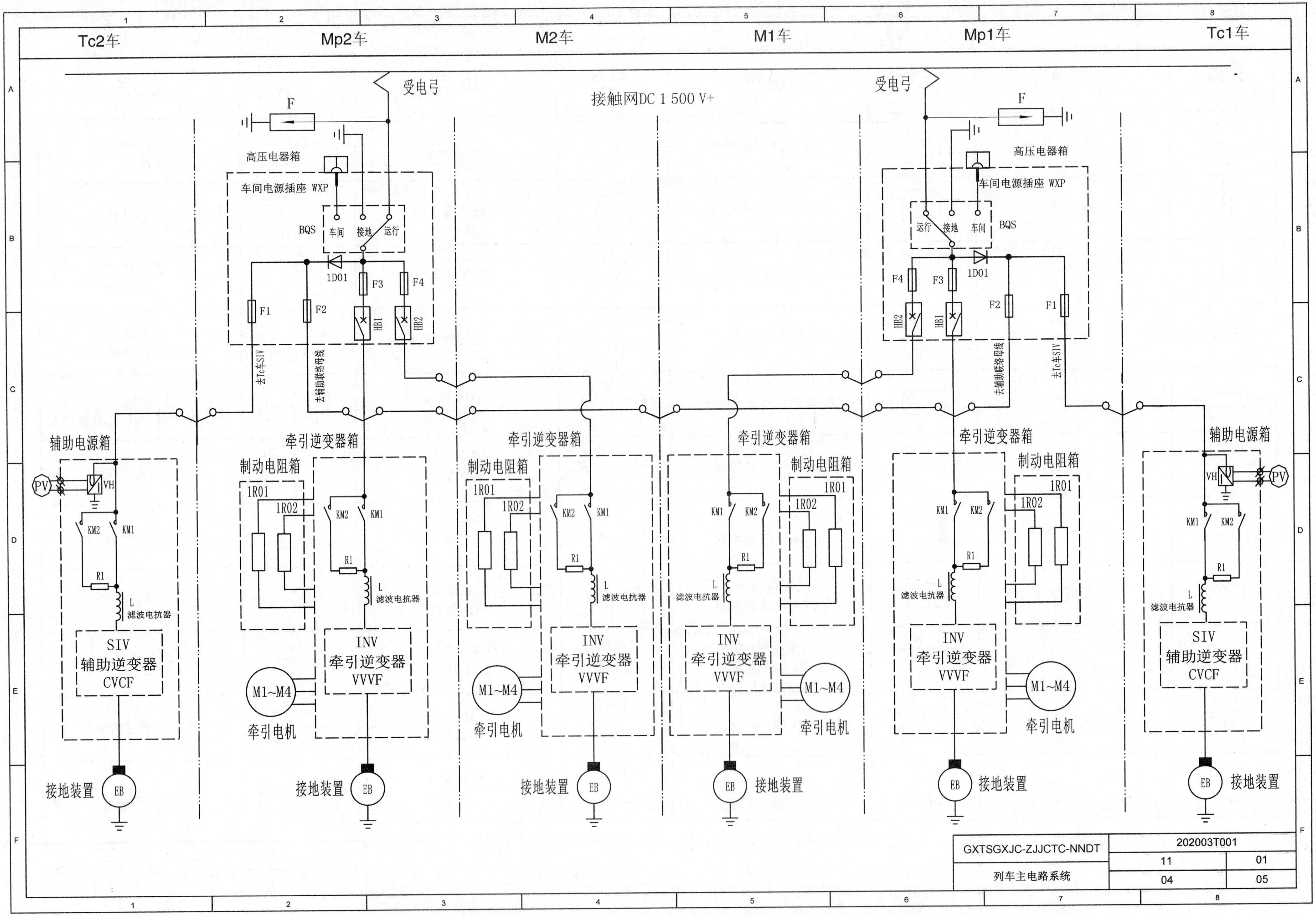
Tc2车
Mp2车
M2车
M1车
Mp1车
Tc1车
受电弓
接触网DC 1 500 V+
F
高压电器箱
车间电源插座 WXP
BQS
车间
接地
运行
1D01
F1
F2
F3
F4
HB1
HB2
去Tc车SIV
去辅助联络母线
辅助电源箱
牵引逆变器箱
制动电阻箱
1R01
1R02
PV
VH
KM1
KM2
R1
L
滤波电抗器
SIV
辅助逆变器
CVCF
INV
牵引逆变器
VVVF
M1~M4
牵引电机
接地装置
EB
GXTSGXJC-ZJJCTC-NNDT
202003T001
列车主电路系统
11
01
04
05

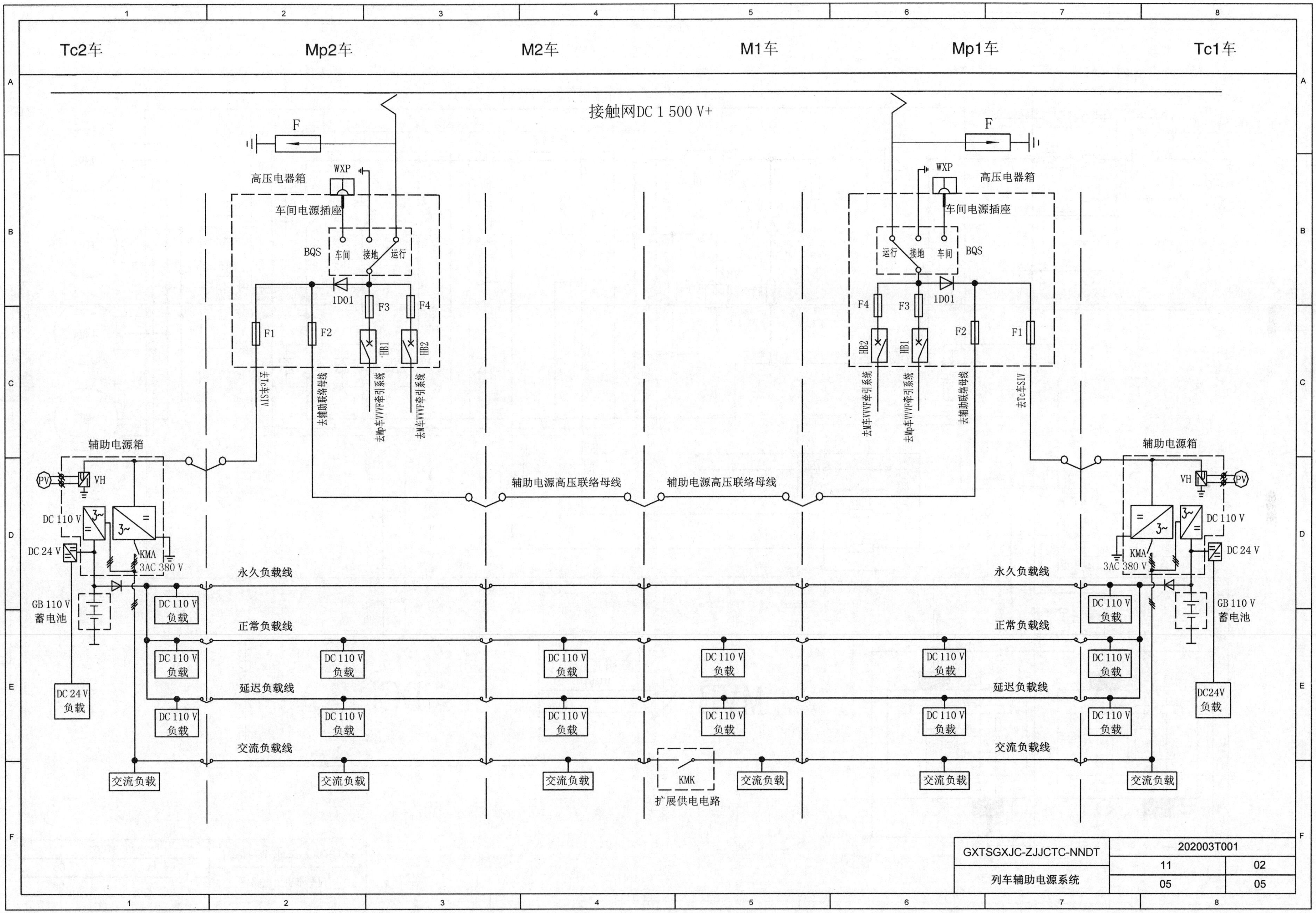

Tc2车
Mp2车
M2车
M1车
Mp1车
Tc1车
接触网DC 1 500 V+
F
高压电器箱
WXP
车间电源插座
BQS
车间
接地
运行
1D01
F1
F2
F3
F4
HB1
HB2
去Tc2车SIV
去辅助联络母线
去Mp车VVVF牵引系统
去M车VVVF牵引系统
去Tc车SIV
辅助电源箱
VH
PV
DC 110 V
DC 24 V
KMA
3AC 380 V
GB 110 V
蓄电池
辅助电源高压联络母线
永久负载线
正常负载线
延迟负载线
交流负载线
DC 110 V 负载
DC 24 V 负载
DC24V 负载
交流负载
KMK
扩展供电电路
GXTSGXJC-ZJJCTC-NNDT
202003T001
11
02
05
05
列车辅助电源系统

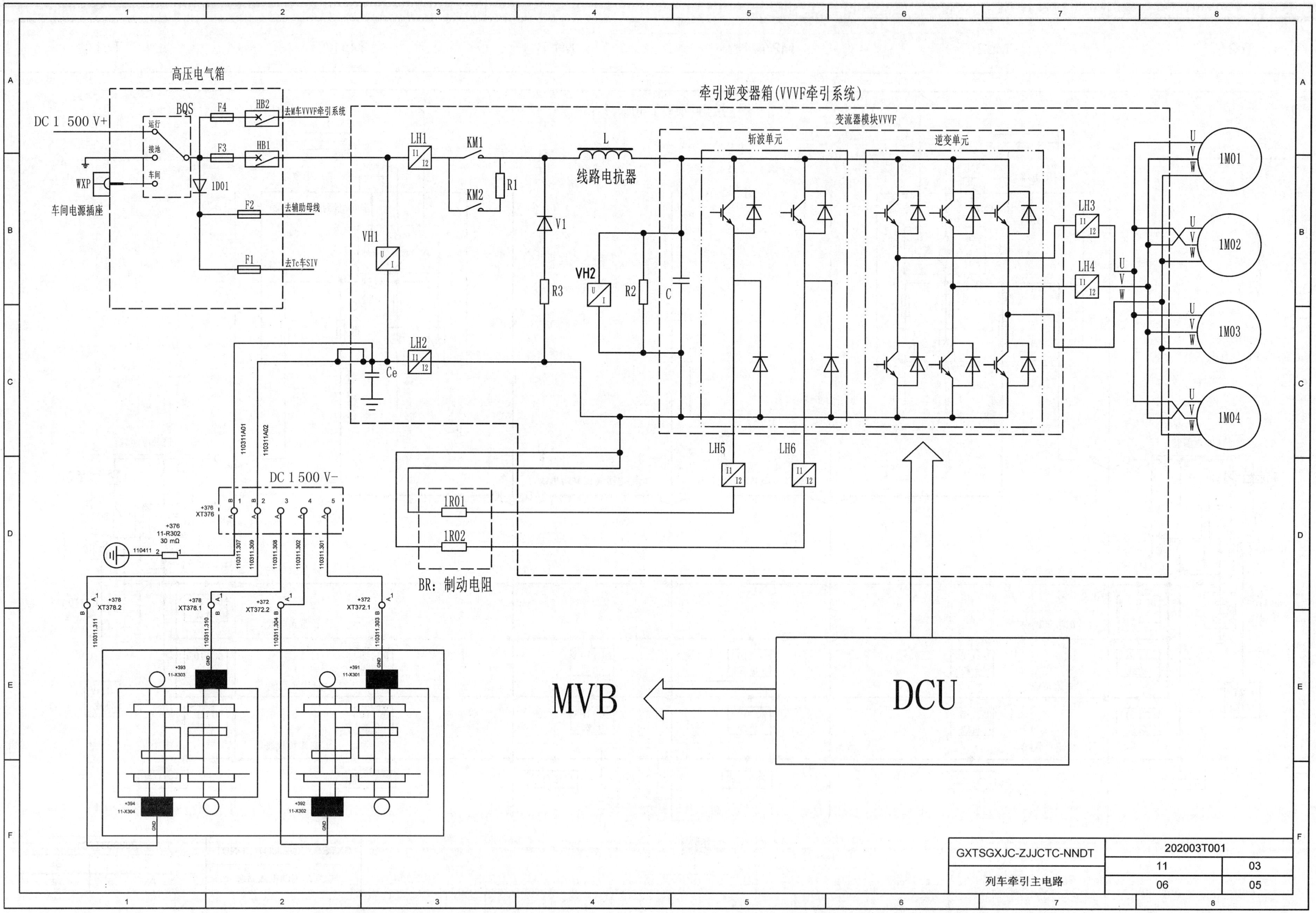

GXTSGXJC-ZJJCTC-NNDT	202003T001	
	11	03
列车牵引主电路	06	05

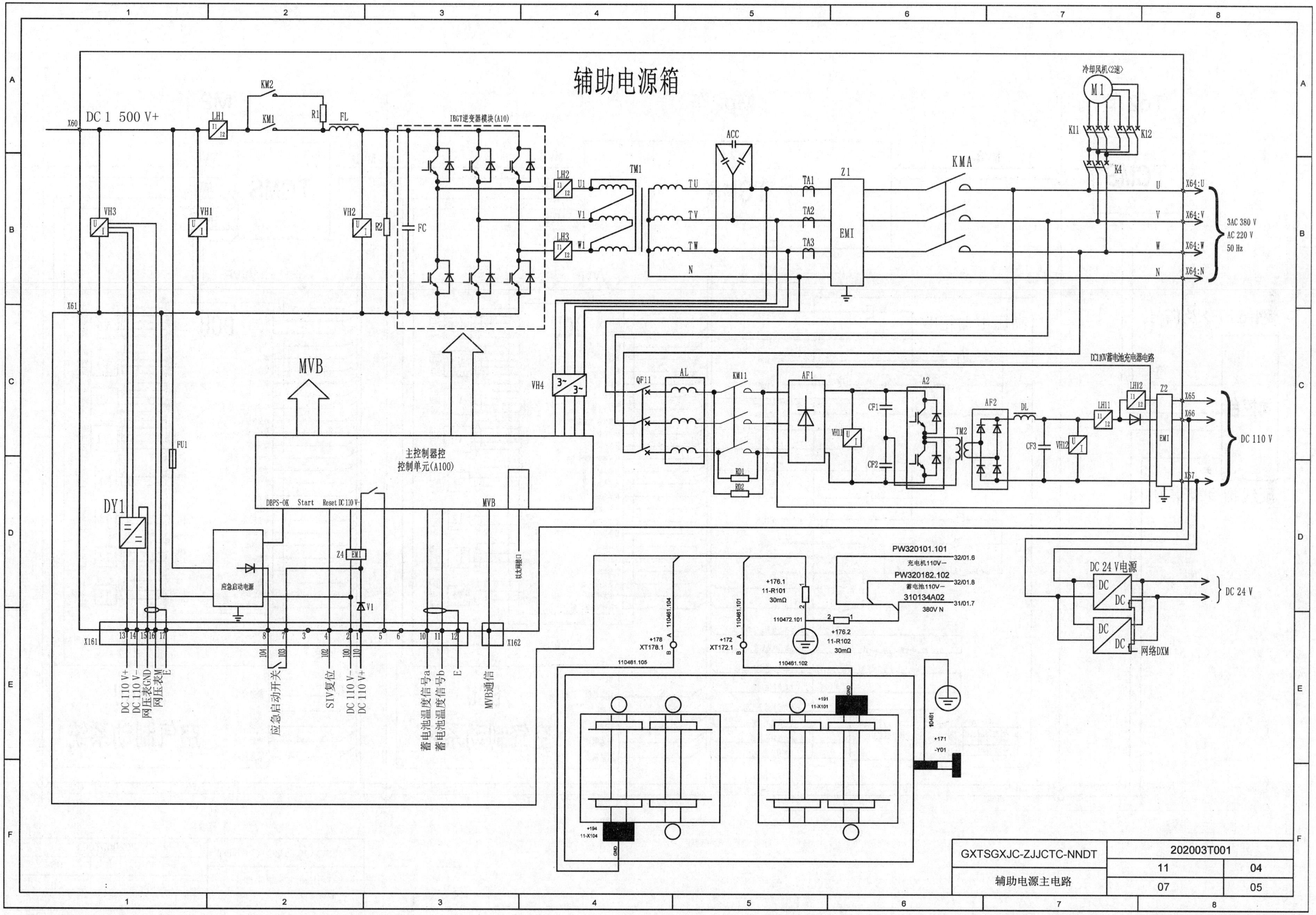

GXTSGXJC-ZJJCTC-NNDT	202003T001	
	11	04
辅助电源主电路	07	05

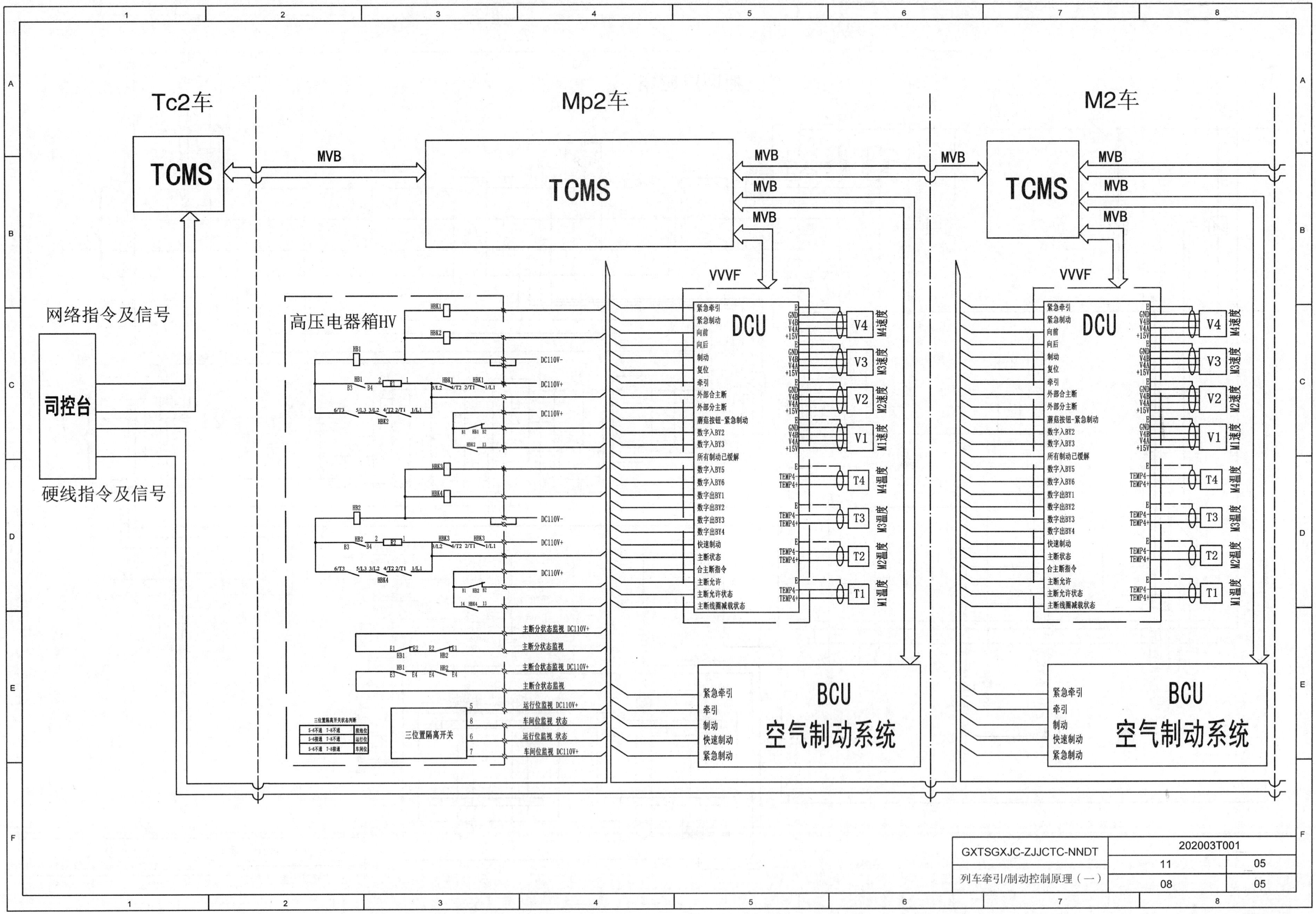
Tc2车
Mp2车
M2车
TCMS
MVB
网络指令及信号
司控台
硬线指令及信号
高压电器箱HV
三位置隔离开关
VVVF
DCU
紧急牵引
紧急制动
向前
向后
制动
复位
牵引
外部合主断
外部分主断
蘑菇按钮-紧急制动
所有制动已缓解
快速制动
主断状态
合主断指令
主断允许
主断允许状态
主断线圈减载状态
V4 M4速度
V3 M3速度
V2 M2速度
V1 M1速度
T4 M4温度
T3 M3温度
T2 M2温度
T1 M1温度
BCU
空气制动系统
GXTSGXJC-ZJJCTC-NNDT
202003T001
11
05
列车牵引/制动控制原理（一）
08
05

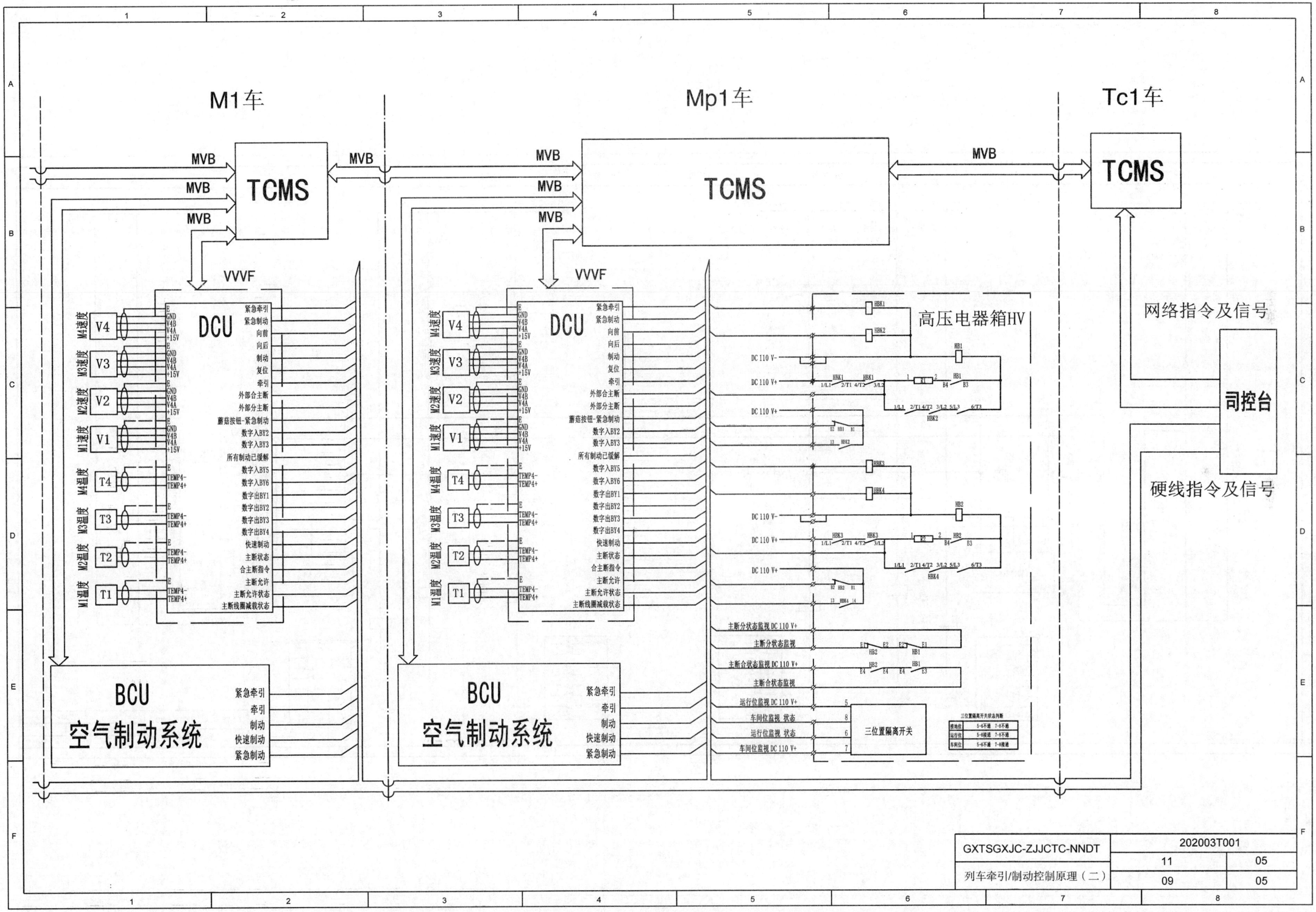
M1车
Mp1车
Tc1车
MVB
TCMS
VVVF
DCU
V4 V3 V2 V1
T4 T3 T2 T1
M4速度 M3速度 M2速度 M1速度
M4温度 M3温度 M2温度 M1温度
紧急牵引
紧急制动
向前
向后
制动
复位
牵引
外部合主断
外部分主断
蘑菇按钮-紧急制动
数字入BY2
数字入BY3
所有制动已缓解
数字入BY5
数字入BY6
数字出BY1
数字出BY2
数字出BY3
数字出BY4
快速制动
主断状态
合主断指令
主断允许
主断允许状态
主断线圈减载状态
BCU
空气制动系统
紧急牵引
牵引
制动
快速制动
紧急制动
高压电器箱HV
DC 110 V-
DC 110 V+
主断分状态监视 DC 110 V+
主断分状态监视
主断合状态监视 DC 110 V+
主断合状态监视
运行位监视 DC 110 V+
车间位监视 状态
运行位监视 状态
车间位监视 DC 110 V+
三位置隔离开关
网络指令及信号
司控台
硬线指令及信号
GXTSGXJC-ZJJCTC-NNDT
202003T001
11
05
列车牵引/制动控制原理（二）
09
05

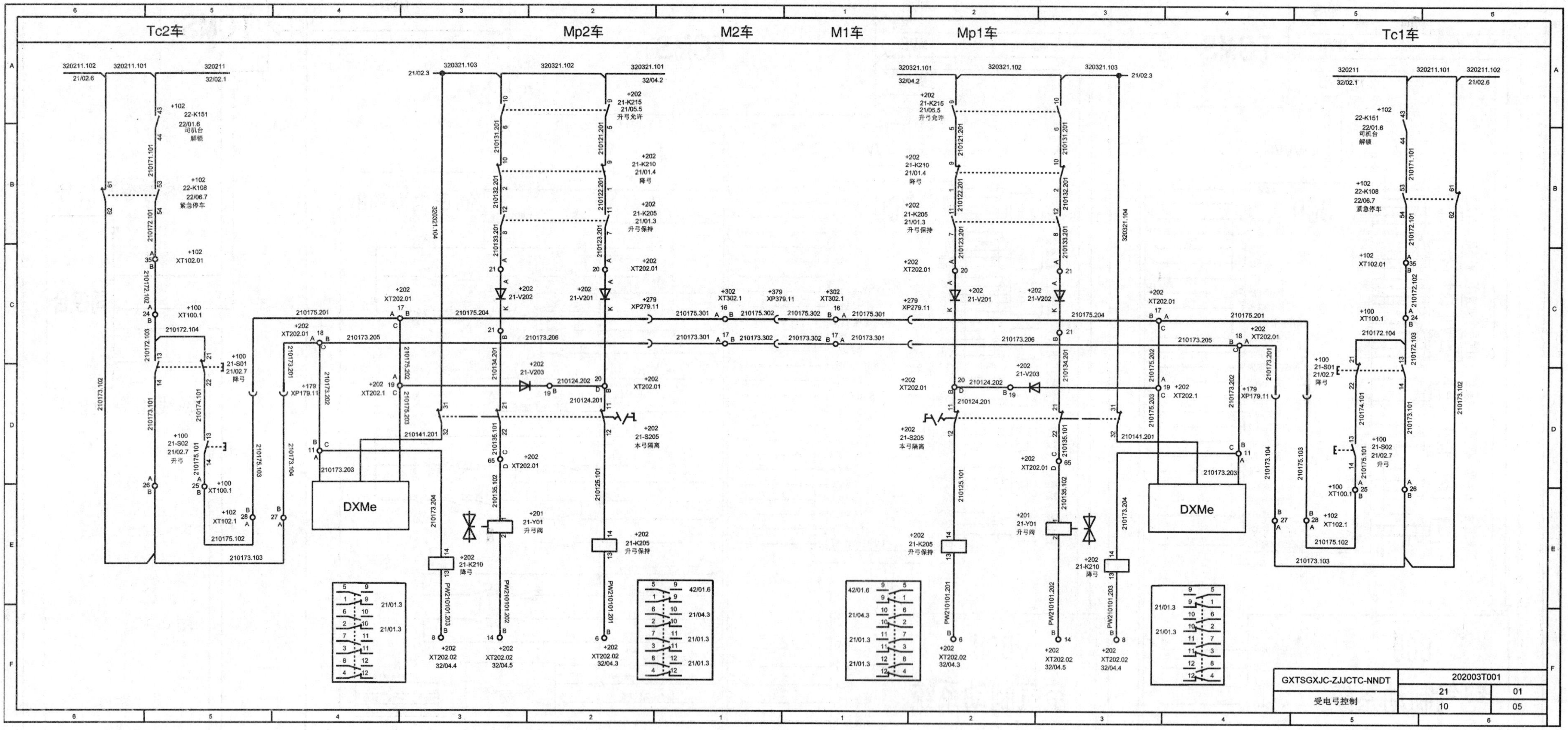

Tc2车
Mp2车
M2车
M1车
Mp1车
Tc1车
DXMe
DXMe
GXTSGXJC-ZJJCTC-NNDT
受电弓控制
202003T001
21
01
10
05

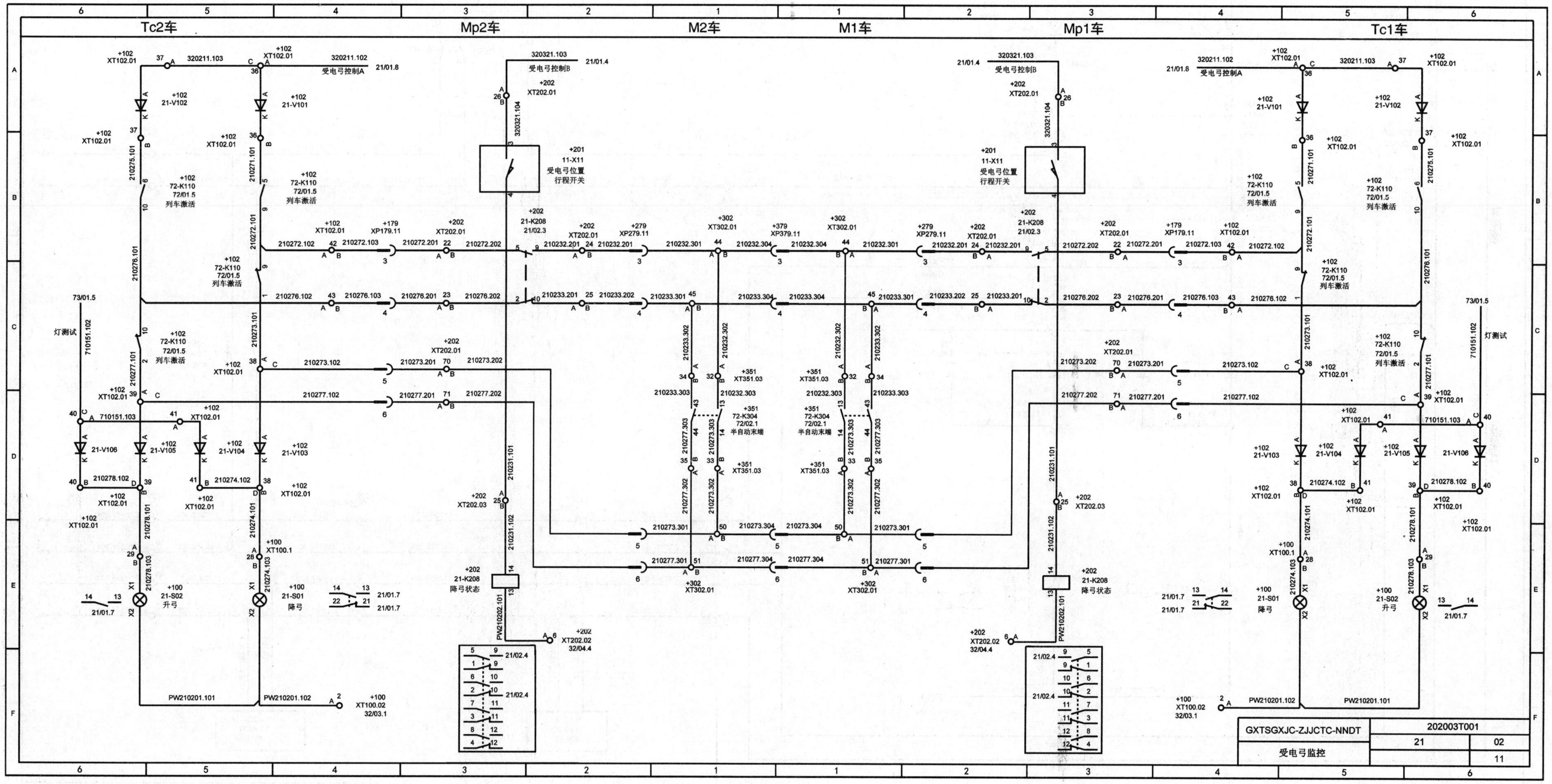

Tc2车
Mp2车
M2车
M1车
Mp1车
Tc1车
受电弓控制A
受电弓控制B
受电弓位置
行程开关
列车激活
灯测试
半自动未端
升弓
降弓
降弓状态
GXTSGXJC-ZJJCTC-NNDT
202003T001
受电弓监控
21
02
11

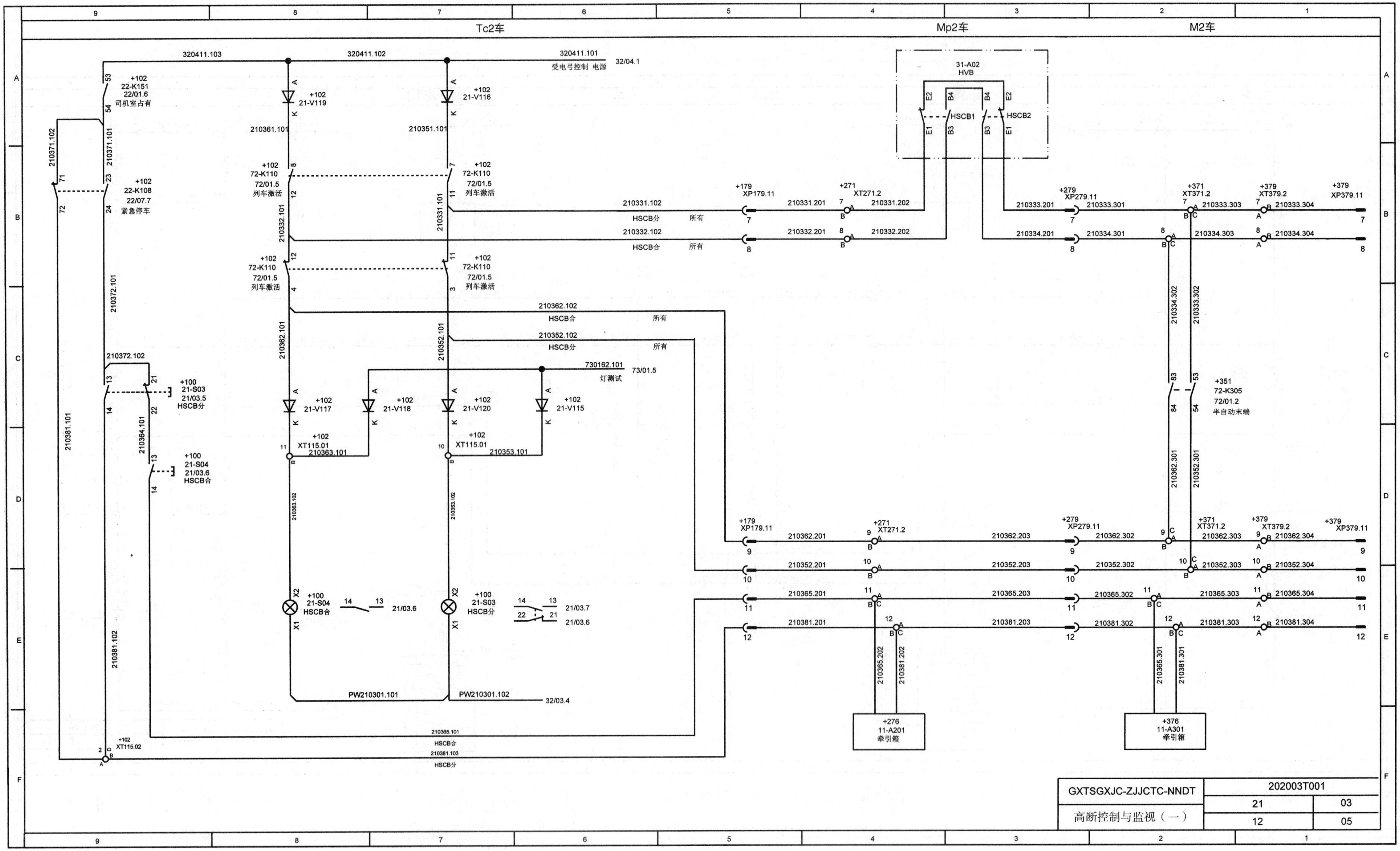
Tc2车
Mp2车
M2车
320411.103
320411.102
320411.101
受电弓控制 电源
32/04.1
+102
22-K151
22/01.6
司机室占有
+102
21-V119
+102
21-V116
210361.101
210351.101
210371.102
210371.101
+102
22-K108
22/07.7
紧急停车
+102
72-K110
72/01.5
列车激活
31-A02
HVB
HSCB1
HSCB2
210331.102
HSCB分
所有
210332.102
HSCB合
210332.101
210331.101
+179
XP179.11
+271
XT271.2
210331.201
210331.202
210332.201
210332.202
+279
XP279.11
210333.201
210333.301
210334.201
210334.301
+371
XT371.2
210333.303
210334.303
+379
XT379.2
210333.304
210334.304
XP379.11
210372.101
210362.102
210352.102
210362.101
210352.101
210334.302
210333.302
210372.102
+100
21-S03
21/03.5
21-S04
21/03.6
730162.101
灯测试
73/01.5
+102
21-V117
21-V118
21-V120
21-V115
XT115.01
210363.101
210353.101
+351
72-K305
72/01.2
半自动末端
210364.101
210381.101
210362.301
210352.301
210363.102
210353.102
210362.201
210362.203
210362.302
210362.303
210362.304
210352.201
210352.203
210352.302
210352.303
210352.304
210365.201
210365.203
210365.302
210365.303
210365.304
210381.201
210381.203
210381.302
210381.303
210381.304
21/03.6
21/03.7
HSCB合
HSCB分
210381.102
210365.202
210381.202
210365.301
210381.301
PW210301.101
PW210301.102
32/03.4
+276
11-A201
牵引箱
+376
11-A301
牵引箱
210365.101
210381.103
XT115.02
GXTSGXJC-ZJJCTC-NNDT
202003T001
高断控制与监视（一）
21
03
12
05

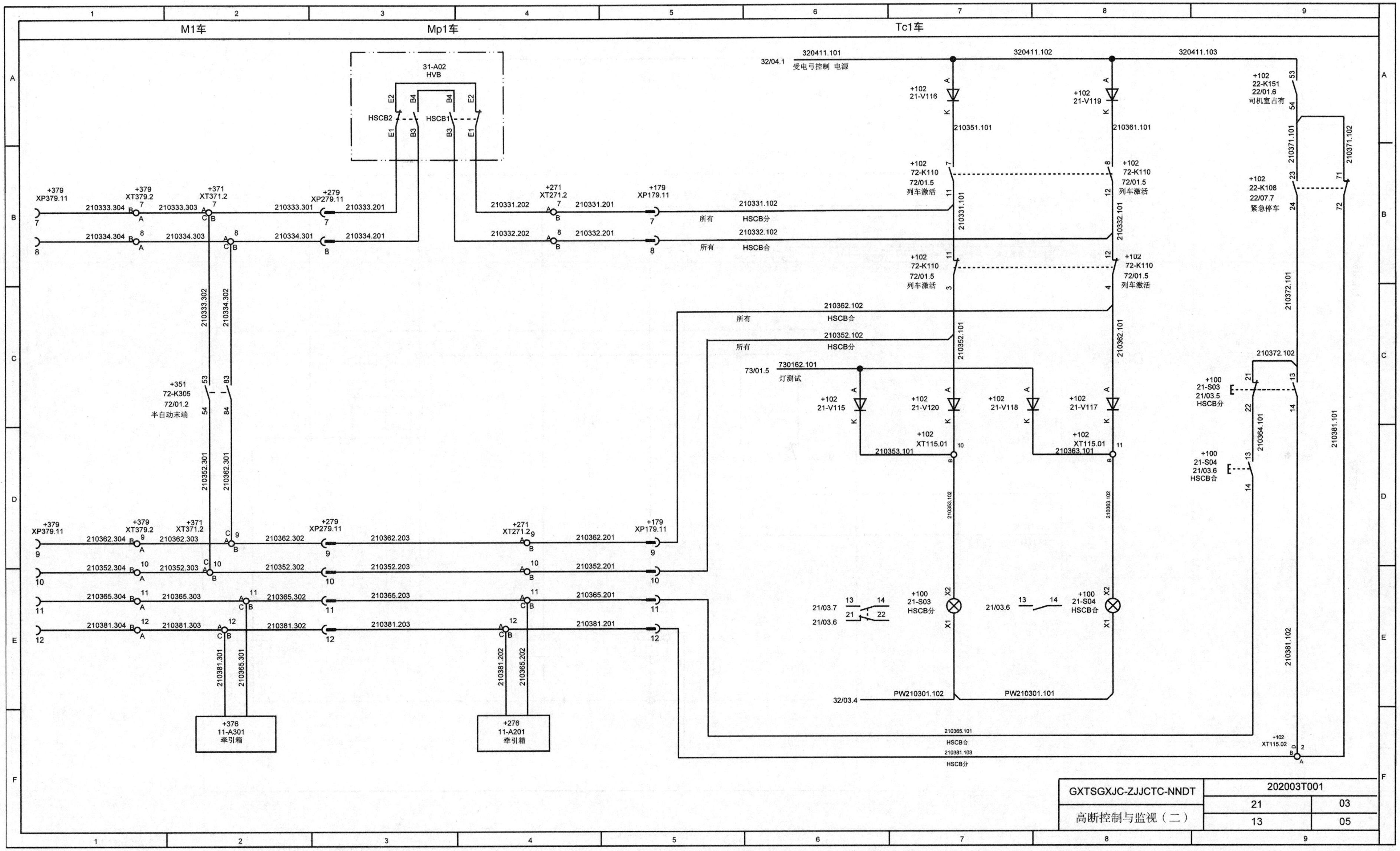

M1车
Mp1车
Tc1车
31-A02
HVB
HSCB2
HSCB1
32/04.1
受电弓控制 电源
320411.101
320411.102
320411.103
+102
21-V116
21-V119
210351.101
210361.101
72-K110
72/01.5
列车激活
22-K151
22/01.6
司机室占有
22-K108
22/07.7
紧急停车
210371.101
210371.102
210372.101
210372.102
+379
XP379.11
XT379.2
+371
XT371.2
+279
XP279.11
+271
XT271.2
+179
XP179.11
210333.304
210333.303
210333.301
210333.201
210331.202
210331.201
210331.102
210331.101
210334.304
210334.303
210334.301
210334.201
210332.202
210332.201
210332.102
210332.101
所有
HSCB分
HSCB合
210362.102
210352.102
210352.101
210362.101
73/01.5
730162.101
灯测试
21-V115
21-V120
21-V118
21-V117
XT115.01
210353.101
210363.101
210353.102
210363.102
+351
72-K305
72/01.2
半自动末端
210333.302
210334.302
210352.301
210362.301
+100
21-S03
21/03.5
21-S04
21/03.6
210364.101
210381.101
210381.102
210362.304
210362.303
210362.302
210362.203
210362.201
210352.304
210352.303
210352.302
210352.203
210352.201
210365.304
210365.303
210365.302
210365.203
210365.201
210381.304
210381.303
210381.302
210381.203
210381.201
21/03.7
21/03.6
210381.301
210365.301
210381.202
210365.202
+376
11-A301
牵引箱
+276
11-A201
牵引箱
32/03.4
PW210301.102
PW210301.101
210365.101
210381.103
XT115.02
GXTSGXJC-ZJJCTC-NNDT
202003T001
高断控制与监视（二）
21
03
13
05

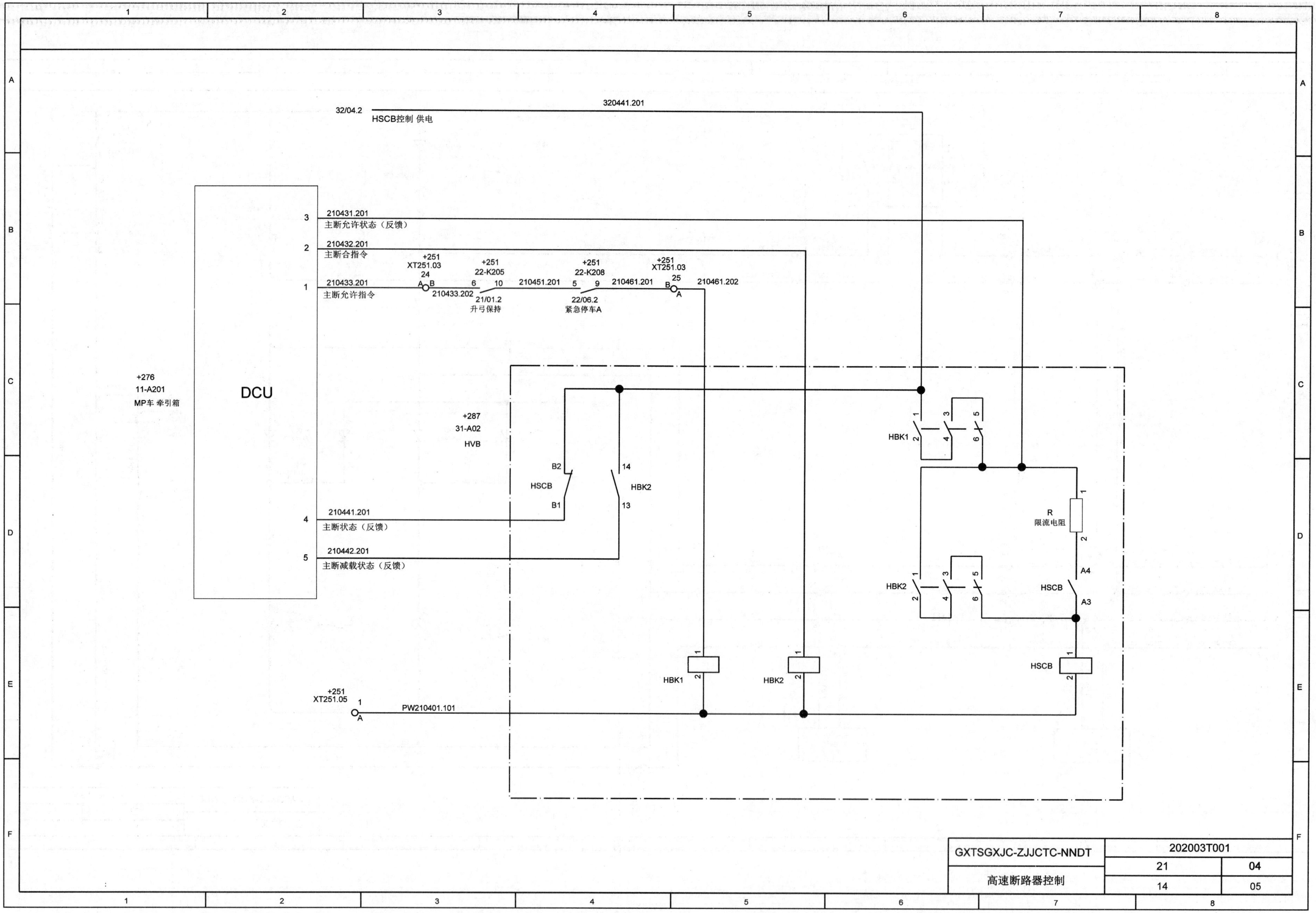

32/04.2
HSCB控制 供电
320441.201
DCU
+276
11-A201
MP车 牵引箱
210431.201
主断允许状态（反馈）
210432.201
主断合指令
210433.201
主断允许指令
+251
XT251.03
24
210433.202
+251
22-K205
21/01.2
升弓保持
210451.201
+251
22-K208
22/06.2
紧急停车A
210461.201
+251
XT251.03
25
210461.202
+287
31-A02
HVB
HSCB
HBK1
HBK2
R
限流电阻
210441.201
主断状态（反馈）
210442.201
主断减载状态（反馈）
+251
XT251.05
PW210401.101
GXTSGXJC-ZJJCTC-NNDT
202003T001
高速断路器控制
21
04
14
05

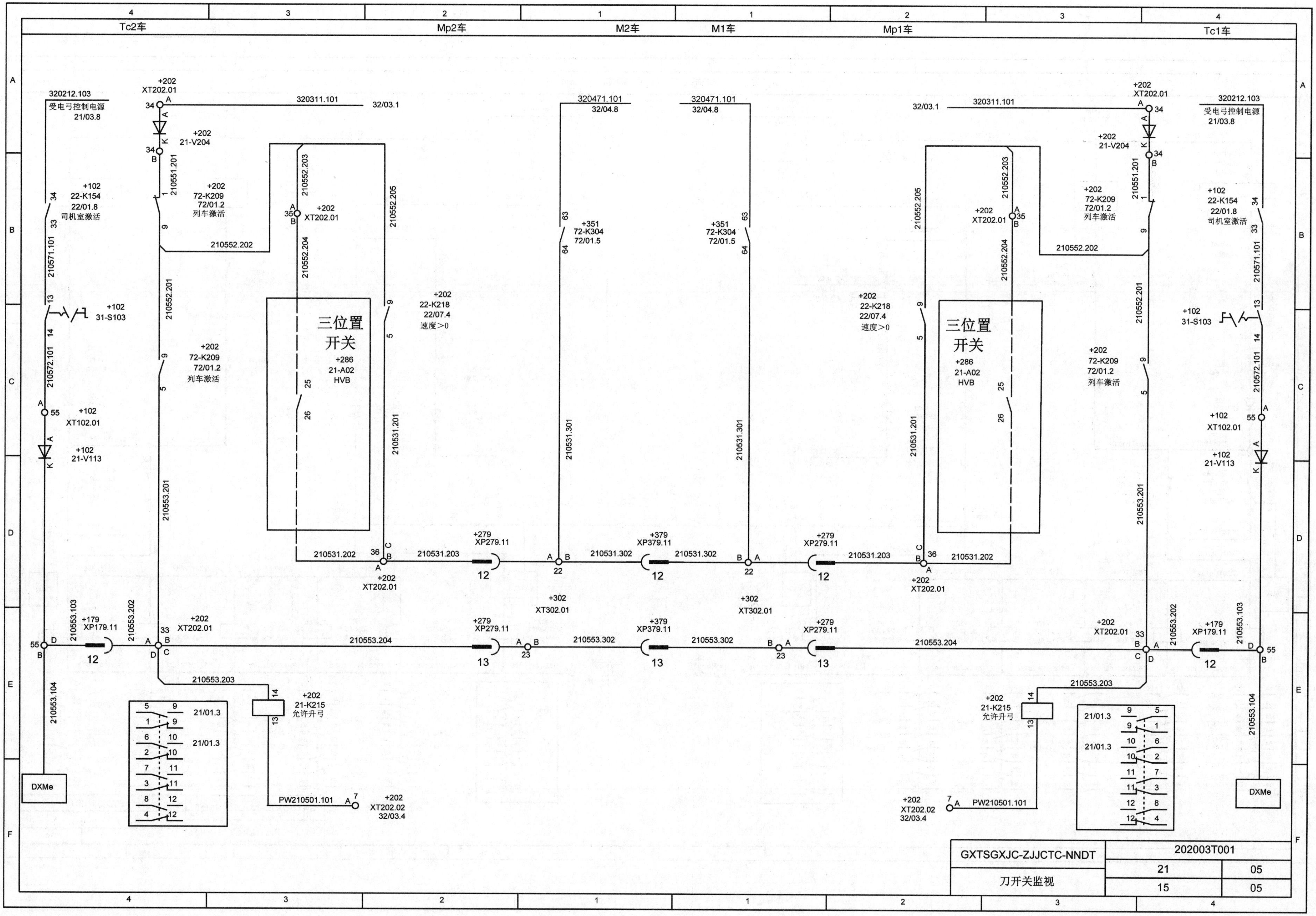
Tc2车
Mp2车
M2车
M1车
Mp1车
Tc1车
320212.103
受电弓控制电源
21/03.8
+202
XT202.01
320311.101
32/03.1
320471.101
32/04.8
21-V204
+102
22-K154
22/01.8
司机室激活
72-K209
72/01.2
列车激活
+351
72-K304
72/01.5
22-K218
22/07.4
速度>0
三位置
开关
+286
21-A02
HVB
31-S103
XT102.01
21-V113
+279
XP279.11
+379
XP379.11
+302
XT302.01
+179
XP179.11
21-K215
允许升弓
21/01.3
PW210501.101
XT202.02
32/03.4
DXMe
GXTSGXJC-ZJJCTC-NNDT
202003T001
刀开关监视
21
05
15
05

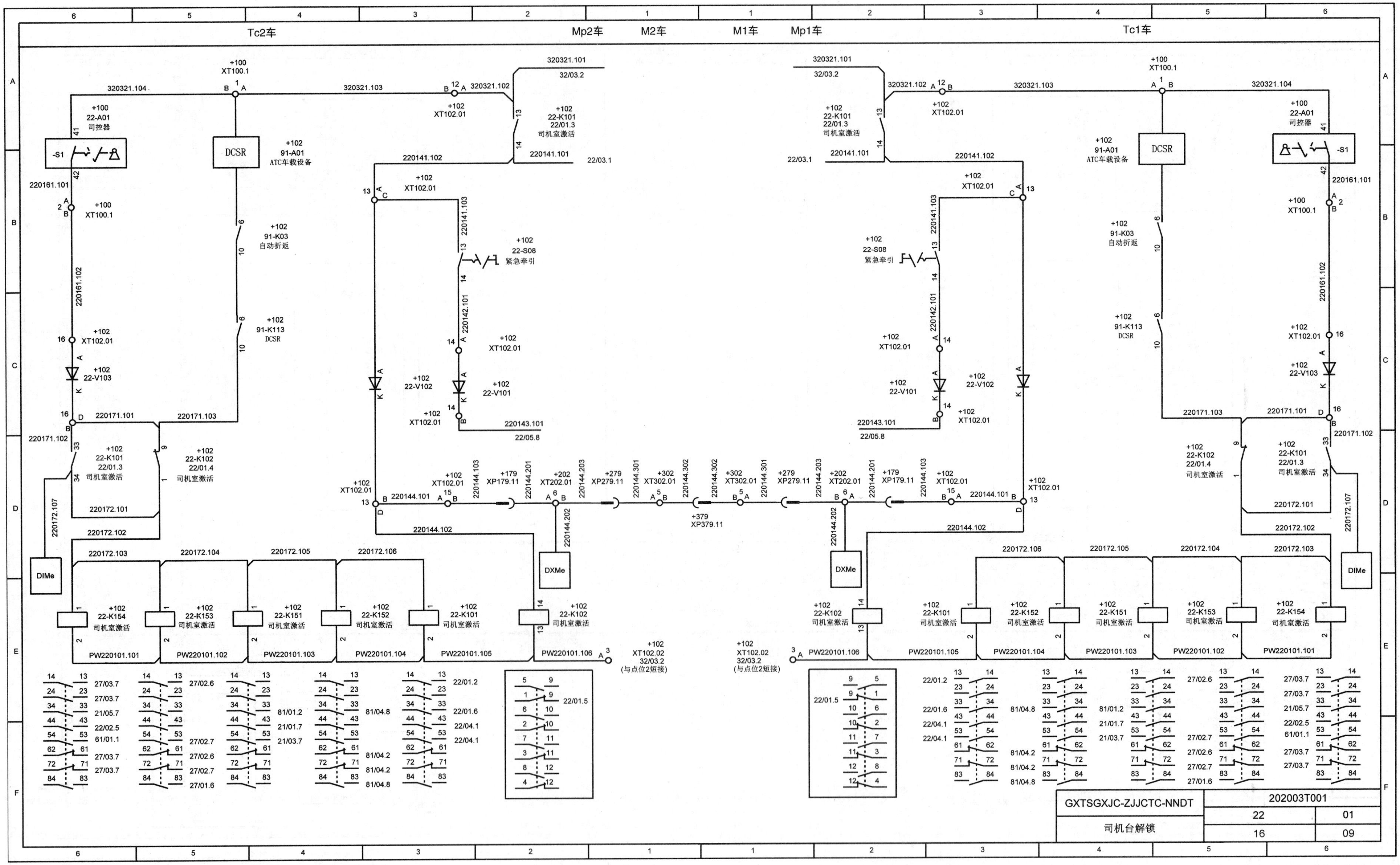
Tc2车
Mp2车
M2车
M1车
Mp1车
Tc1车
+100 22-A01 司控器
-S1
DCSR
+102 91-A01 ATC车载设备
+102 91-K03 自动折返
+102 91-K113 DCSR
+100 XT100.1
+102 XT102.01
+102 22-K101 22/01.3 司机室激活
+102 22-K102 22/01.4 司机室激活
+102 22-S08 紧急牵引
+102 22-V101
+102 22-V102
+102 22-V103
+179 XP179.11
+202 XT202.01
+279 XP279.11
+302 XT302.01
+379 XP379.11
DIMe
DXMe
+102 22-K154 司机室激活
+102 22-K153 司机室激活
+102 22-K151 司机室激活
+102 22-K152 司机室激活
+102 22-K101 司机室激活
+102 22-K102 司机室激活
+102 XT102.02 32/03.2 (与点位2短接)
320321.101
320321.102
320321.103
320321.104
220141.101
220141.102
220141.103
220142.101
220143.101
220144.101
220144.102
220161.101
220161.102
220171.101
220171.102
220171.103
220172.101
220172.102
220172.103
220172.104
220172.105
220172.106
220172.107
PW220101.101
PW220101.102
PW220101.103
PW220101.104
PW220101.105
PW220101.106
GXTSGXJC-ZJJCTC-NNDT
202003T001
司机台解锁
22
01
16
09

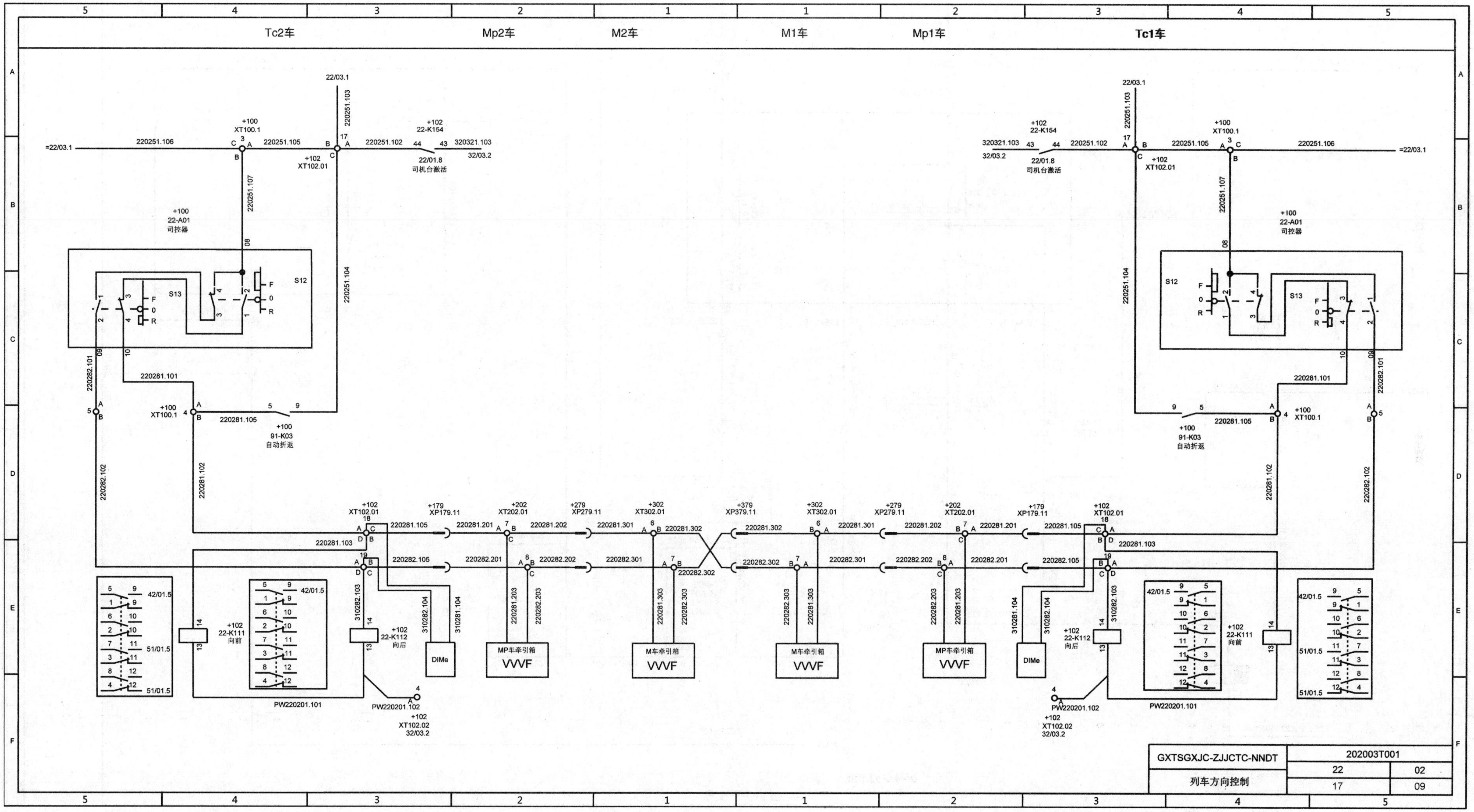

Tc2车
Mp2车
M2车
M1车
Mp1车
Tc1车
+100
22-A01
司控器
S12
S13
+102
22-K154
司机台激活
+100
91-K03
自动折返
+102
22-K111
向前
+102
22-K112
向后
DIMe
MP车牵引箱
VVVF
M车牵引箱
VVVF
M车牵引箱
VVVF
MP车牵引箱
VVVF
PW220201.101
PW220201.102
+102
XT102.02
32/03.2
GXTSGXJC-ZJJCTC-NNDT
列车方向控制
202003T001
22
02
17
09

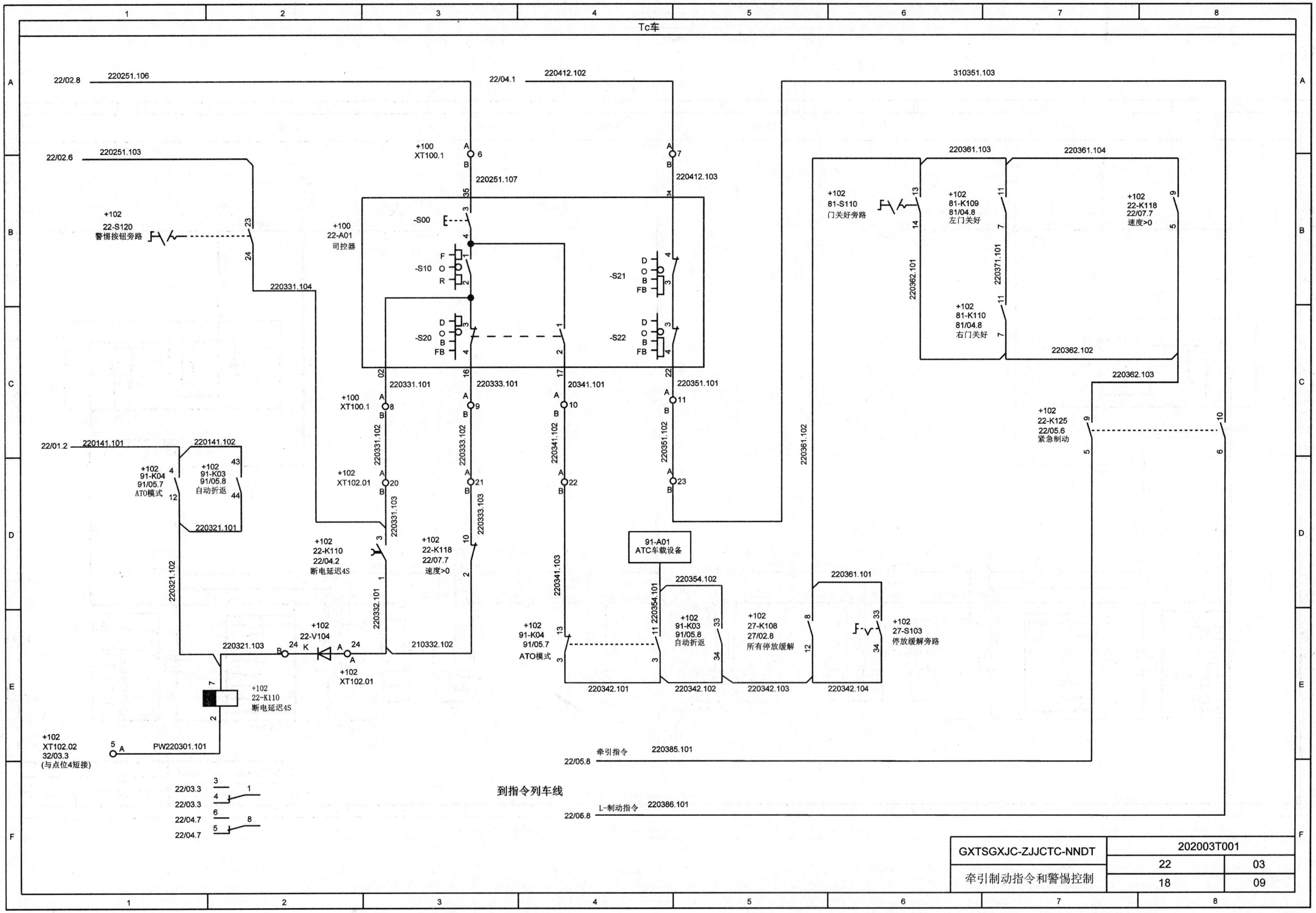

Tc车
22/02.8 220251.106
22/04.1 220412.102
310351.103
22/02.6 220251.103
+100 XT100.1
220251.107
220412.103
220361.103
220361.104
+102 22-S120 警惕按钮旁路
+100 22-A01 司控器
-S00
-S10
-S21
-S20
-S22
+102 81-S110 门关好旁路
+102 81-K109 81/04.8 左门关好
+102 22-K118 22/07.7 速度>0
220362.101
220371.101
+102 81-K110 81/04.8 右门关好
220362.102
220331.104
220331.101
220333.101
20341.101
220351.101
220362.103
+100 XT100.1
+102 22-K125 22/05.6 紧急制动
22/01.2 220141.101
220141.102
+102 91-K04 91/05.7 ATO模式
+102 91-K03 91/05.8 自动折返
220321.101
+102 XT102.01
220331.102
220333.102
220341.102
220351.102
220361.102
220331.103
220333.103
+102 22-K110 22/04.2 断电延迟4S
+102 22-K118 22/07.7 速度>0
91-A01 ATC车载设备
220354.102
220361.101
220321.102
220341.103
220354.101
220332.101
+102 22-V104
220321.103
210332.102
+102 XT102.01
+102 91-K04 91/05.7 ATO模式
+102 91-K03 91/05.8 自动折返
+102 27-K108 27/02.8 所有停放缓解
+102 27-S103 停放缓解旁路
220342.101
220342.102
220342.103
220342.104
+102 22-K110 断电延迟4S
+102 XT102.02 32/03.3 (与点位4短接)
PW220301.101
牵引指令 220385.101
22/05.8
22/03.3
22/03.3
22/04.7
22/04.7
到指令列车线
L-制动指令 220386.101
22/05.8
GXTSGXJC-ZJJCTC-NNDT
202003T001
22
03
牵引制动指令和警惕控制
18
09

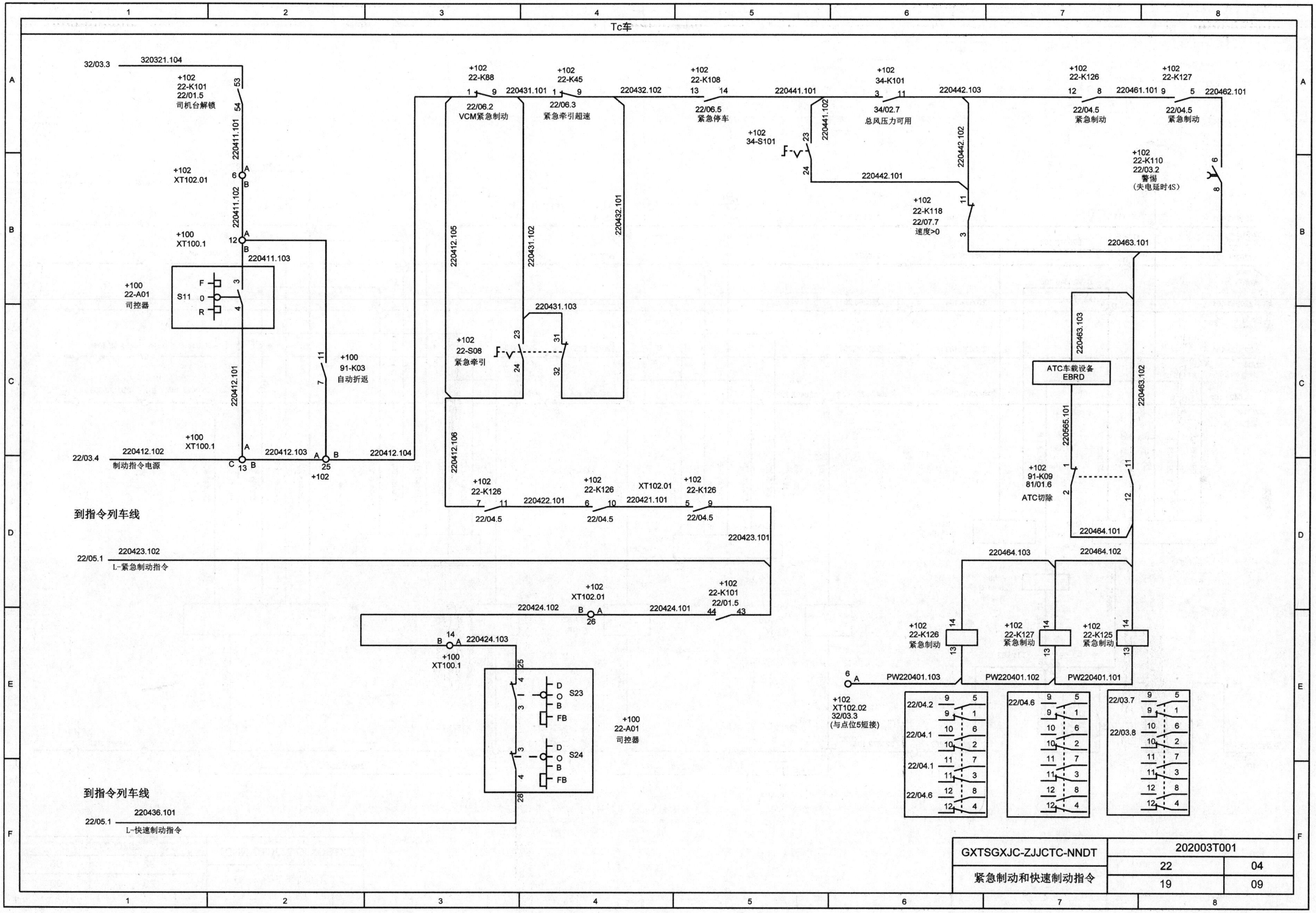

Tc车
32/03.3
320321.104
+102
22-K101
22/01.5
司机台解锁
53
54
220411.101
+102
XT102.01
220411.102
+100
XT100.1
220411.103
+100
22-A01
司控器
S11
F
0
R
+100
91-K03
自动折返
220412.101
220412.102
制动指令电源
22/03.4
220412.103
220412.104
+102
+102
22-K88
22/06.2
VCM紧急制动
220431.101
22-K45
22/06.3
紧急牵引超速
220432.102
22-K108
22/06.5
紧急停车
220441.101
34-K101
34/02.7
总风压力可用
220442.103
22-K126
22/04.5
紧急制动
220461.101
22-K127
220462.101
34-S101
220441.102
220442.102
220442.101
22-K110
22/03.2
警惕
(失电延时4S)
22-K118
22/07.7
速度>0
220463.101
220412.105
220431.102
220432.101
220431.103
22-S08
紧急牵引
220463.103
ATC车载设备
EBRD
220463.102
220565.101
91-K09
81/01.6
ATC切除
220464.101
220412.106
220422.101
XT102.01
220421.101
22/04.5
到指令列车线
220423.101
22/05.1
220423.102
L-紧急制动指令
220464.103
220464.102
220424.102
220424.101
22-K101
22/01.5
220424.103
XT100.1
22-K126
紧急制动
22-K127
紧急制动
22-K125
紧急制动
PW220401.103
PW220401.102
PW220401.101
XT102.02
32/03.3
(与点位5短接)
22/04.2
22/04.1
22/04.6
22/03.7
22/03.8
S23
S24
D
O
B
FB
22-A01
司控器
到指令列车线
22/05.1
220436.101
L-快速制动指令
GXTSGXJC-ZJJCTC-NNDT
202003T001
紧急制动和快速制动指令
22
04
19
09

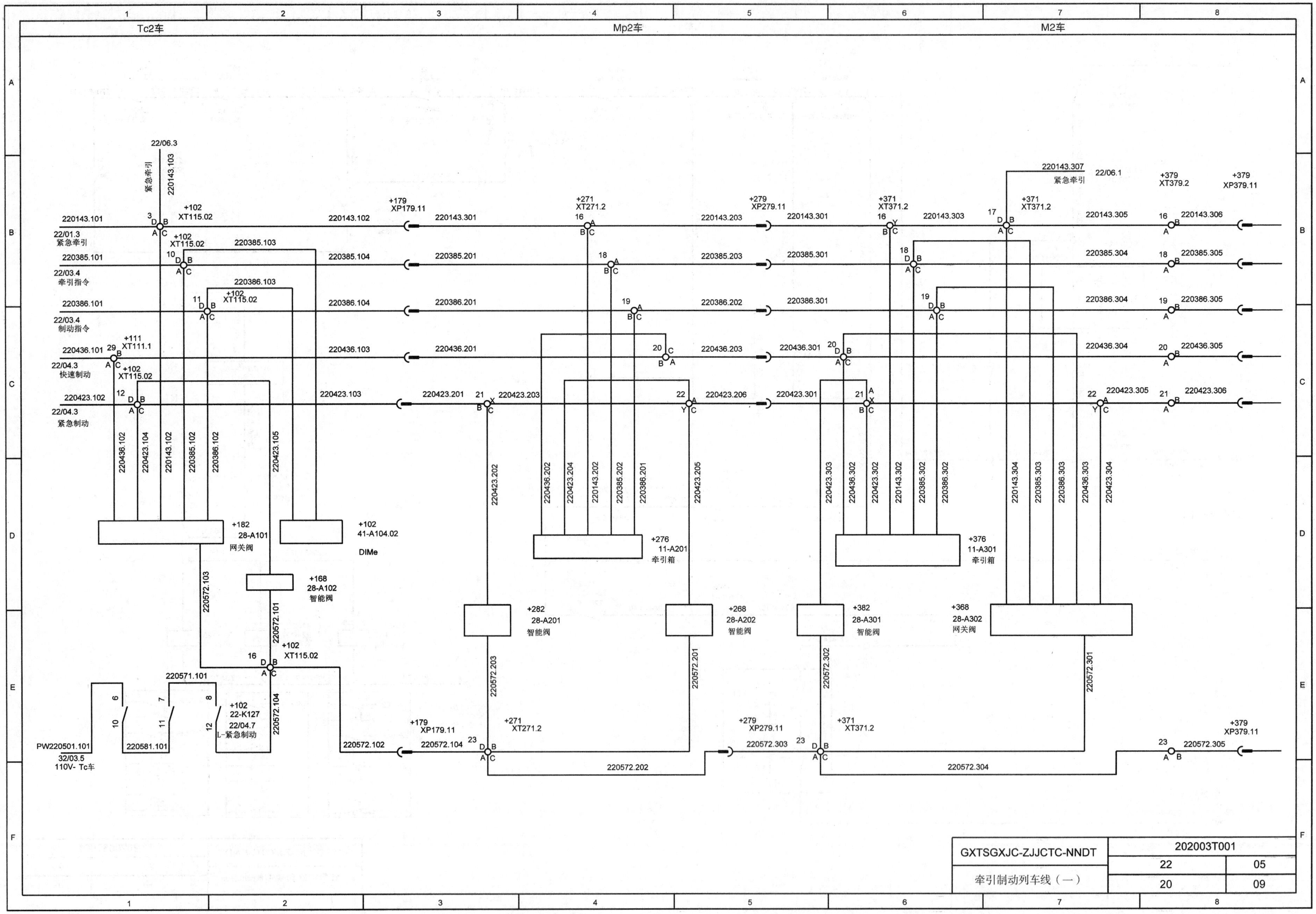
Tc2车
Mp2车
M2车
22/06.3
紧急牵引
220143.103
220143.101
22/01.3
紧急牵引
+102
XT115.02
220385.101
22/03.4
牵引指令
220385.103
220386.101
22/03.4
制动指令
220386.103
220436.101
22/04.3
快速制动
+111
XT111.1
220423.102
22/04.3
紧急制动
220143.102
220385.104
220386.104
220436.103
220423.103
220423.105
220436.102
220423.104
220143.102
220385.102
220386.102
+182
28-A101
网关阀
+102
41-A104.02
DIMe
+168
28-A102
智能阀
220572.103
220572.101
220571.101
220581.101
PW220501.101
32/03.5
110V- Tc车
+102
22-K127
22/04.7
L-紧急制动
220572.104
220572.102
+179
XP179.11
220143.301
220385.201
220386.201
220436.201
220423.201
220572.104
+271
XT271.2
220423.203
220423.202
220436.202
220423.204
220143.202
220385.202
220386.201
+276
11-A201
牵引箱
+282
28-A201
智能阀
220572.203
+268
28-A202
智能阀
220572.201
220423.205
220423.206
220143.203
220385.203
220386.202
220436.203
220572.202
+279
XP279.11
220143.301
220385.301
220386.301
220436.301
220423.301
220572.303
+371
XT371.2
220143.303
220423.303
220436.302
220423.302
220143.302
220385.302
220386.302
+376
11-A301
牵引箱
+382
28-A301
智能阀
220572.302
+368
28-A302
网关阀
220572.301
220572.304
220143.307
22/06.1
紧急牵引
220143.304
220385.303
220386.303
220436.303
220423.304
220143.305
220385.304
220386.304
220436.304
220423.305
+379
XT379.2
+379
XP379.11
220143.306
220385.305
220386.305
220436.305
220423.306
220572.305
GXTSGXJC-ZJJCTC-NNDT
牵引制动列车线（一）
202003T001
22
05
20
09

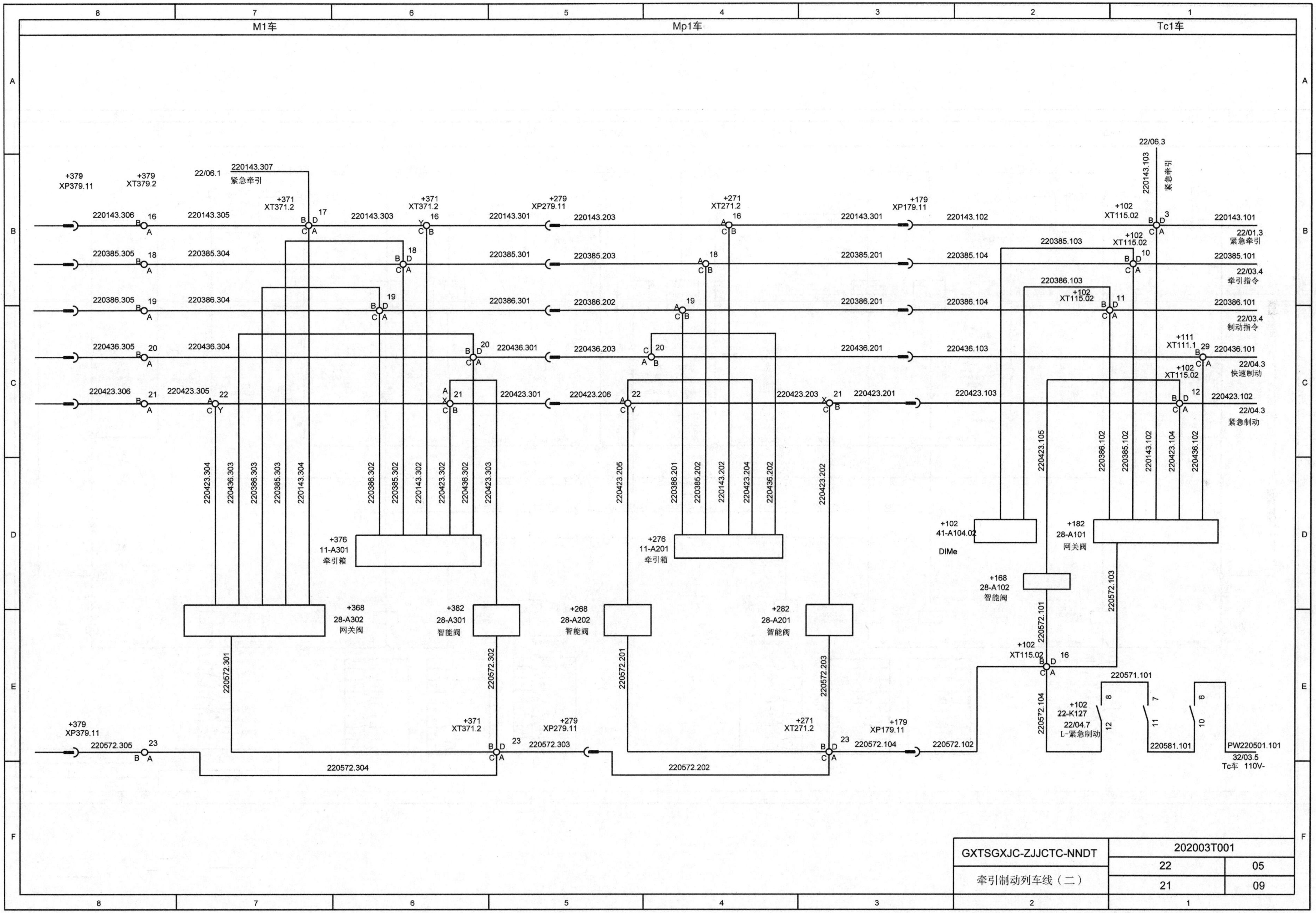
M1车
Mp1车
Tc1车
+379 XP379.11
+379 XT379.2
22/06.1 220143.307 紧急牵引
+371 XT371.2
+279 XP279.11
+271 XT271.2
+179 XP179.11
+102 XT115.02
22/06.3 220143.103 紧急牵引
220143.306
220143.305
220143.303
220143.301
220143.203
220143.102
220143.101
22/01.3 紧急牵引
220385.305
220385.304
220385.301
220385.203
220385.201
220385.104
220385.103
220385.101
22/03.4 牵引指令
220386.305
220386.304
220386.301
220386.202
220386.201
220386.104
220386.103
220386.101
22/03.4 制动指令
220436.305
220436.304
220436.301
220436.203
220436.201
220436.103
220436.101
+111 XT111.1
22/04.3 快速制动
220423.306
220423.305
220423.301
220423.206
220423.203
220423.201
220423.103
220423.102
22/04.3 紧急制动
+376 11-A301 牵引箱
+276 11-A201 牵引箱
+368 28-A302 网关阀
+382 28-A301 智能阀
+268 28-A202 智能阀
+282 28-A201 智能阀
+102 41-A104.02 DIMe
+182 28-A101 网关阀
+168 28-A102 智能阀
220572.305
220572.304
220572.303
220572.202
220572.104
220572.102
220572.101
220572.103
220571.101
220581.101
+102 22-K127 22/04.7 L-紧急制动
PW220501.101 32/03.5 Tc车 110V-
GXTSGXJC-ZJJCTC-NNDT
牵引制动列车线（二）
202003T001
22
05
21
09

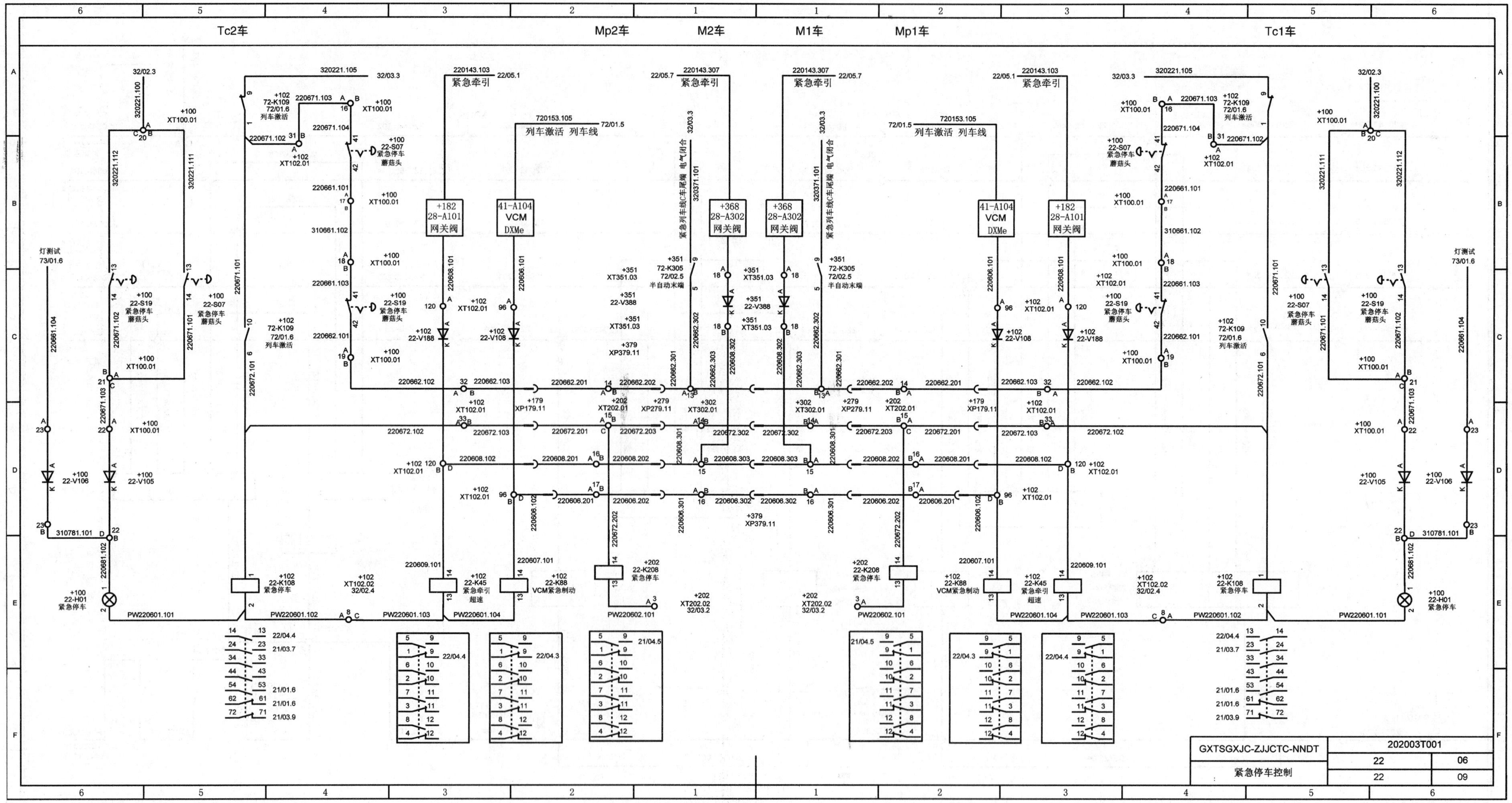
Tc2车
Mp2车
M2车
M1车
Mp1车
Tc1车
紧急牵引
列车激活 列车线
+182
28-A101
网关阀
41-A104
VCM
DXMe
+368
28-A302
网关阀
紧急停车
蘑菇头
列车激活
灯测试
紧急牵引
超速
VCM紧急制动
半自动末端
GXTSGXJC-ZJJCTC-NNDT
202003T001
紧急停车控制
22
06
22
09

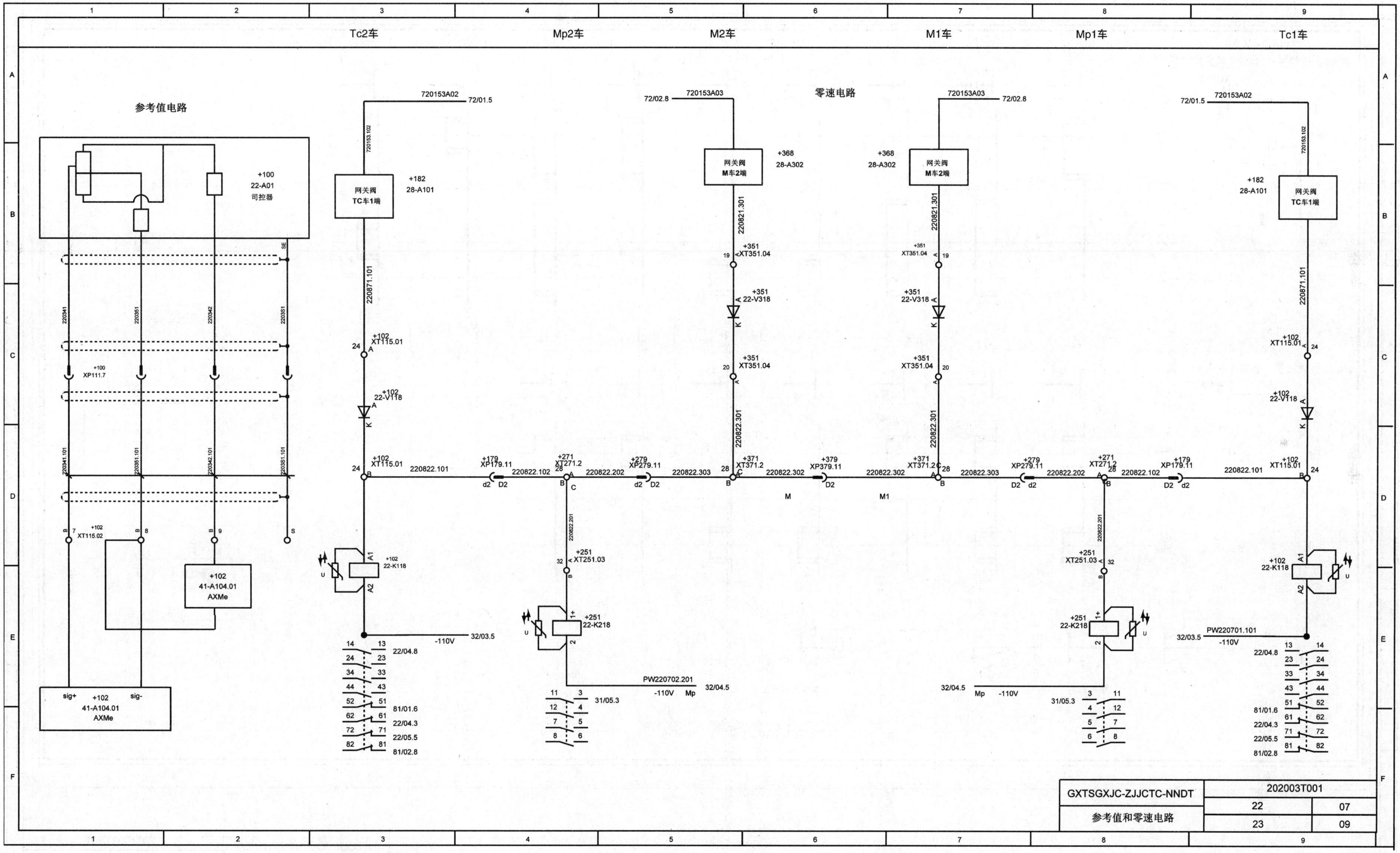
Tc2车
Mp2车
M2车
M1车
Mp1车
Tc1车
参考值电路
零速电路
+100
22-A01
司控器
+102
41-A104.01
AXMe
sig+
sig-
网关阀
TC车1端
+182
28-A101
网关阀
M车2端
+368
28-A302
720153A02
72/01.5
720153A03
72/02.8
+102
XT115.01
+102
22-V118
+102
22-K118
+351
XT351.04
+351
22-V318
+371
XT371.2
+379
XP379.11
+279
XP279.11
+271
XT271.2
+179
XP179.11
+251
XT251.03
+251
22-K218
220822.101
220822.102
220822.202
220822.303
220822.302
-110V
32/03.5
32/04.5
PW220701.101
PW220702.201
Mp
M
M1
22/04.8
81/01.6
22/04.3
22/05.5
81/02.8
31/05.3
GXTSGXJC-ZJJCTC-NNDT
参考值和零速电路
202003T001
22
07
23
09

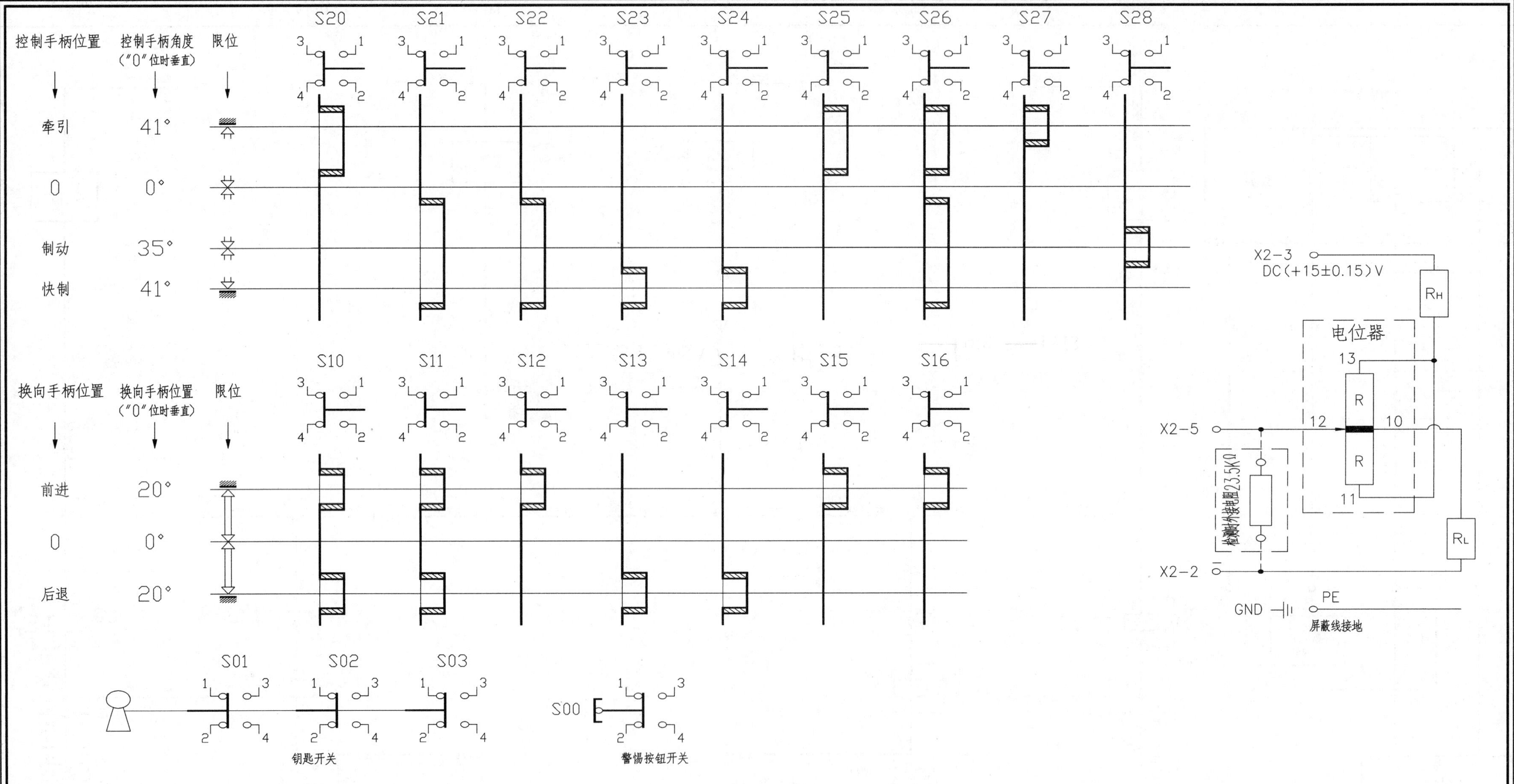

司机控制器闭合表

GXTSGXJC-ZJJCTC-NNDT	202003T001	
司机控制器触点闭合表	22	08
	24	09

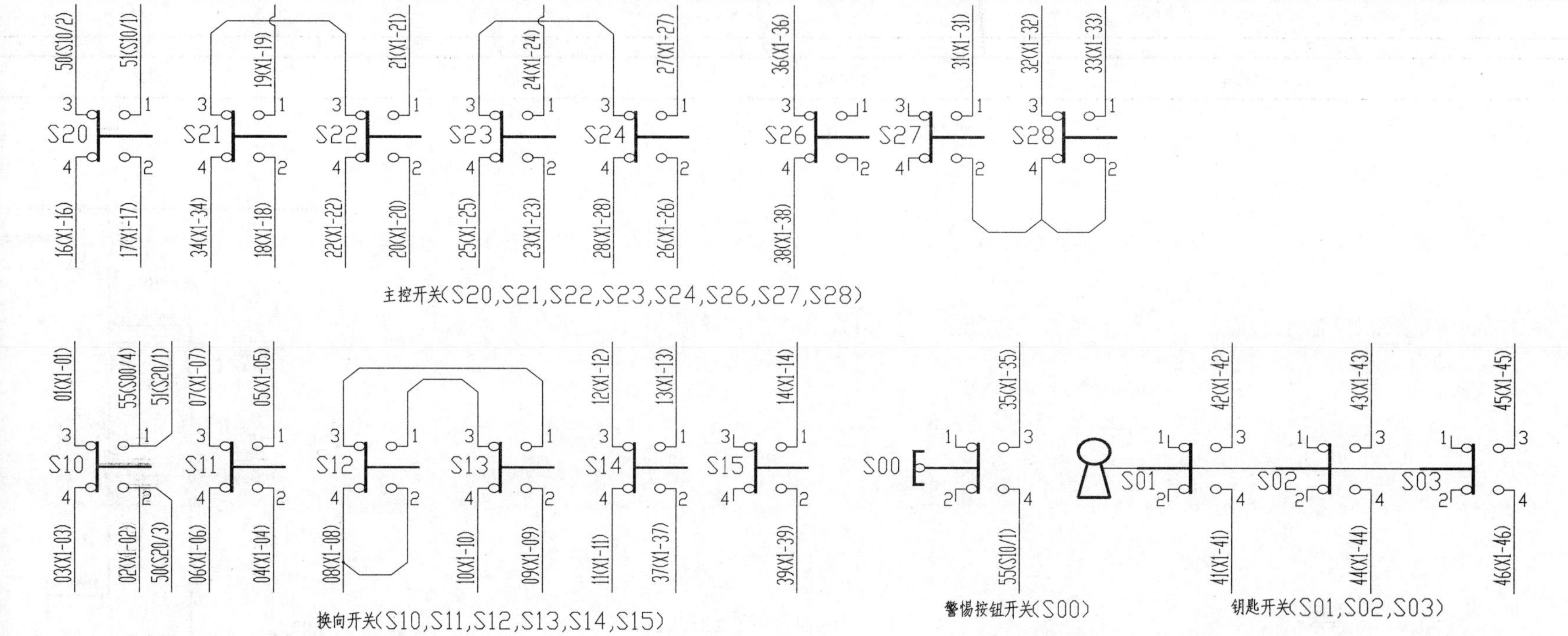

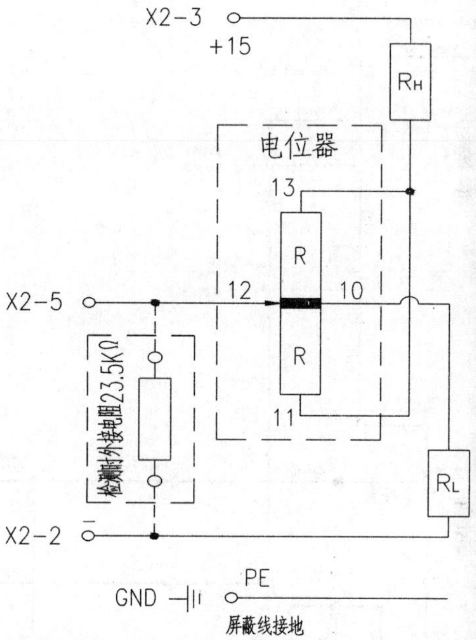

司控器插头 HAN 46EE

1	2	3	4	5	6	7
01(S10/3)	02(S10/2)	03(S10/4)	04(S11/2)	05(S11/1)	06(S11/4)	07(S11/3)
8	9	10	11	12	13	14
08(S12/4)	09(S13/2)	10(S13/4)	11(S14/4)	12(S14/3)	13(S14/1)	14(S15/1)
15	16	17	18	19	20	21
	16(S20/4)	17(S20/2)	18(S21/2)	19(S21/1)	20(S22/2)	21(S22/1)
22	23	24	25	26	27	28
22(S22/4)	23(S23/2)	24(S23/1)	25(S23/4)	26(S24/2)	27(S24/1)	28(S24/4)
29	30	31	32	33	34	35
		31(S27/1)	32(S28/3)	33(S28/1)	34(S21/4)	35(S00/3)
36	37	38	39	40	41	42
36(S26/3)	37(S14/2)	38(S26/4)	39(S15/2)		41(S01/4)	42(S01/3)
43	44	45	46	GND		
43(S02/3)	44(S02/4)	45(S03/3)	46(S03/4)	GND		

司控器插头 HAN 3HPR

1	2	3
	X2-2	X2-3
4	5	GND
	X2-5	PE

司机控制器接线图

GXTSGXJC-ZJJCTC-NNDT	202003T001	
	22	09
司机控制器接线图	25	09

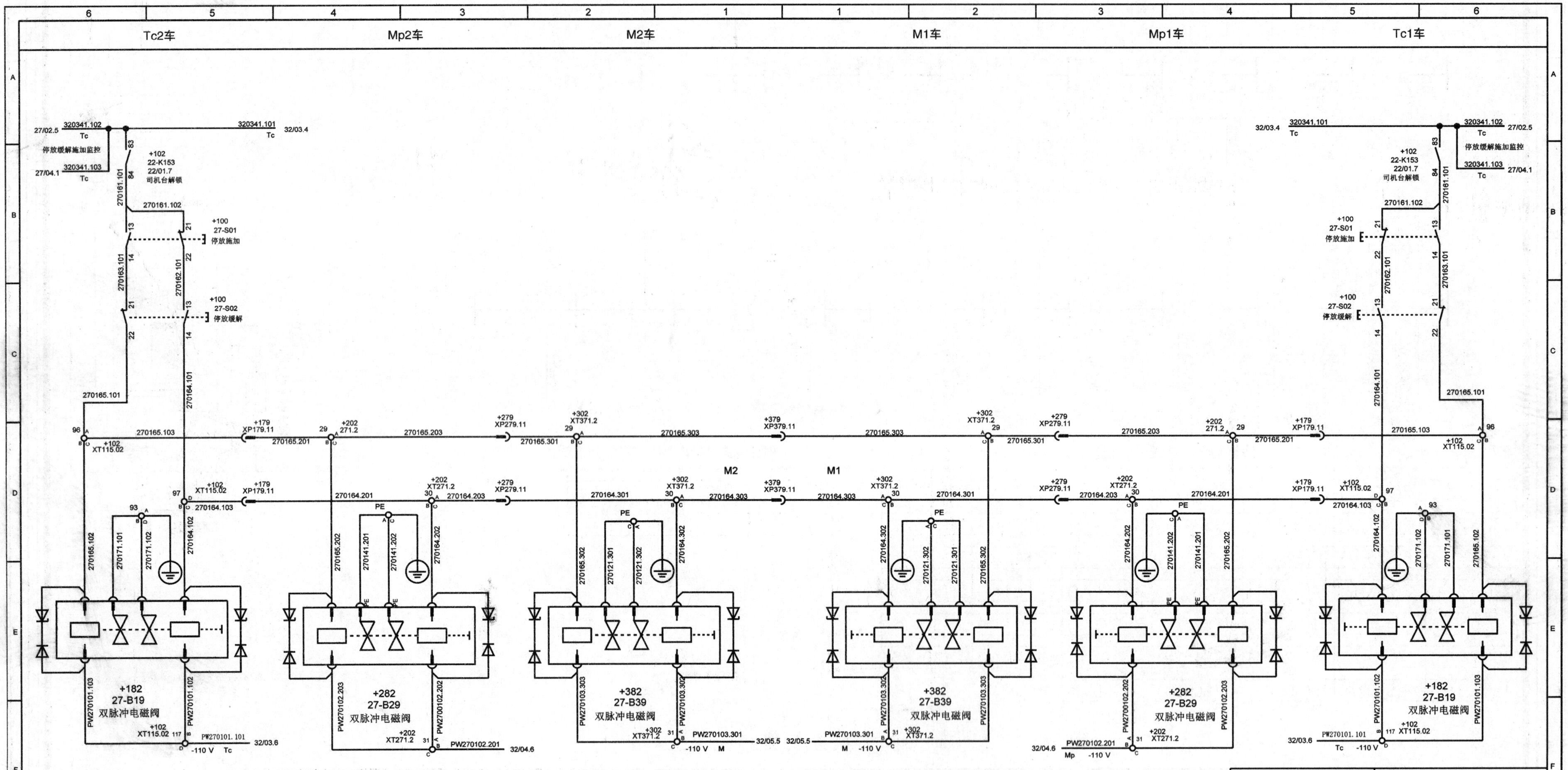

GXTSGXJC-ZJJCTC-NNDT	202003T001	
	27	01
停放制动控制	26	04

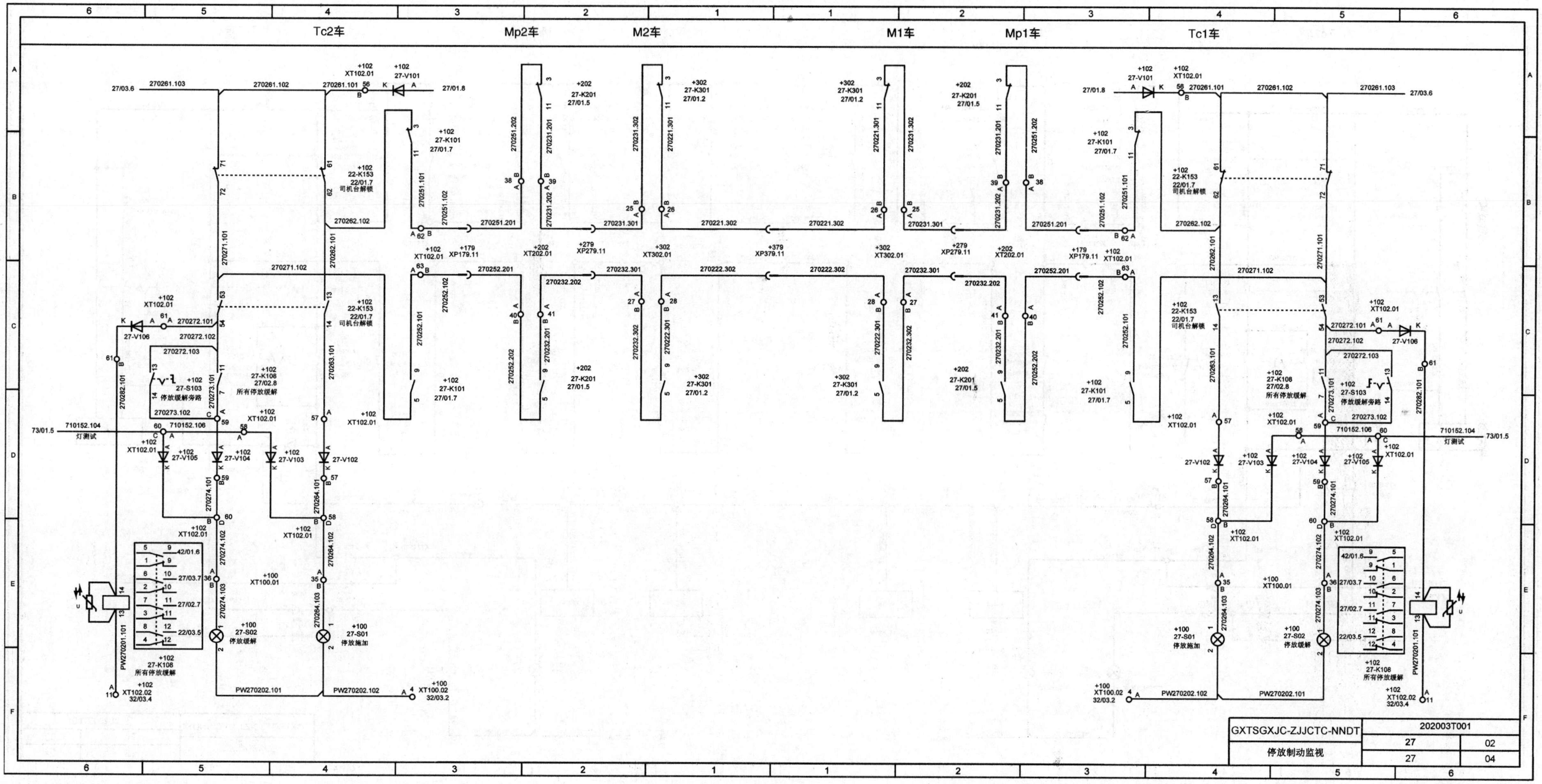
Tc2车
Mp2车
M2车
M1车
Mp1车
Tc1车
GXTSGXJC-ZJJCTC-NNDT
202003T001
停放制动监视
27
02
27
04

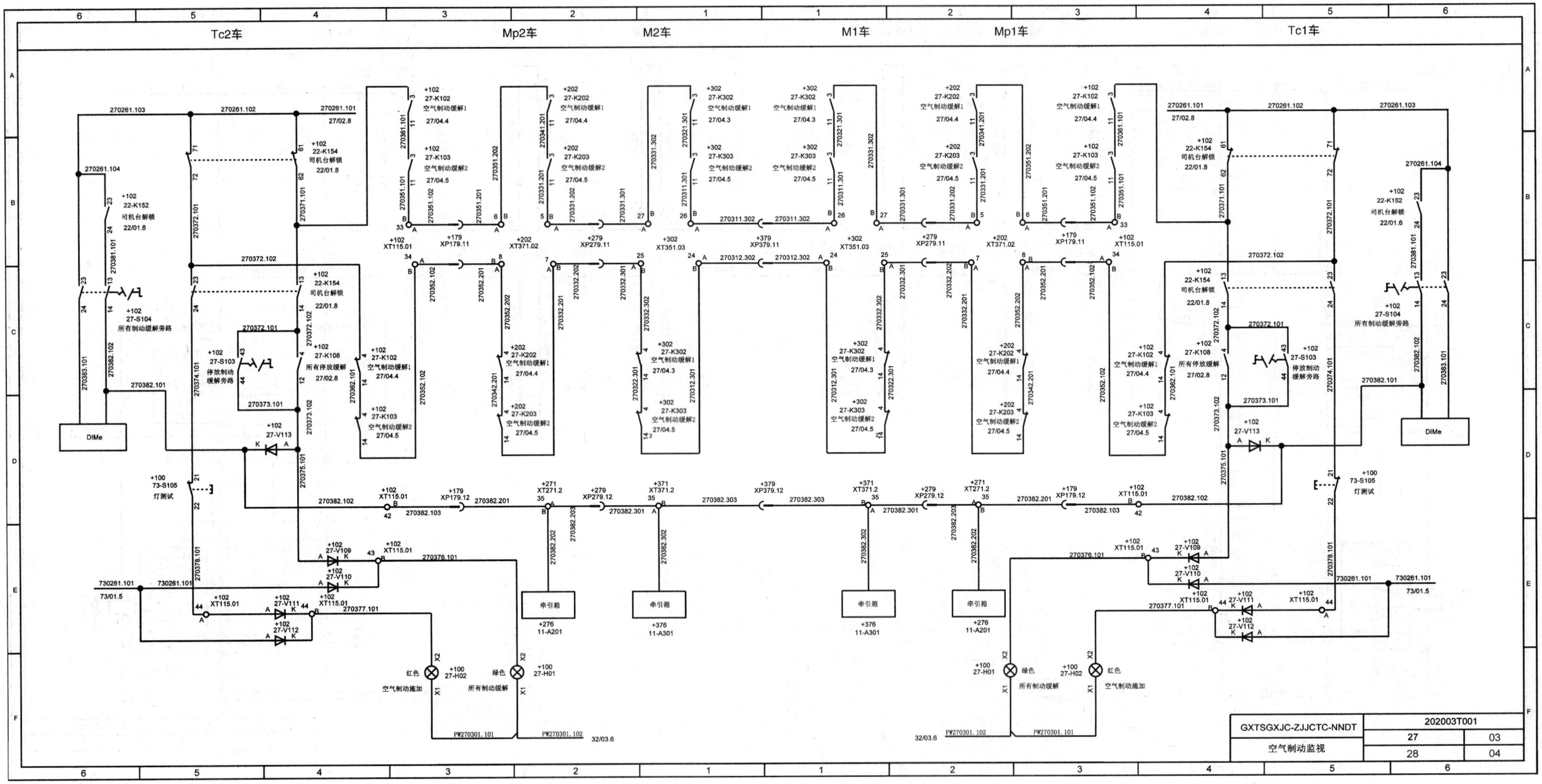

Tc2车
Mp2车
M2车
M1车
Mp1车
Tc1车
司机台解锁
所有制动缓解旁路
停放制动缓解旁路
所有停放缓解
空气制动缓解1
空气制动缓解2
灯测试
DIMe
牵引箱
红色
绿色
空气制动施加
所有制动缓解
GXTSGXJC-ZJJCTC-NNDT
202003T001
空气制动监视
27
03
28
04

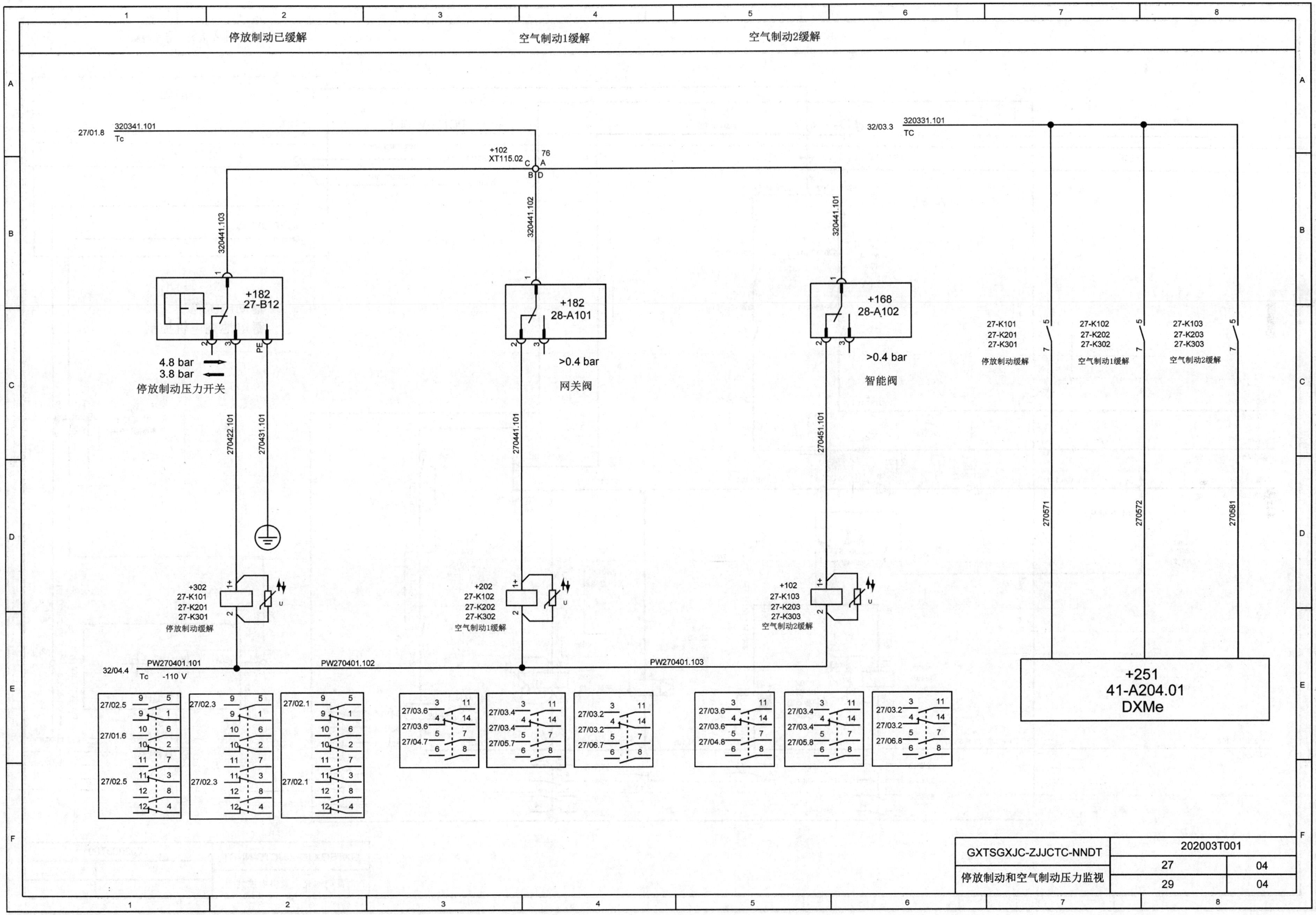

停放制动已缓解
空气制动1缓解
空气制动2缓解
27/01.8
320341.101
Tc
+102
XT115.02
76
32/03.3
320331.101
TC
320441.103
320441.102
320441.101
+182
27-B12
+182
28-A101
+168
28-A102
4.8 bar
3.8 bar
停放制动压力开关
>0.4 bar
网关阀
>0.4 bar
智能阀
27-K101
27-K201
27-K301
停放制动缓解
27-K102
27-K202
27-K302
空气制动1缓解
27-K103
27-K203
27-K303
空气制动2缓解
270422.101
270431.101
270441.101
270451.101
270571
270572
270581
+302
27-K101
27-K201
27-K301
停放制动缓解
+202
27-K102
27-K202
27-K302
空气制动1缓解
+102
27-K103
27-K203
27-K303
空气制动2缓解
32/04.4
PW270401.101
Tc
-110 V
PW270401.102
PW270401.103
+251
41-A204.01
DXMe
GXTSGXJC-ZJJCTC-NNDT
停放制动和空气制动压力监视
202003T001
27
04
29
04

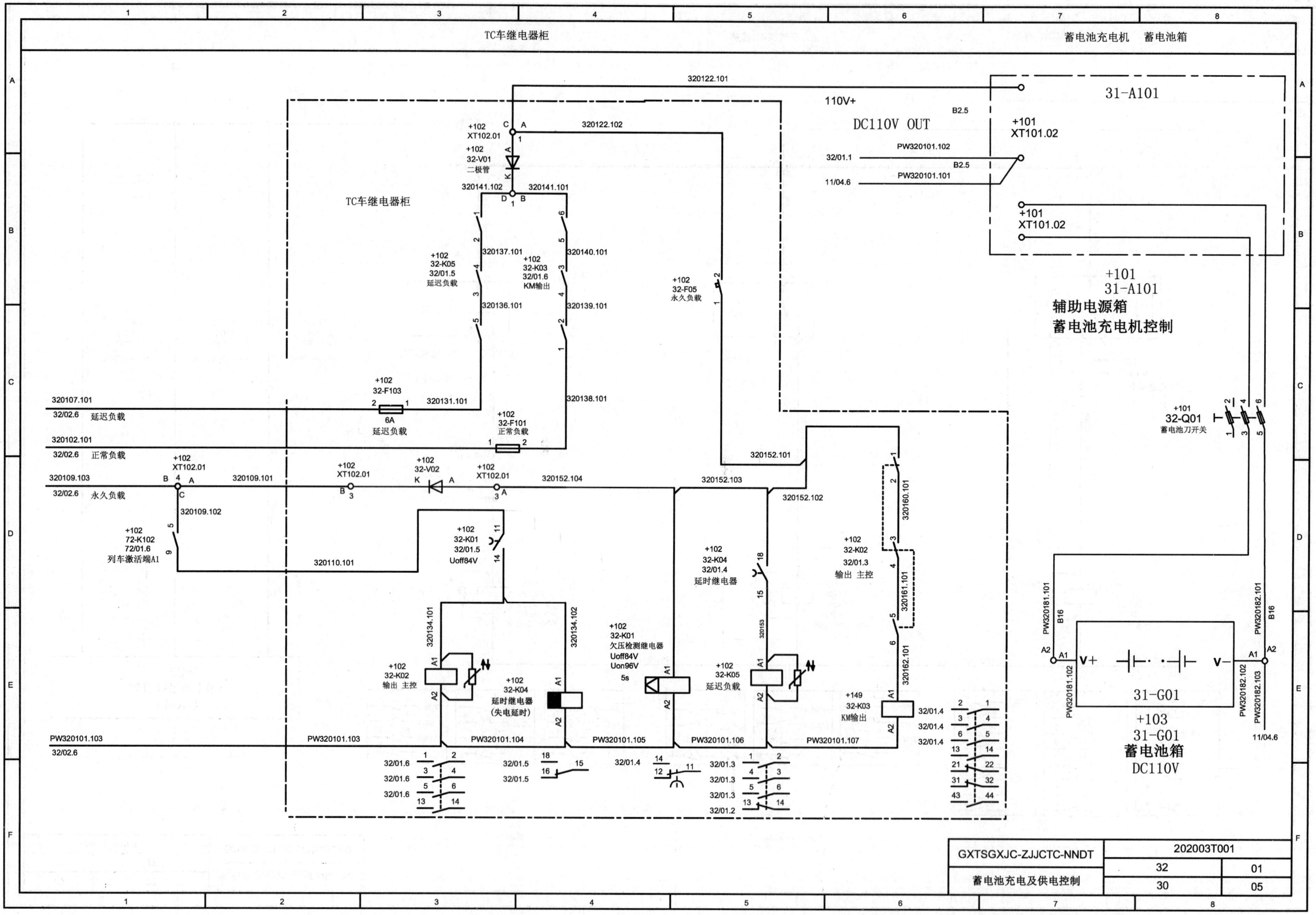

GXTSGXJC-ZJJCTC-NNDT	202003T001	
	32	01
蓄电池充电及供电控制	30	05

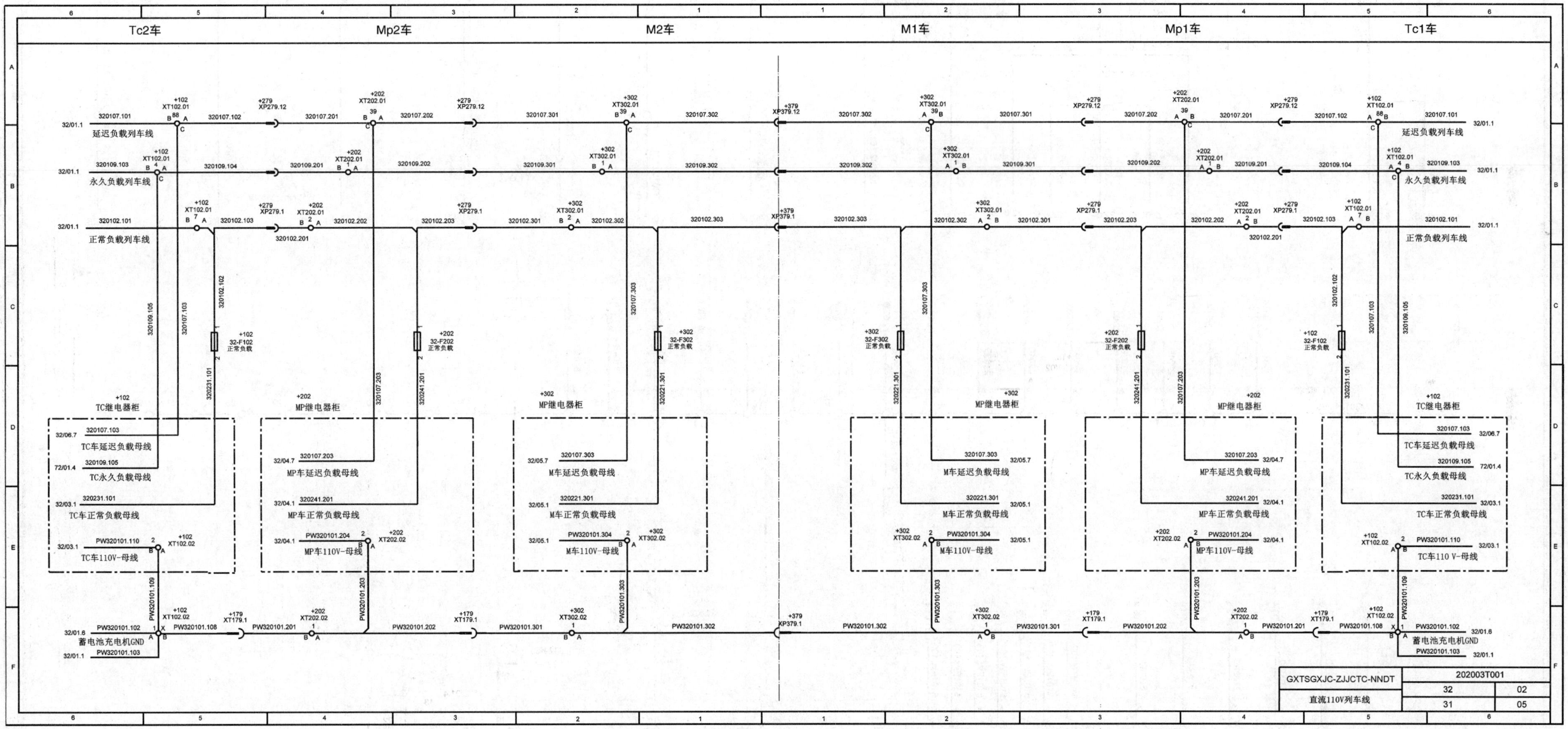

Tc2车
Mp2车
M2车
M1车
Mp1车
Tc1车
延迟负载列车线
永久负载列车线
正常负载列车线
TC继电器柜
MP继电器柜
M继电器柜
TC车延迟负载母线
TC永久负载母线
TC车正常负载母线
TC车110V-母线
MP车延迟负载母线
MP车正常负载母线
MP车110V-母线
M车延迟负载母线
M车正常负载母线
M车110V-母线
蓄电池充电机GND
GXTSGXJC-ZJJCTC-NNDT
202003T001
直流110V列车线
32
02
31
05

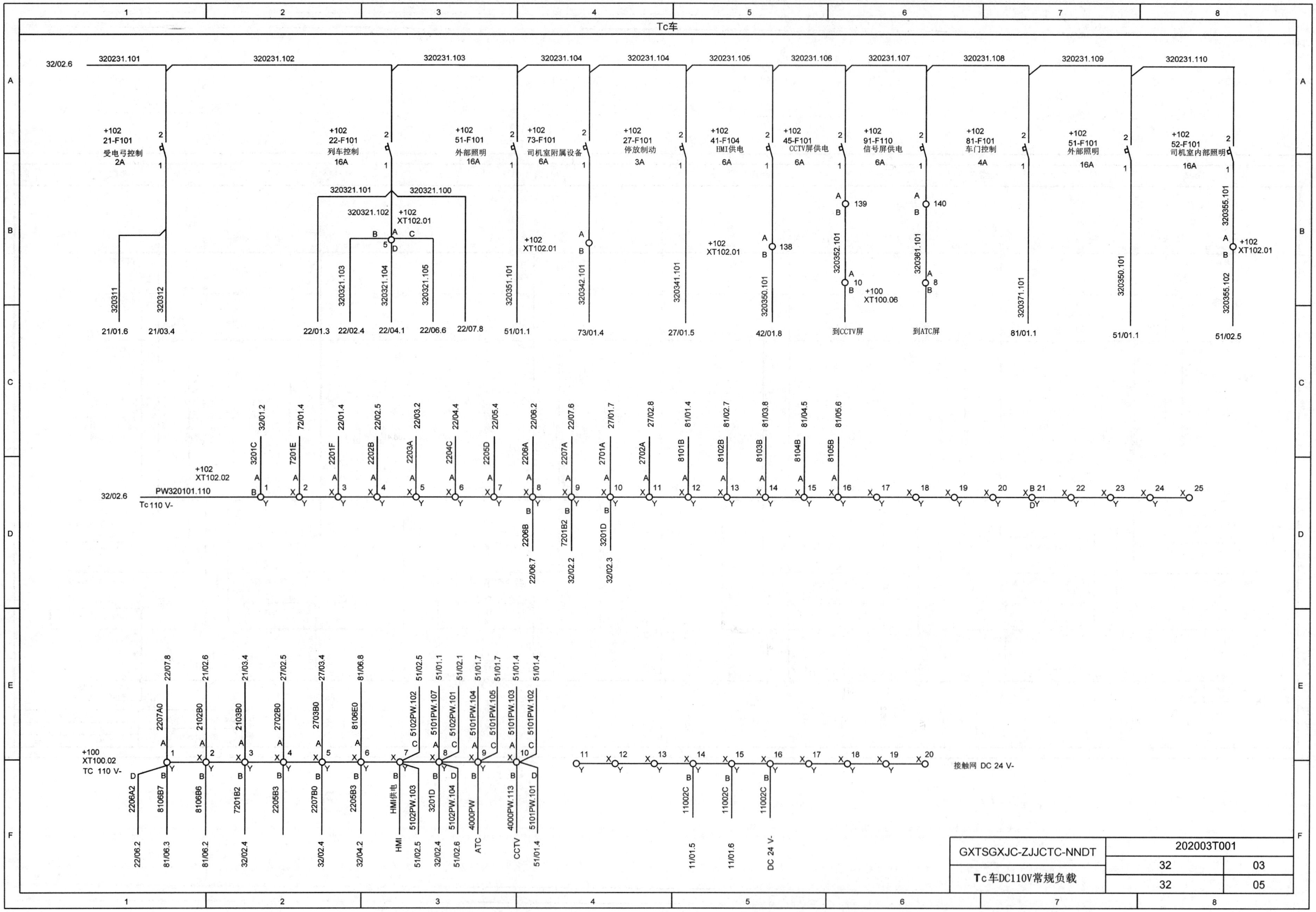
Tc车
32/02.6
320231.101
320231.102
320231.103
320231.104
320231.105
320231.106
320231.107
320231.108
320231.109
320231.110
+102 21-F101 受电弓控制 2A
+102 22-F101 列车控制 16A
+102 51-F101 外部照明 16A
+102 73-F101 司机室附属设备 6A
+102 27-F101 停放制动 3A
+102 41-F104 HMI供电 6A
+102 45-F101 CCTV屏供电 6A
+102 91-F110 信号屏供电 6A
+102 81-F101 车门控制 4A
+102 51-F101 外部照明 16A
+102 52-F101 司机室内部照明 16A
320321.101
320321.100
320321.102
+102 XT102.01
320311
320312
320321.103
320321.104
320321.105
320351.101
320342.101
320341.101
320350.101
320352.101
320361.101
320371.101
320350.101
320355.101
320355.102
+100 XT100.06
21/01.6
21/03.4
22/01.3
22/02.4
22/04.1
22/06.6
22/07.8
51/01.1
73/01.4
27/01.5
42/01.8
到CCTV屏
到ATC屏
81/01.1
51/01.1
51/02.5
+102 XT102.02
PW320101.110
Tc 110 V-
3201C 32/01.2
7201E 72/01.4
2201F 22/01.4
2202B 22/02.5
2203A 22/03.2
2204C 22/04.4
2205D 22/05.4
2206A 22/06.2
2207A 22/07.6
2701A 27/01.7
2702A 27/02.8
8101B 81/01.4
8102B 81/02.7
8103B 81/03.8
8104B 81/04.5
8105B 81/05.6
2206B 22/06.7
7201B2 32/02.2
3201D 32/02.3
+100 XT100.02
TC 110 V-
2207A0 22/07.8
2102B0 21/02.6
2103B0 21/03.4
2702B0 27/02.5
2703B0 27/03.4
8106E0 81/06.8
5102PW.102 51/02.5
5101PW.107 51/01.1
5102PW.101 51/02.1
5101PW.104 51/01.7
5101PW.105 51/01.7
5101PW.103 51/01.4
5101PW.102 51/01.4
2206A2 22/06.2
8106B7 81/06.3
8106B6 81/06.2
7201B2 32/02.4
2205B3
2207B0 32/02.4
2205B3 32/04.2
HMI供电 HMI
5102PW.103 51/02.5
3201D 32/02.4
5102PW.104 51/02.6
4000PW ATC
4000PW.113 CCTV
5101PW.101 51/01.4
接触网 DC 24 V-
11002C 11/01.5
11002C 11/01.6
11002C DC 24 V-
GXTSGXJC-ZJJCTC-NNDT
202003T001
32
03
32
05
Tc车DC110V常规负载

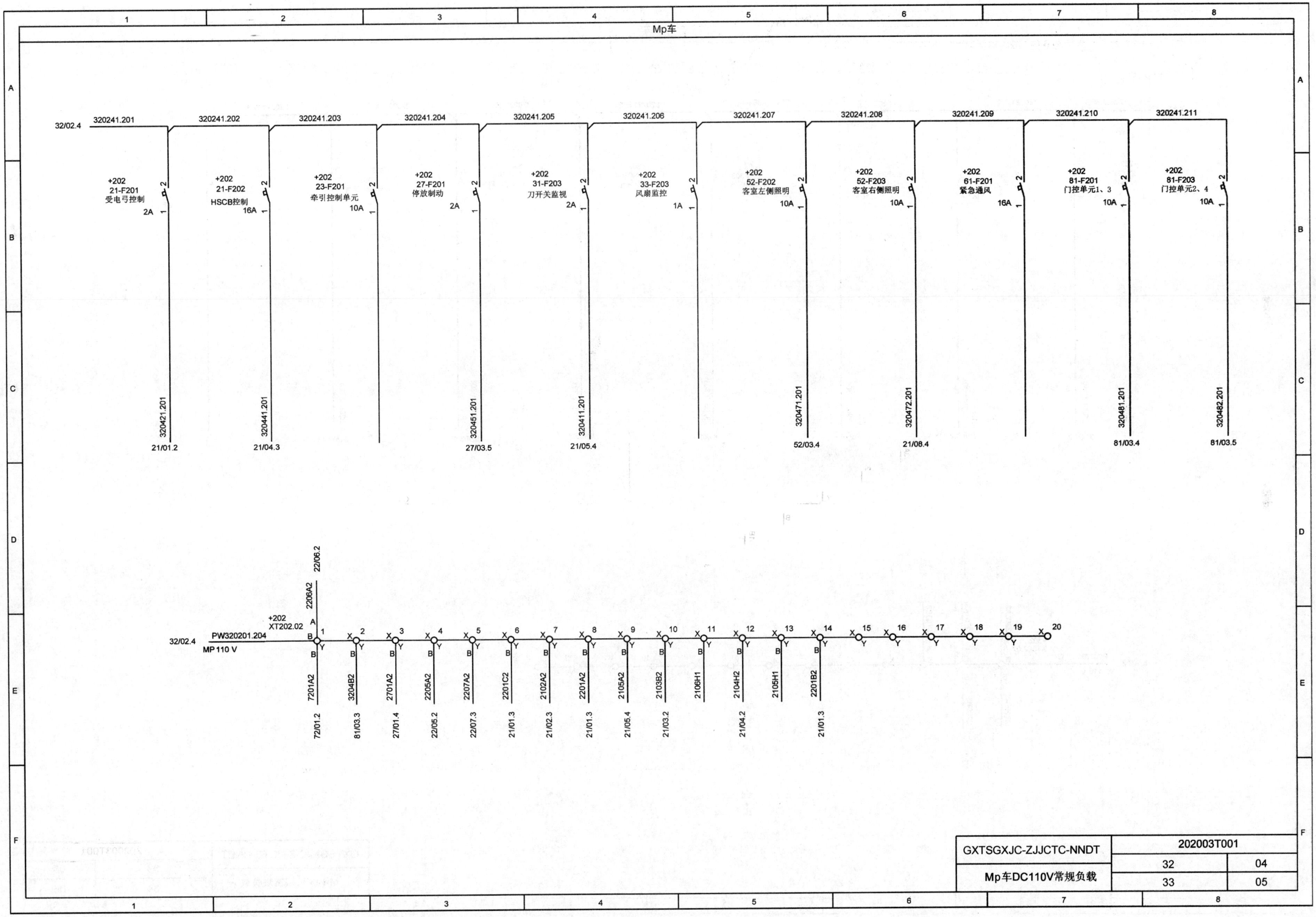

GXTSGXJC-ZJJCTC-NNDT	202003T001	
Mp车DC110V常规负载	32	04
	33	05

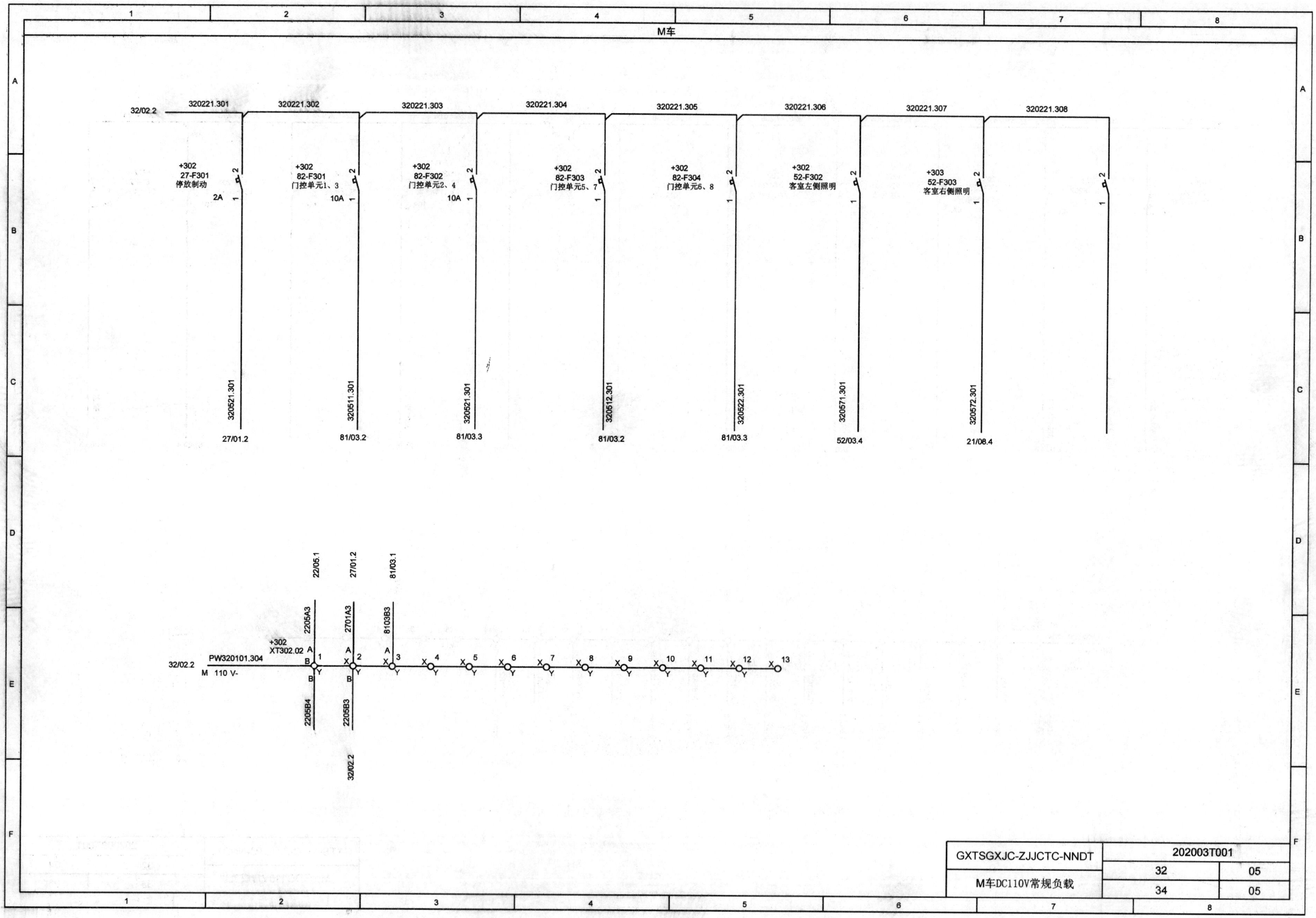
M车
32/02.2
320221.301
320221.302
320221.303
320221.304
320221.305
320221.306
320221.307
320221.308
+302
27-F301
停放制动
2A
+302
82-F301
门控单元1、3
10A
+302
82-F302
门控单元2、4
10A
+302
82-F303
门控单元5、7
+302
82-F304
门控单元6、8
+302
52-F302
客室左侧照明
+303
52-F303
客室右侧照明
320521.301
320511.301
320521.301
320512.301
320522.301
320571.301
320572.301
27/01.2
81/03.2
81/03.3
81/03.2
81/03.3
52/03.4
21/08.4
22/05.1
27/01.2
81/03.1
2205A3
2701A3
8103B3
+302
XT302.02
32/02.2
PW320101.304
M 110 V-
2205B4
2205B3
32/02.2
GXTSGXJC-ZJJCTC-NNDT
202003T001
M车DC110V常规负载
32
05
34
05

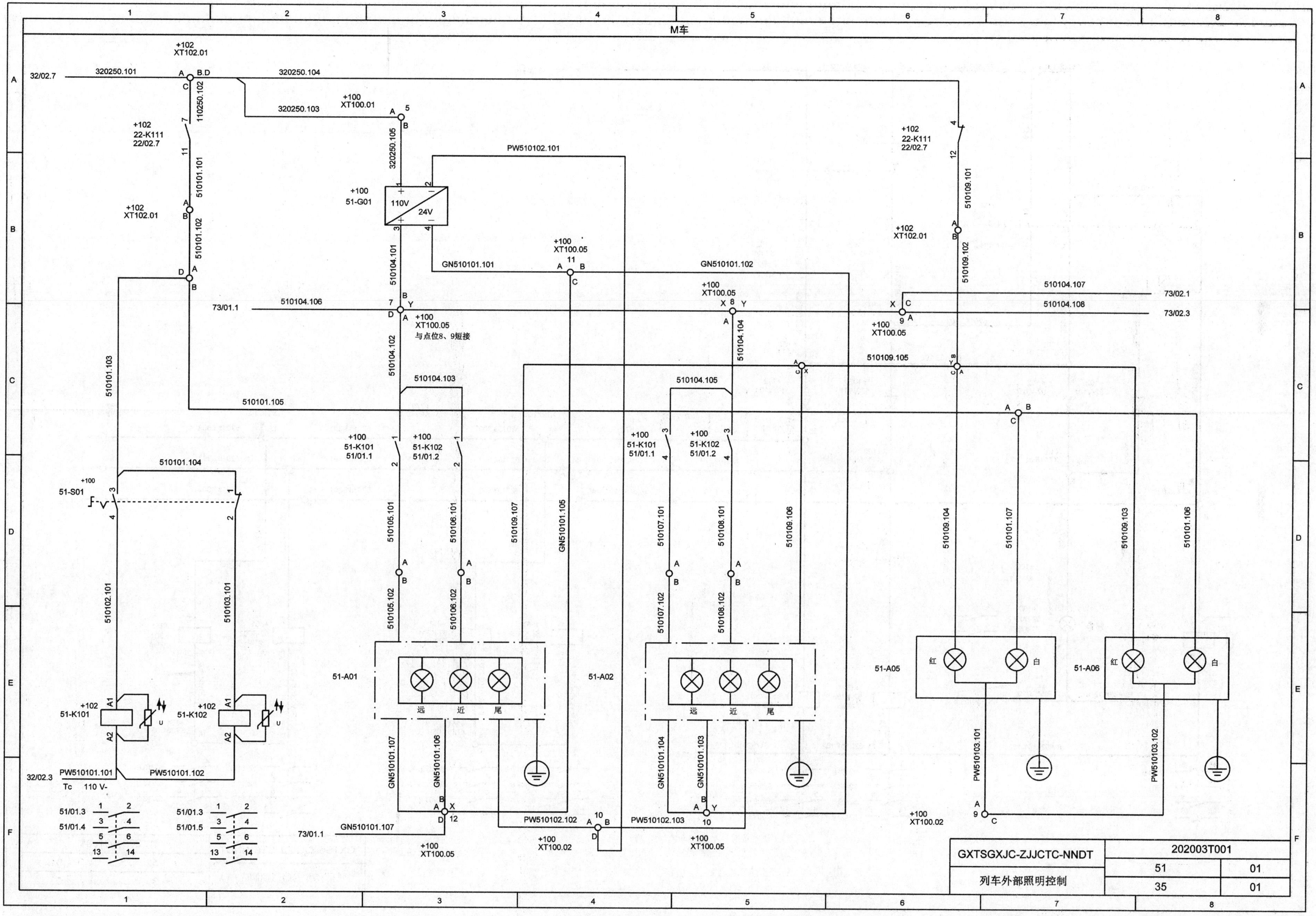
M车
32/02.7
320250.101
+102
XT102.01
320250.104
320250.103
+100
XT100.01
110250.102
320250.105
+102
22-K111
22/02.7
510101.101
PW510102.101
+100
51-G01
110V
24V
510101.102
510104.101
GN510101.101
+100
XT100.05
GN510101.102
510109.101
510109.102
510104.107
510104.108
73/02.1
73/02.3
73/01.1
510104.106
与点位8、9短接
510104.102
510104.104
510109.105
510101.103
510104.103
510104.105
510101.105
+100
51-K101
51/01.1
+100
51-K102
51/01.2
510101.104
51-S01
510105.101
510106.101
510109.107
GN510101.105
510107.101
510108.101
510109.106
510109.104
510101.107
510109.103
510101.106
510102.101
510103.101
510105.102
510106.102
510107.102
510108.102
51-A01
51-A02
51-A05
51-A06
远
近
尾
红
白
+102
51-K101
+102
51-K102
32/02.3
PW510101.101
PW510101.102
Tc 110 V-
51/01.3
51/01.4
51/01.3
51/01.5
GN510101.107
GN510101.106
GN510101.104
GN510101.103
PW510103.101
PW510103.102
PW510102.102
PW510102.103
73/01.1
GN510101.107
+100
XT100.02
GXTSGXJC-ZJJCTC-NNDT
202003T001
51
01
列车外部照明控制
35
01

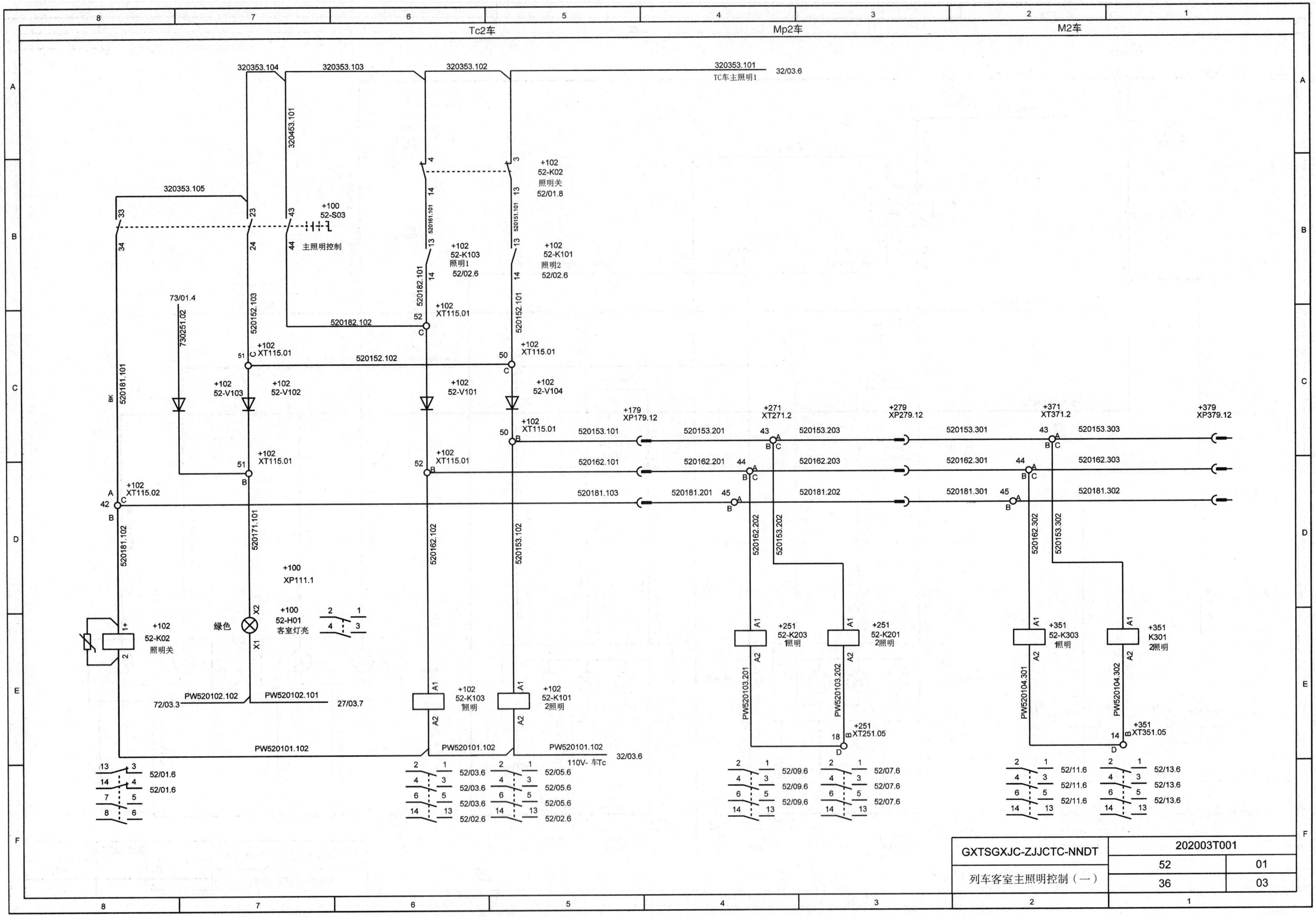
Tc2车
Mp2车
M2车
320353.104
320353.103
320353.102
320353.101
TC车主照明1
32/03.6
320453.101
320353.105
+100
52-S03
主照明控制
+102
52-K02
照明关
52/01.8
+102
52-K103
照明1
52/02.6
+102
52-K101
照明2
52/02.6
520161.101
520151.101
520182.101
520182.102
+102
XT115.01
73/01.4
730251.02
520152.103
520152.101
520152.102
+102
52-V103
+102
52-V102
+102
52-V101
+102
52-V104
520181.101
+102
XT115.02
+179
XP179.12
+271
XT271.2
+279
XP279.12
+371
XT371.2
+379
XP379.12
520153.101
520153.201
520153.203
520153.301
520153.303
520162.101
520162.201
520162.203
520162.301
520162.303
520181.103
520181.201
520181.202
520181.301
520181.302
520181.102
520171.101
520162.102
520153.102
520162.202
520153.202
520162.302
520153.302
+100
XP111.1
+102
52-K02
照明关
绿色
+100
52-H01
客室灯亮
+102
52-K103
1照明
+102
52-K101
2照明
+251
52-K203
1照明
+251
52-K201
2照明
+351
52-K303
1照明
+351
K301
2照明
PW520102.102
PW520102.101
72/03.3
27/03.7
PW520101.102
PW520101.102
PW520101.102
110V- 车Tc
32/03.6
PW520103.201
PW520103.202
PW520104.301
PW520104.302
+251
XT251.05
+351
XT351.05
52/01.6
52/01.6
52/03.6
52/03.6
52/03.6
52/02.6
52/05.6
52/05.6
52/05.6
52/02.6
52/09.6
52/09.6
52/09.6
52/07.6
52/07.6
52/07.6
52/11.6
52/11.6
52/11.6
52/13.6
52/13.6
52/13.6
GXTSGXJC-ZJJCTC-NNDT
202003T001
列车客室主照明控制（一）
52
01
36
03

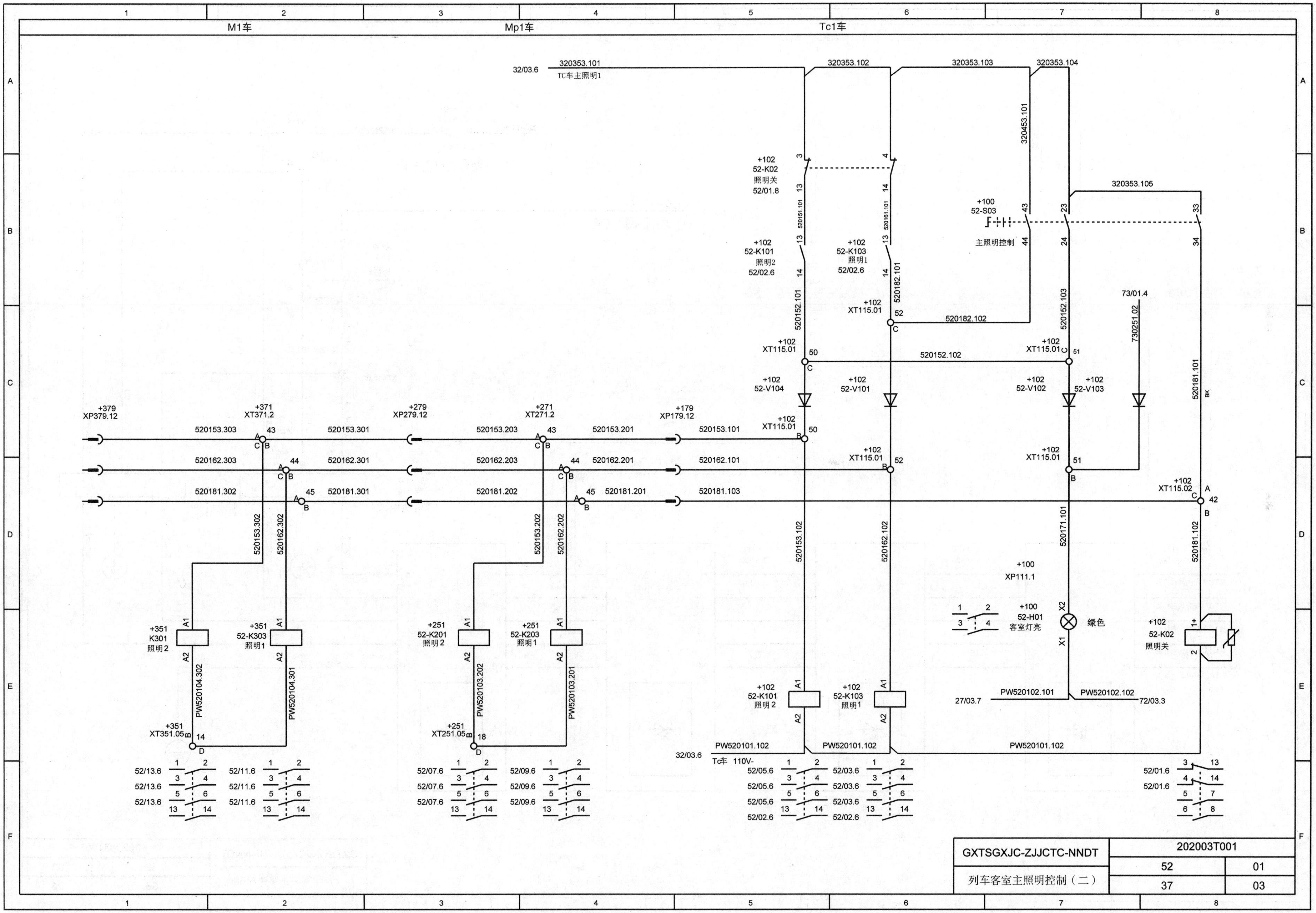
M1车
Mp1车
Tc1车
TC车主照明1
主照明控制
客室灯亮
绿色
GXTSGXJC-ZJJCTC-NNDT
202003T001
52
01
列车客室主照明控制（二）
37
03

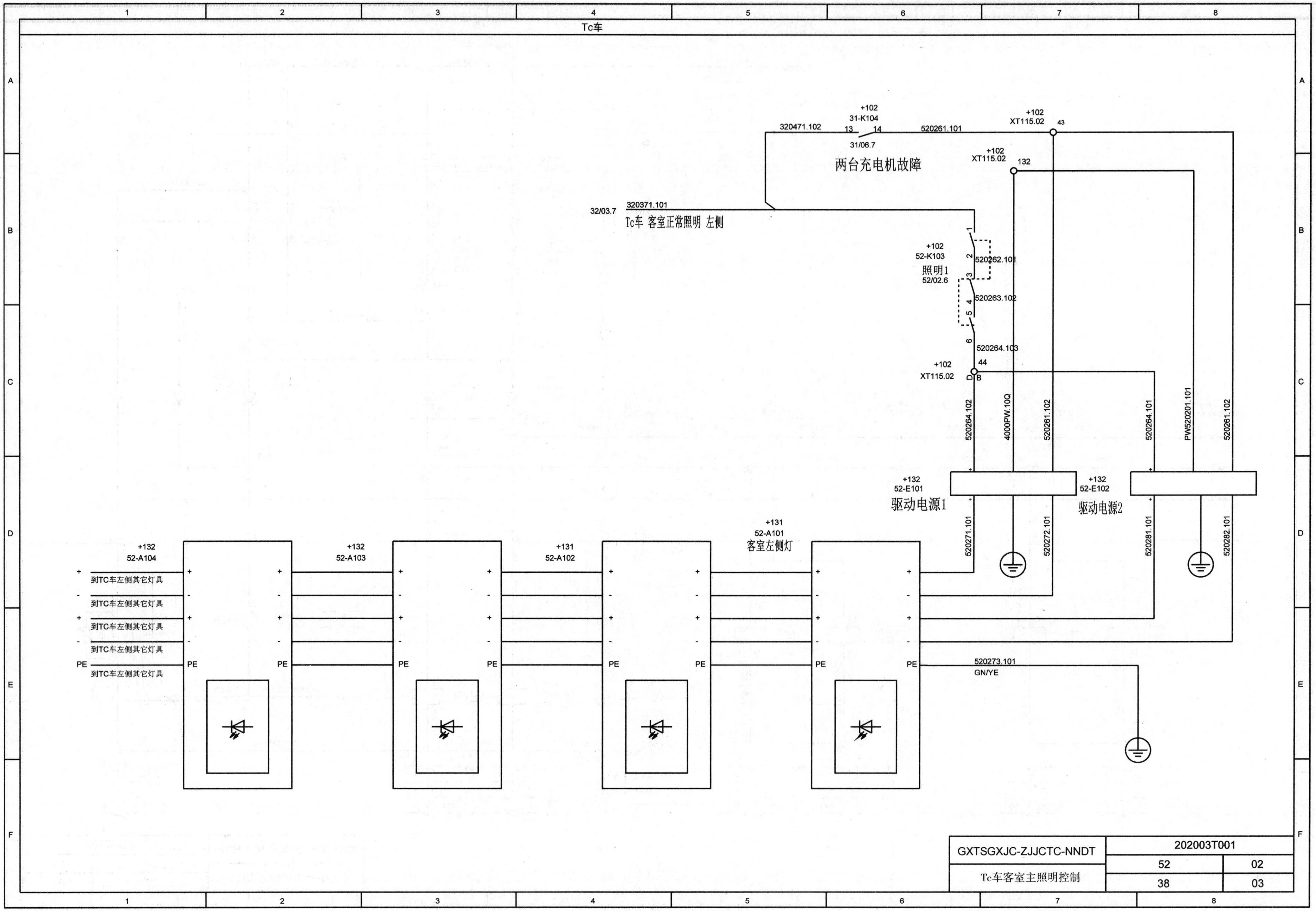
Tc车
+102
31-K104
320471.102
13
14
520261.101
31/06.7
两台充电机故障
+102
XT115.02
43
+102
XT115.02
132
32/03.7
320371.101
Tc车 客室正常照明 左侧
+102
52-K103
照明1
52/02.6
520262.101
520263.102
520264.103
+102
XT115.02
44
520264.102
4000PW.10Q
520261.102
520264.101
PW520201.101
520261.102
+132
52-E101
驱动电源1
+132
52-E102
驱动电源2
520271.101
520272.101
520281.101
520282.101
+132
52-A104
+132
52-A103
+131
52-A102
+131
52-A101
客室左侧灯
到TC车左侧其它灯具
PE
520273.101
GN/YE
GXTSGXJC-ZJJCTC-NNDT
Tc车客室主照明控制
202003T001
52
02
38
03

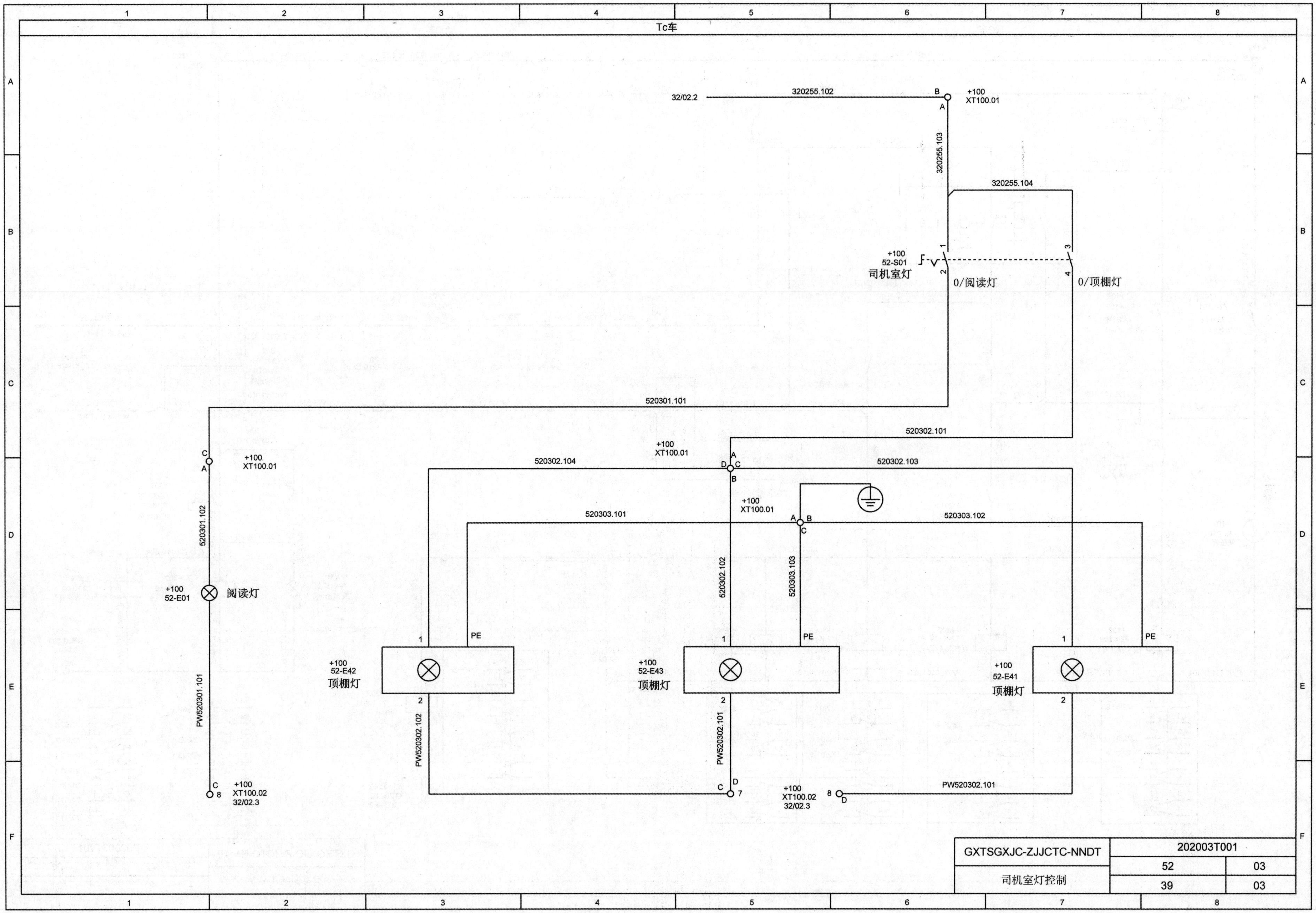
Tc车
32/02.2
320255.102
+100
XT100.01
320255.103
320255.104
+100
52-S01
司机室灯
0/阅读灯
0/顶棚灯
520301.101
520302.101
+100
XT100.01
520302.104
520302.103
+100
XT100.01
520303.101
520303.102
520301.102
520302.102
520303.103
+100
52-E01
阅读灯
+100
52-E42
顶棚灯
+100
52-E43
顶棚灯
+100
52-E41
顶棚灯
PW520301.101
PW520302.102
PW520302.101
PW520302.101
+100
XT100.02
32/02.3
+100
XT100.02
32/02.3
GXTSGXJC-ZJJCTC-NNDT
202003T001
52
03
39
03
司机室灯控制

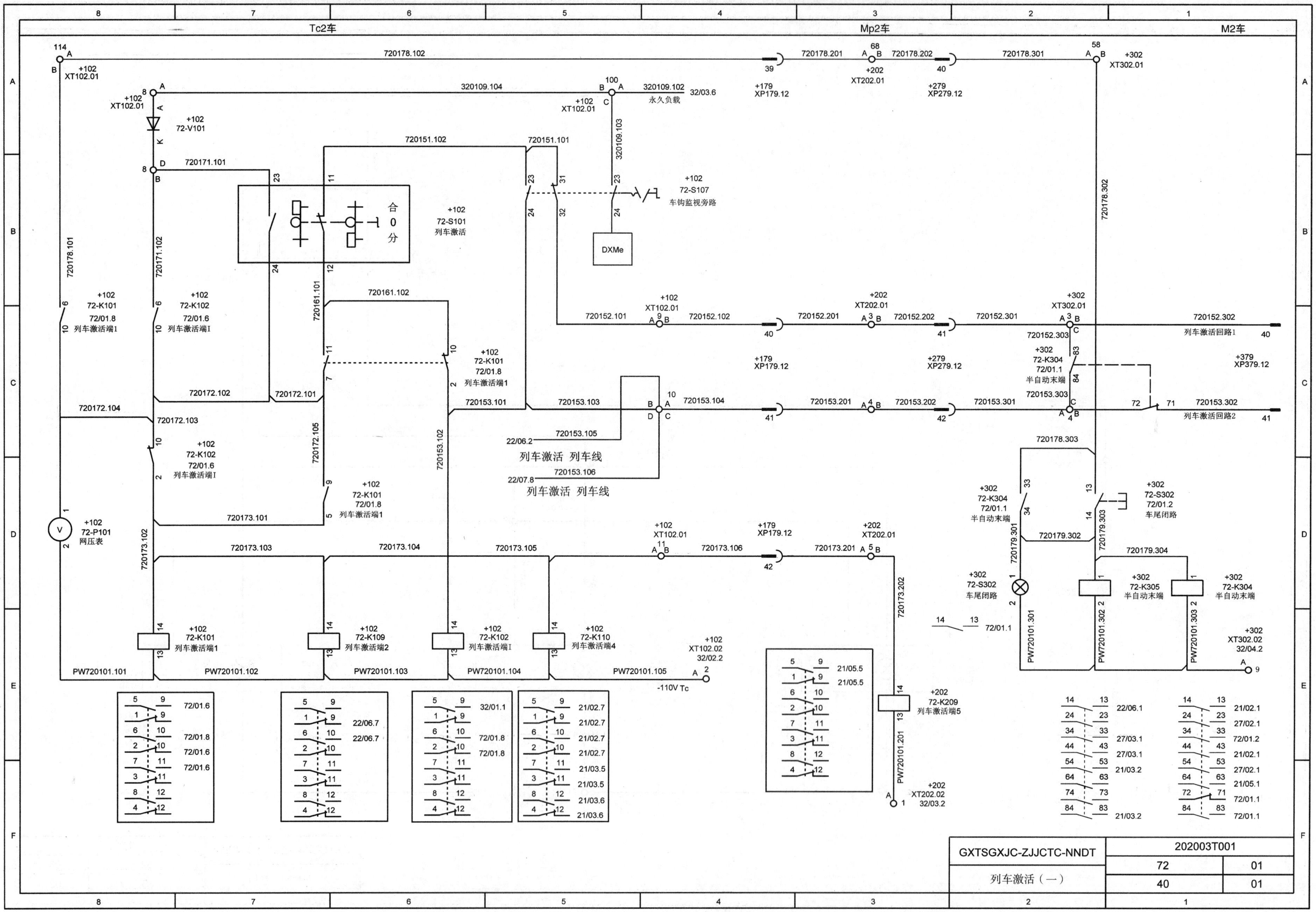

Tc2车
Mp2车
M2车
72-V101
+102
72-S101
列车激活
合
0
分
72-S107
车钩监视旁路
DXMe
永久负载
72-K101
列车激活端1
72-K102
列车激活端I
72-K109
列车激活端2
72-K110
列车激活端4
72-P101
网压表
列车激活回路1
列车激活回路2
列车激活 列车线
72-K304
半自动末端
72-S302
车尾闭路
72-K305
半自动末端
72-K209
列车激活端5
-110V Tc
GXTSGXJC-ZJJCTC-NNDT
202003T001
72
01
40
01
列车激活（一）

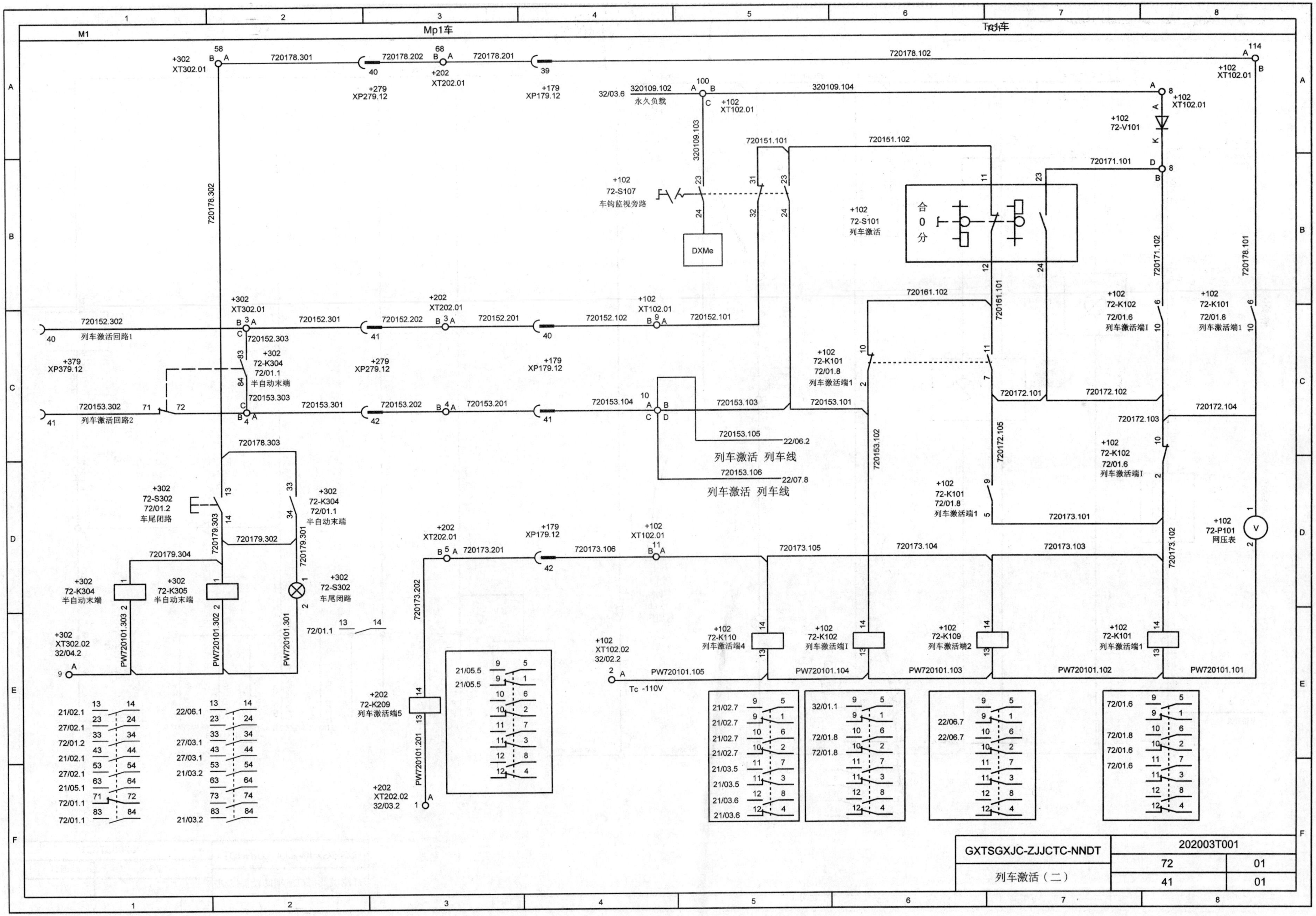

M1
Mp1车
Tc1车
+302 XT302.01
720178.301
720178.202
720178.201
720178.102
+102 XT102.01
+279 XP279.12
+202 XT202.01
+179 XP179.12
32/03.6
320109.102
永久负载
320109.104
+102 72-V101
720151.101
720151.102
720171.101
+102 72-S107
车钩监视旁路
DXMe
+102 72-S101
列车激活
合
0
分
720152.302
列车激活回路1
720152.301
720152.202
720152.201
720152.102
720152.101
720152.303
720161.102
720161.101
+102 72-K102 72/01.6 列车激活端Ⅰ
+102 72-K101 72/01.8 列车激活端1
+379 XP379.12
+302 72-K304 72/01.1 半自动末端
720153.302
列车激活回路2
720153.303
720153.301
720153.202
720153.201
720153.104
720153.103
720153.101
720153.105
22/06.2
列车激活 列车线
720153.106
22/07.8
列车激活 列车线
720172.101
720172.102
720172.103
720172.104
720172.105
720178.303
+302 72-S302 72/01.2 车尾闭路
+302 72-K304 72/01.1 半自动末端
720179.302
720179.303
720179.304
720179.301
+302 72-K304 半自动末端
+302 72-K305 半自动末端
+302 72-S302 车尾闭路
+302 XT302.02 32/04.2
PW720101.303
PW720101.302
PW720101.301
72/01.1
720173.201
720173.106
720173.105
720173.104
720173.103
720173.101
720173.202
720173.102
+102 72-P101 网压表
+102 XT102.02 32/02.2
PW720101.105
Tc -110V
+102 72-K110 列车激活端4
+102 72-K102 列车激活端Ⅰ
+102 72-K109 列车激活端2
+102 72-K101 列车激活端1
PW720101.104
PW720101.103
PW720101.102
PW720101.101
+202 72-K209 列车激活端5
PW720101.201
+202 XT202.02 32/03.2
21/02.1
27/02.1
72/01.2
21/02.1
27/02.1
21/05.1
72/01.1
72/01.1
22/06.1
27/03.1
27/03.1
21/03.2
21/03.2
21/05.5
21/05.5
21/02.7
21/02.7
21/02.7
21/02.7
21/03.5
21/03.5
21/03.6
21/03.6
32/01.1
72/01.8
72/01.8
22/06.7
22/06.7
72/01.6
72/01.8
72/01.6
72/01.6
GXTSGXJC-ZJJCTC-NNDT
202003T001
列车激活（二）
72
01
41
01

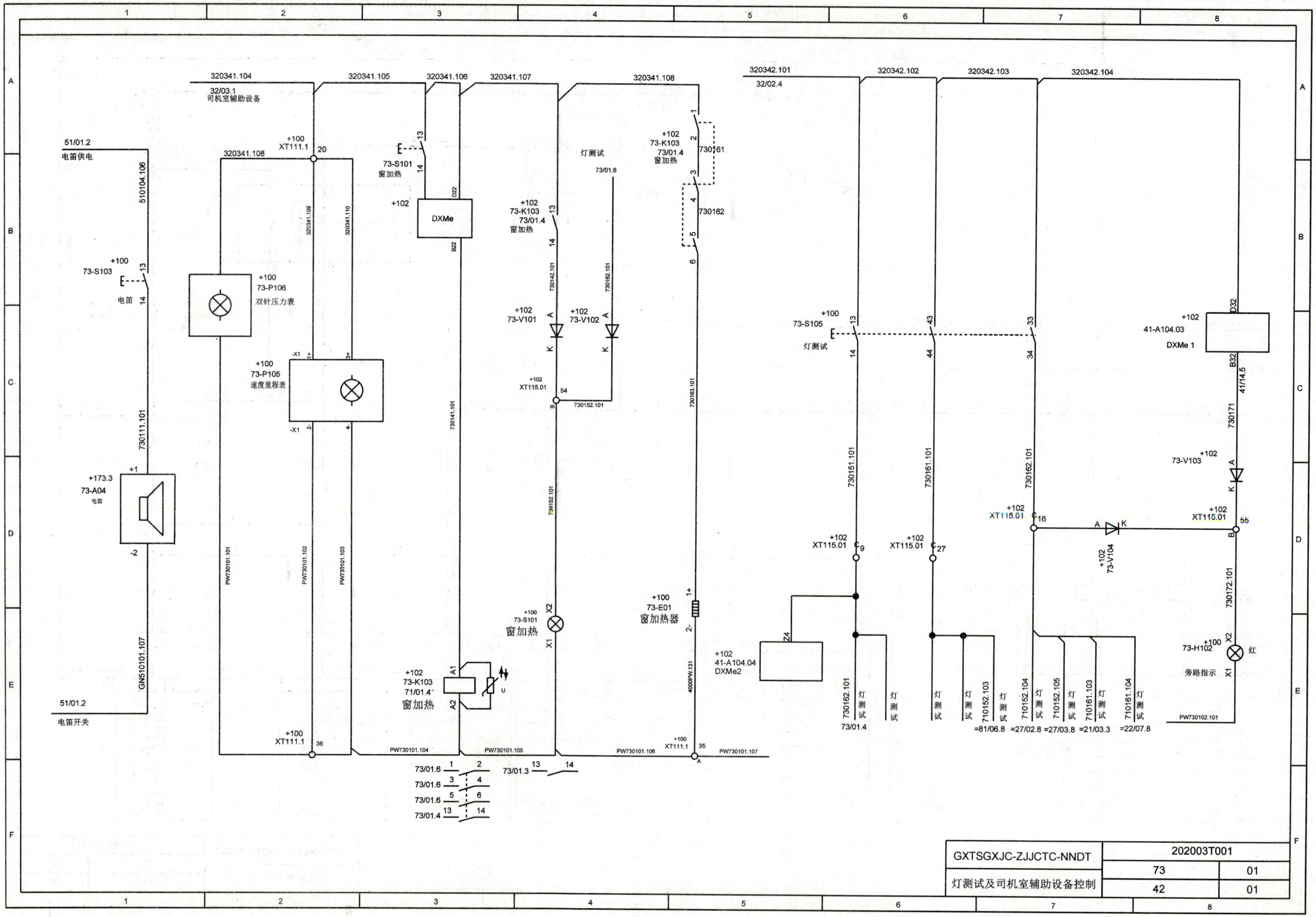
320341.104
32/03.1
司机室辅助设备
320341.105
320341.106
320341.107
320341.108
320342.101
32/02.4
320342.102
320342.103
320342.104
51/01.2
电笛供电
510104.106
+100
73-S103
电笛
+100
XT111.1
320341.108
73-S101
窗加热
DXMe
+100
73-P106
双针压力表
+100
73-P105
速度里程表
+102
73-K103
73/01.4
窗加热
灯测试
73/01.6
730161
730162
+102
73-V101
+102
73-V102
730111.101
+173.3
73-A04
电笛
GN510101.107
51/01.2
电笛开关
窗加热
+100
73-E01
窗加热器
+102
73-K103
71/01.4
窗加热
+100
XT111.1
+100
73-S105
灯测试
+102
41-A104.03
DXMe 1
+102
73-V103
+102
XT115.01
+102
73-V104
+102
41-A104.04
DXMe2
+100
73-H102
红
旁路指示
73/01.4
=81/06.8
=27/02.8
=27/03.8
=21/03.3
=22/07.8
73/01.6
73/01.3
73/01.4
GXTSGXJC-ZJJCTC-NNDT
202003T001
灯测试及司机室辅助设备控制
73
01
42
01

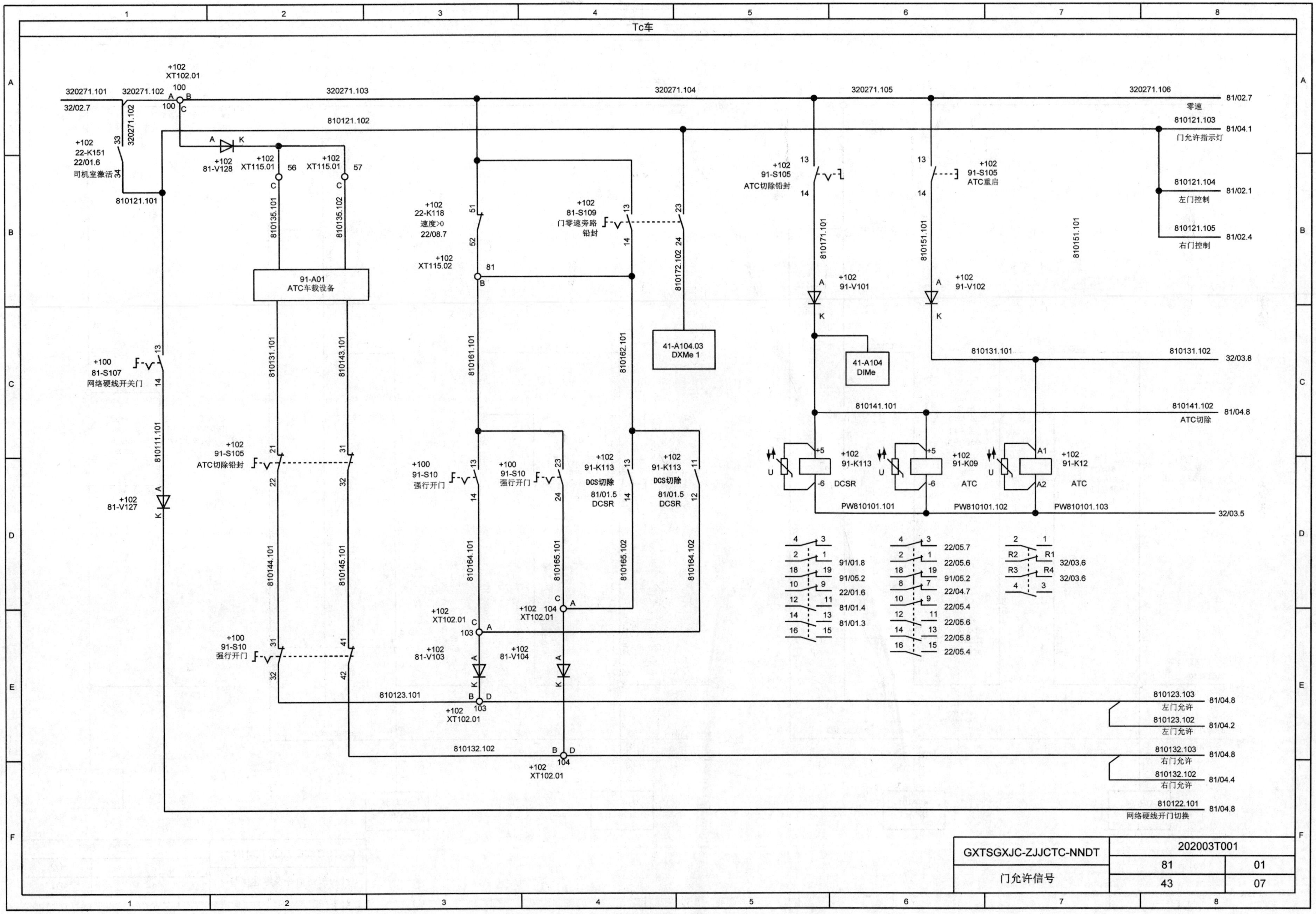
Tc车
320271.101
32/02.7
320271.102
+102
XT102.01
100
320271.103
320271.104
320271.105
320271.106
81/02.7
零速
810121.102
810121.103
81/04.1
门允许指示灯
+102
22-K151
22/01.6
司机室激活
810121.101
+102
81-V128
+102
XT115.01
+102
XT115.01
810135.101
810135.102
91-A01
ATC车载设备
+102
22-K118
速度>0
22/08.7
+102
XT115.02
+102
81-S109
门零速旁路
铅封
810172.102
41-A104.03
DXMe 1
+102
91-S105
ATC切除铅封
+102
91-S105
ATC重启
810121.104
81/02.1
左门控制
810121.105
81/02.4
右门控制
810171.101
810151.101
+102
91-V101
+102
91-V102
41-A104
DIMe
810131.101
810131.102
32/03.8
810141.101
810141.102
81/04.8
ATC切除
+100
81-S107
网络硬线开关门
810111.101
+102
81-V127
810131.101
810143.101
810161.101
810162.101
+102
91-S105
ATC切除铅封
+100
91-S10
强行开门
+100
91-S10
强行开门
+102
91-K113
DCS切除
81/01.5
DCSR
+102
91-K113
DCS切除
81/01.5
DCSR
+102
91-K113
DCSR
+102
91-K09
ATC
+102
91-K12
ATC
PW810101.101
PW810101.102
PW810101.103
32/03.5
91/01.8
91/05.2
22/01.6
81/01.4
81/01.3
22/05.7
22/05.6
91/05.2
22/04.7
22/05.4
22/05.6
22/05.8
22/05.4
32/03.6
32/03.6
810144.101
810145.101
810164.101
810165.101
810165.102
810164.102
+102
XT102.01
+102
XT102.01
+102
81-V103
+102
81-V104
+100
91-S10
强行开门
810123.101
+102
XT102.01
810123.103
左门允许
81/04.8
810123.102
左门允许
81/04.2
810132.102
+102
XT102.01
810132.103
右门允许
81/04.8
810132.102
右门允许
81/04.4
810122.101
网络硬线开门切换
81/04.8
GXTSGXJC-ZJJCTC-NNDT
202003T001
门允许信号
81
01
43
07

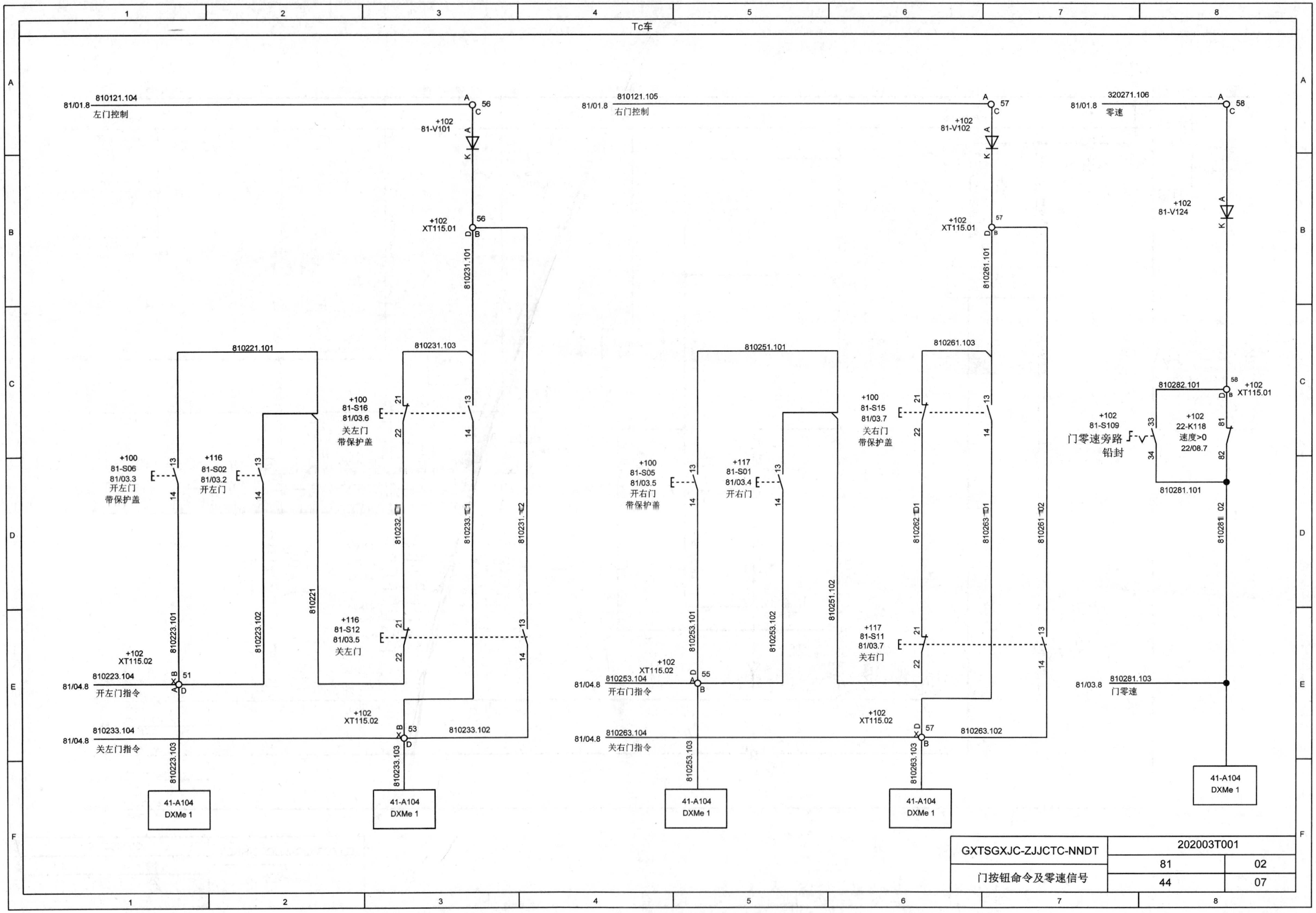
Tc车
810121.104
81/01.8
左门控制
+102
81-V101
XT115.01
810231.101
810221.101
810231.103
+100
81-S16
81/03.6
关左门
带保护盖
+100
81-S06
81/03.3
开左门
带保护盖
+116
81-S02
81/03.2
开左门
810232.101
810233.101
810231.102
810221
810223.101
810223.102
+116
81-S12
81/03.5
关左门
810223.104
81/04.8
开左门指令
810233.104
81/04.8
关左门指令
810223.103
810233.103
810233.102
41-A104
DXMe 1
810121.105
81/01.8
右门控制
+102
81-V102
810261.101
810251.101
810261.103
+100
81-S15
81/03.7
关右门
带保护盖
+100
81-S05
81/03.5
开右门
带保护盖
+117
81-S01
81/03.4
开右门
810262.101
810263.101
810261.102
810251.102
810253.101
810253.102
+117
81-S11
81/03.7
关右门
810253.104
81/04.8
开右门指令
810263.104
81/04.8
关右门指令
810253.103
810263.103
810263.102
320271.106
81/01.8
零速
+102
81-V124
810282.101
+102
81-S109
门零速旁路
铅封
+102
22-K118
速度>0
22/08.7
810281.101
810281.102
810281.103
81/03.8
门零速
GXTSGXJC-ZJJCTC-NNDT
202003T001
门按钮命令及零速信号
81
02
44
07

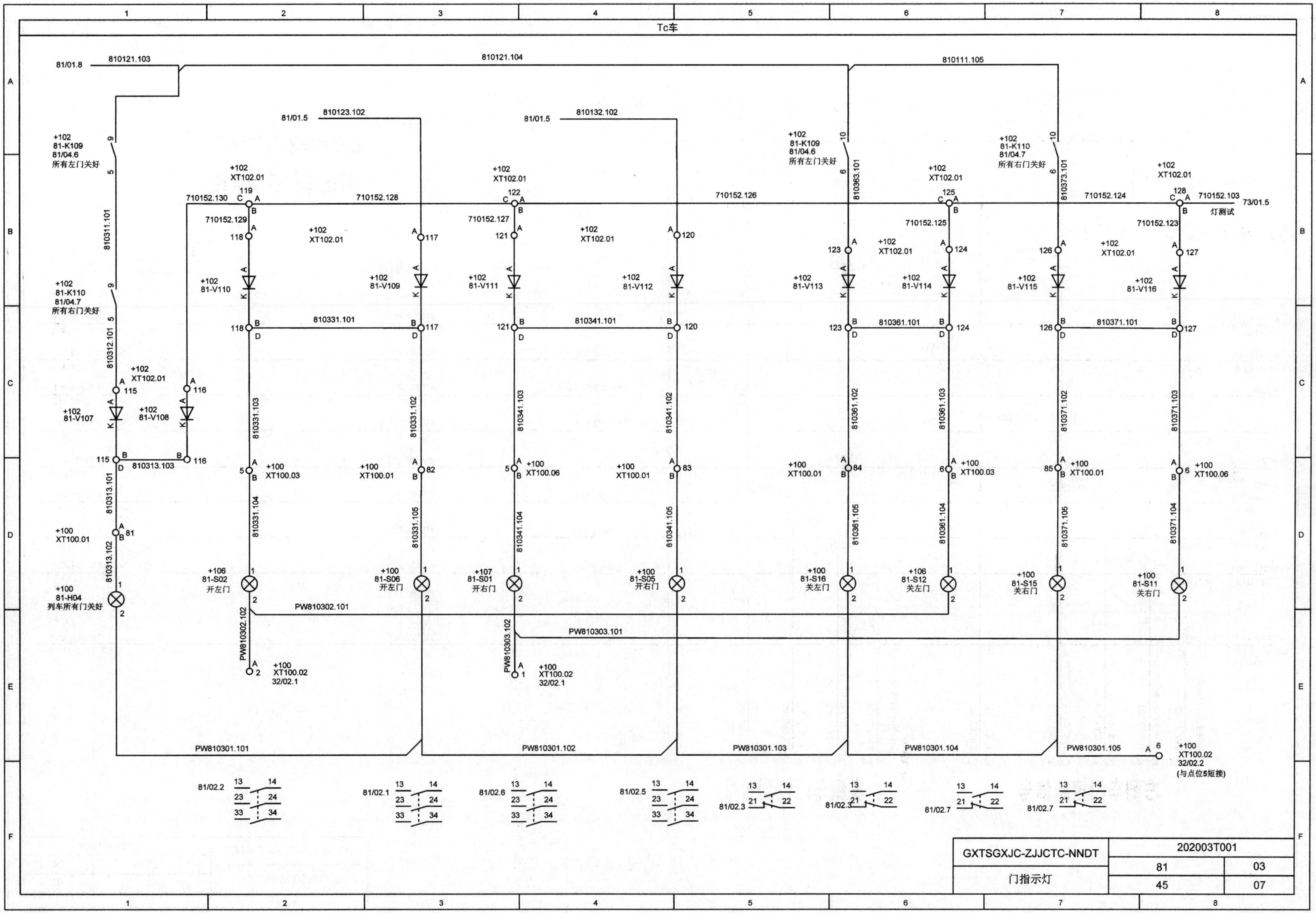
Tc车
810121.103
810121.104
810111.105
81/01.8
81/01.5
810123.102
810132.102
+102
81-K109
81/04.6
所有左门关好
+102
81-K110
81/04.7
所有右门关好
+102
XT102.01
710152.130
710152.128
710152.126
710152.124
710152.103
73/01.5
灯测试
710152.129
710152.127
710152.125
710152.123
810331.101
810341.101
810361.101
810371.101
+102
81-V107
+102
81-V108
+102
81-V110
+102
81-V109
+102
81-V111
+102
81-V112
+102
81-V113
+102
81-V114
+102
81-V115
+102
81-V116
810313.103
+100
XT100.03
+100
XT100.01
+100
XT100.06
+106
81-S02
开左门
+100
81-S06
开左门
+107
81-S01
开右门
+100
81-S05
开右门
+100
81-S16
关左门
+106
81-S12
关左门
+100
81-S15
关右门
+100
81-S11
关右门
+100
81-H04
列车所有门关好
PW810302.101
PW810303.101
PW810302.102
PW810303.102
+100
XT100.02
32/02.1
PW810301.101
PW810301.102
PW810301.103
PW810301.104
PW810301.105
+100
XT100.02
32/02.2
(与点位5短接)
81/02.2
81/02.1
81/02.6
81/02.5
81/02.3
81/02.7
GXTSGXJC-ZJJCTC-NNDT
202003T001
门指示灯
81
03
45
07

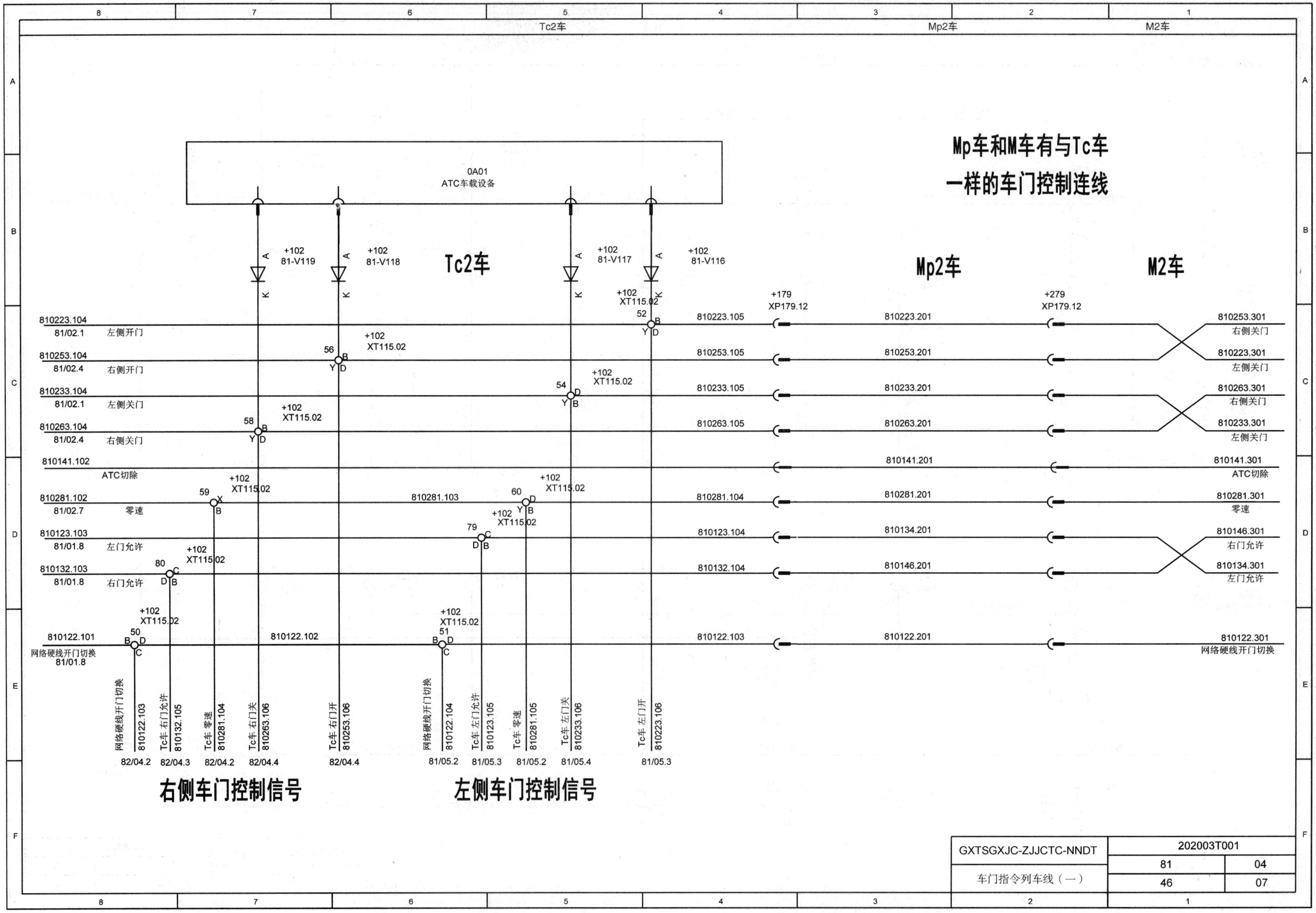

GXTSGXJC-ZJJCTC-NNDT	202003T001	
	81	04
车门指令列车线（一）	46	07

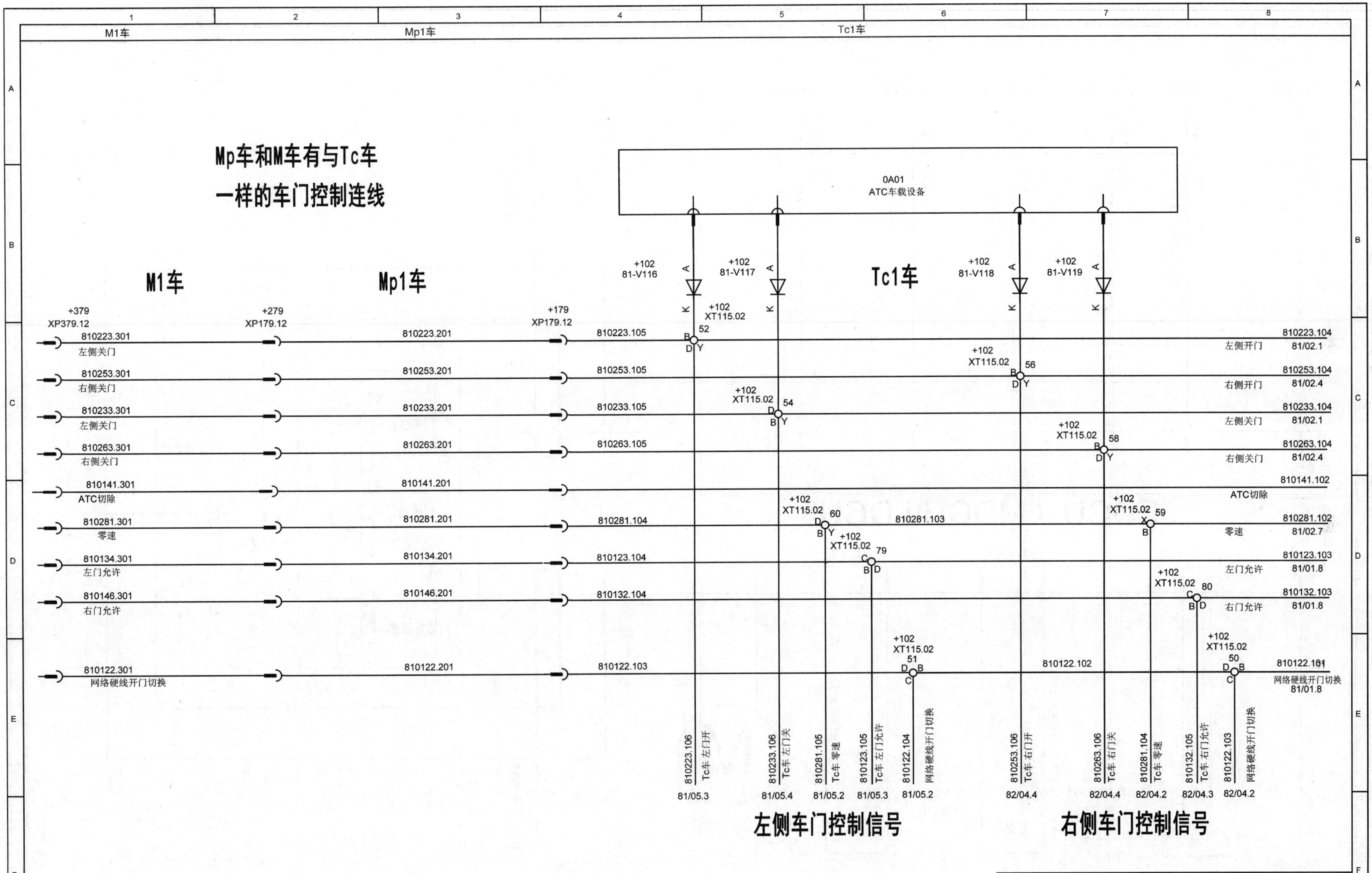

GXTSGXJC-ZJJCTC-NNDT	202003T001	
	81	04
车门指令列车线（二）	47	07

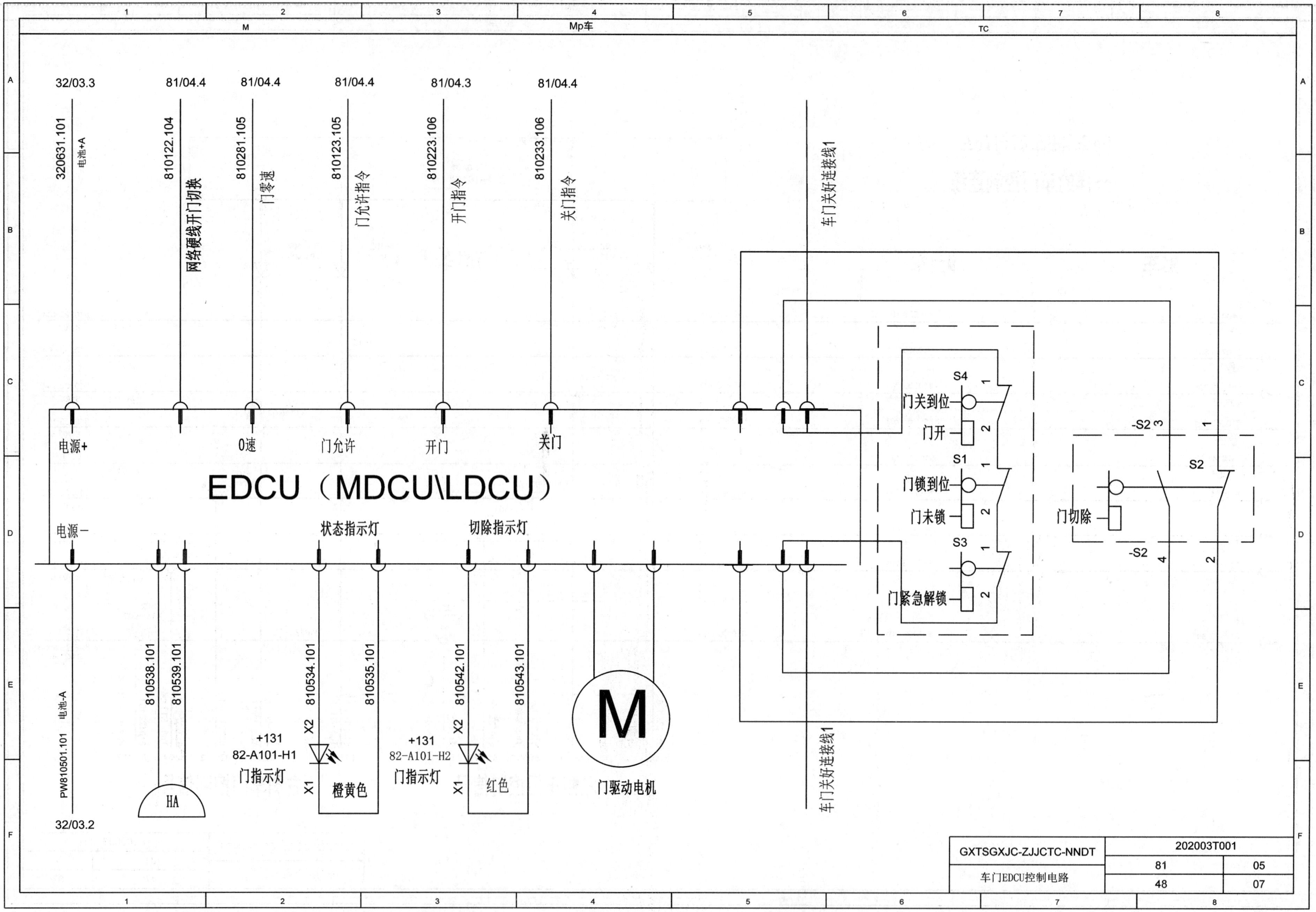

M
Mp车
TC
32/03.3
81/04.4
81/04.4
81/04.4
81/04.3
81/04.4
320631.101 电池+A
810122.104 网络硬线开门切换
810281.105 门零速
810123.105 门允许指令
810223.106 开门指令
810233.106 关门指令
车门关好连接线1
电源+
0速
门允许
开门
关门
EDCU（MDCU\LDCU）
电源—
状态指示灯
切除指示灯
S4
门关到位
门开
S1
门锁到位
门未锁
S3
门紧急解锁
-S2
S2
门切除
PW810501.101 电池-A
810538.101
810539.101
810534.101
810535.101
810542.101
810543.101
HA
+131
82-A101-H1
门指示灯
橙黄色
+131
82-A101-H2
门指示灯
红色
M
门驱动电机
车门关好连接线1
32/03.2
GXTSGXJC-ZJJCTC-NNDT
202003T001
车门EDCU控制电路
81
05
48
07

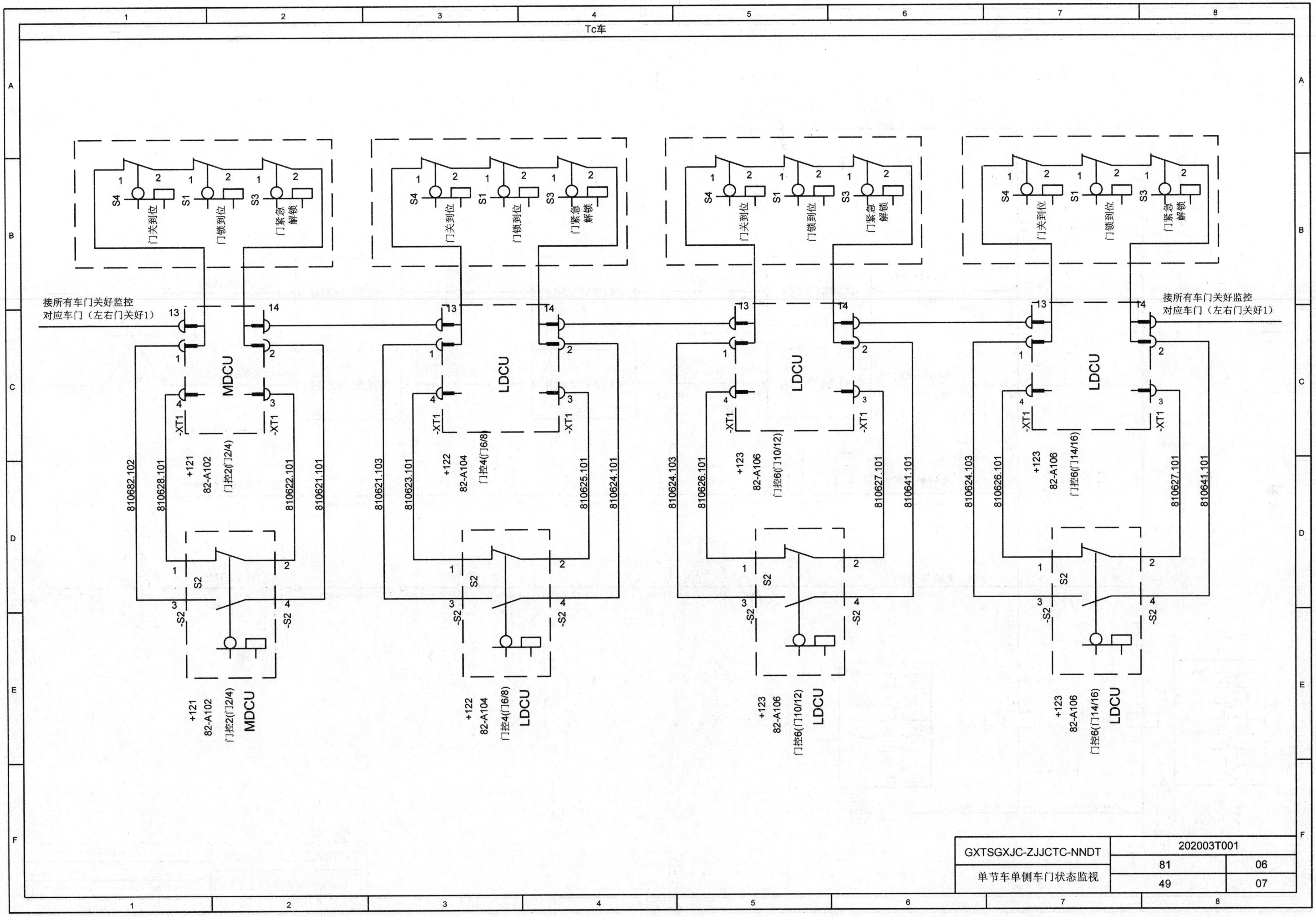
Tc车
门关到位
门锁到位
门紧急解锁
S4
S1
S3
接所有车门关好监控
对应车门（左右门关好1）
MDCU
LDCU
-XT1
-S2
S2
810682.102
810628.101
810622.101
810621.101
810621.103
810623.101
810625.101
810624.101
810624.103
810626.101
810627.101
810641.101
+121
82-A102
门控2(门2/4)
+122
82-A104
门控4(门6/8)
+123
82-A106
门控6(门10/12)
门控6(门14/16)
GXTSGXJC-ZJJCTC-NNDT
单节车单侧车门状态监视
202003T001
81
06
49
07

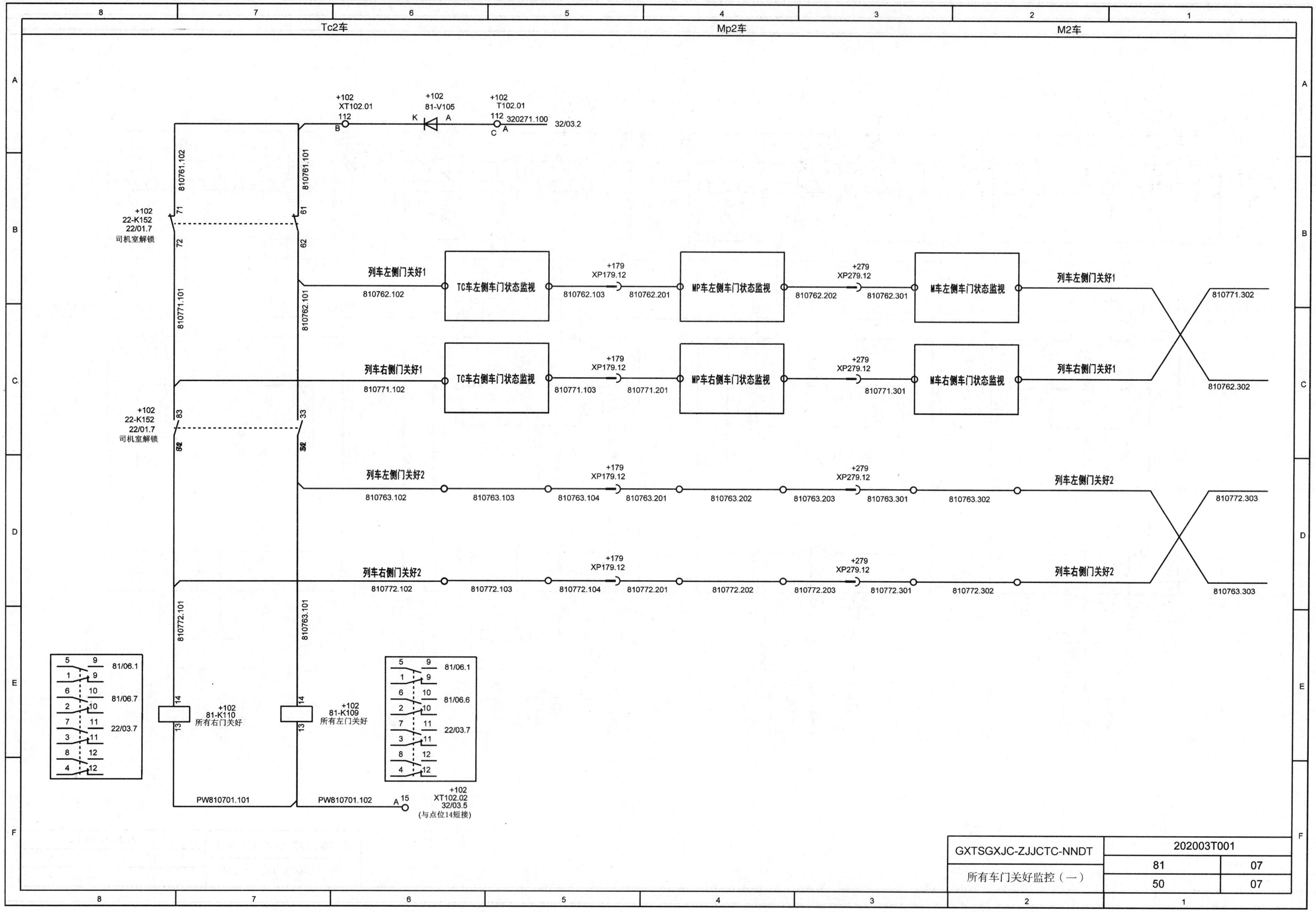

Tc2车
Mp2车
M2车
+102
XT102.01
112
81-V105
T102.01
320271.100
32/03.2
810761.102
810761.101
22-K152
22/01.7
司机室解锁
列车左侧门关好1
810762.102
TC车左侧车门状态监视
+179
XP179.12
810762.103
810762.201
MP车左侧车门状态监视
+279
XP279.12
810762.202
810762.301
M车左侧车门状态监视
810771.302
810771.101
810762.101
列车右侧门关好1
810771.102
TC车右侧车门状态监视
810771.103
810771.201
MP车右侧车门状态监视
810771.301
M车右侧车门状态监视
810762.302
列车左侧门关好2
810763.102
810763.103
810763.104
810763.201
810763.202
810763.203
810763.301
810763.302
810772.303
列车右侧门关好2
810772.102
810772.103
810772.104
810772.201
810772.202
810772.203
810772.301
810772.302
810763.303
810772.101
810763.101
81/06.1
81/06.7
22/03.7
81-K110
所有右门关好
81-K109
所有左门关好
81/06.6
PW810701.101
PW810701.102
XT102.02
32/03.5
(与点位14短接)
GXTSGXJC-ZJJCTC-NNDT
202003T001
所有车门关好监控（一）
81
07
50
07

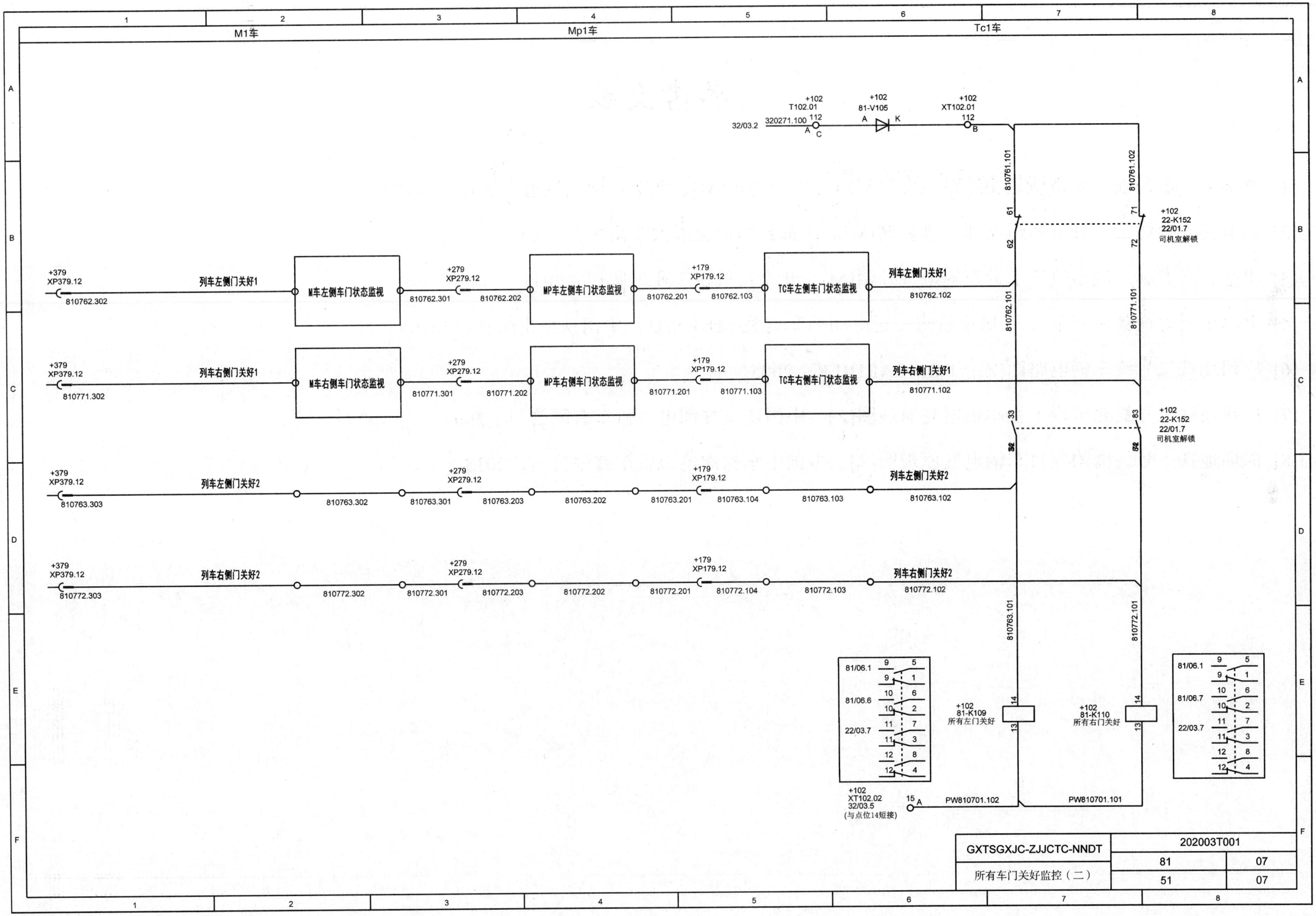

GXTSGXJC-ZJJCTC-NNDT	202003T001	
	81	07
所有车门关好监控（二）	51	07

参考文献

[1] 李瑞荣，童巧新. 城市轨道交通车辆电气故障分析与处理[M]. 北京：中国铁道出版社，2017.

[2] 刘海梅，蔡海云. 城市轨道交通车辆控制[M]. 成都：西南交通大学出版社，2016.

[3] 华平，唐春林. 城市轨道交通车辆电气控制[M]. 北京：机械工业出版社，2016.

[4] 上海申通地铁集团有限公司.城市轨道交通电动列车驾驶[M]. 北京：中国铁道出版社，2010.

[6] 广州地铁二号线车辆电路图[Z]. BOMBARDIER，2005.

[7] 广州地铁三号线北延段工程车辆电气原理图[Z]. 中国南车株洲电力机车有限公司，2009.

[8] 深圳地铁一号线增购项目车辆电气原理图[Z]. 中国中车株洲电力机车有限公司，2015.